Simultane Produktionsplanung
und Geschäftsprozessmodellierung

SCHRIFTEN ZUR PRODUKTION

Herausgegeben von
Thomas Witte und Bernd Rieper

Band 19

PETER LANG
Frankfurt am Main · Berlin · Bern · Bruxelles · New York · Oxford · Wien

Thorsten Claus

Simultane Produktionsplanung und Geschäftsprozessmodellierung

PETER LANG
Europäischer Verlag der Wissenschaften

Bibliografische Information Der Deutschen Bibliothek
Die Deutsche Bibliothek verzeichnet diese Publikation in der Deutschen Nationalbibliografie; detaillierte bibliografische Daten sind im Internet über <http://dnb.ddb.de> abrufbar.

ISSN 0178-0751
ISBN 3-631-55111-8

www.peterlang.de

Vorwort

Diese Arbeit ist während meiner Tätigkeit als wissenschaftlicher Assistent am Fachbereich Wirtschaftswissenschaften der Universität Osnabrück entstanden. Mein wissenschaftlicher Vater, Herr Prof. Dr. Thomas Witte, hat mich dabei in meiner Forschungstätigkeit stets fachlich und mental unterstützt. Ich freue mich, dass ich das in meine Person investierte Vertrauen nicht enttäuscht habe. Der Fachbereich hat mir stets eine ausgezeichnete Plattform geboten, um meine Ideen mit interessierten Kollegen zu diskutieren. Insbesondere möchte ich Herrn Prof. Dr. Michael Wosnitza danken, der als Dekan einen maßgeblichen Anteil an einer schnellen und unkomplizierten Abwicklung des Verfahrens gehabt hat. Ebenso gilt mein besonderer Dank den weiteren Gutachtern, Herrn Prof. Dr. Bodo Rieger (Universität Osnabrück) und Herrn Prof. Dr. Jörg Biethahn (Universität Göttingen). Alle beteiligten Personen haben mir mit ihrem Einsatz den Weg für meine weitere wissenschaftliche Karriere geebnet, die ich nun am Internationalen Hochschulinstitut in Zittau fortsetze.

Vielen Dank

Thorsten Claus

Inhaltsverzeichnis

Abbildungsverzeichnis

Abkürzungsverzeichnis

APS	Advanced Planning and Scheduling
EDV	Elektronische Datenverarbeitung
EPK	Ereignisorientierte Programmkette
ERP	Enterprise Resource Planning
GA	Genetischer Algorithmus
IT	Informationstechnik
MRP	Material Requirement Planning
MRP II	Manufacturing Resource Planning
OPA	Osnabrücker Planungssystem
OPMAS	Osnabrücker Planungs- und Managementsystem
PPS	Produktionsplanung und -steuerung
SCM	Supply Chain Management
SCOR	Supply Chain Operations Reference-model

1. Einleitung

1.1 Intention

Nach ADAM gliedert sich die Produktionsplanung in die Teilbereiche Programm-, Produktionsdurchführungs-, Bereitstellungs- und Demontageplanung[1]. Die Teilpläne setzen sich wiederum aus mehreren Problemstellungen, wie z. B. der Materialbereitstellung, der Kapazitäts- und der Ablaufplanung zusammen. Jedes Teilproblem für sich genommen erfordert einen großen Input an Daten und eine umfassende Modellierung der Prozesse. Um die Gesamtaufgabe im Sinne eines produktionswirtschaftlichen Zielsystems[2] zu lösen, wäre eine Simultanplanung erforderlich, die alle Zusammenhänge zwischen den Teilplänen berücksichtigt. Aufgrund der enormen Komplexität der Planungsaufgaben wird auf eine Simultanplanung zugunsten einer Sukzessivplanung verzichtet. Es ist häufig nicht möglich, alle Wechselbeziehungen zwischen den Teilproblemen zu identifizieren und zu modellieren. Darüber hinaus bereitet es große Schwierigkeiten, alle notwendigen Daten zu erhalten. Häufig sind die Daten noch mit Unsicherheit behaftet, so dass eine vernünftige Koordinierung der Teilpläne sehr schwierig ist.

In der Praxis werden in der Regel Produktionsplanungs- und –steuerungssysteme[3] eingesetzt, die Bestandteil von Enterprise Resource Planning Systemen[4] sind. Dieser Planungsansatz verwirklicht konsequent die Idee einer Sukzessivplanung[5]. Auf Basis einer Produktionsprogrammplanung wird eine Materialbedarfsplanung durchgeführt, die wiederum die Vorgaben für die Kapazitätsplanung macht. Das Ergebnis stellen Fertigungsaufträge dar, für die Material und Kapazitäten zur Verfügung stehen. Es kann sich daher eine Ablaufplanung und eine Auftragsfreigabe anschließen. Eine Planungsstufe n macht also Vorgaben für die Stufe n+1, wobei der Planungshorizont abnimmt. Falls auf einer Stufe n Probleme auftreten, ist ein Rücksprung auf die Stufe n, n-1, ... oder 1 not-

---

1 Vgl. **Adam, D.**: Produktionsmanagement, 9. Aufl., Wiesbaden 1998, S. 117.

2 Vgl. **Kurbel, K.**: Produktionsplanung und –steuerung, München 1999, S. 19 ff.

3 Kurz: PPS-System. Vgl. **Mertens, P., Bodendorf, F., König, W. et al.**: Grundzüge der Wirtschaftsinformatik, 7. Auflage, Berlin 2001, S. 108 ff.

4 Kurz: ERP-Systeme. Vgl. **Gronau, N.**: Einsatz moderner I+K-Technologien zur Unterstützung des E-Business, in: PPS Management, 6. Jg., H. 1, 2001, S. 30 - 34.

5 Vgl. **Vahrenkamp, R.**: Produktionsmanagement, 4. Aufl., München 2000, S. 92 ff. und **Kiener, S., Maier-Scheunbeck, N., Weiß, M.**: Produktions-Management, 7. Aufl., München 2002, S. 107 ff.

wendig. Der Vorteil dieses Ansatzes liegt darin, dass das Gesamtproblem effektiv im Sinne der Durchführbarkeit gelöst werden kann. Auf der Negativseite sind in erster Linie drei Aspekte zu nennen. Erstens wird die Realität häufig sehr stark vereinfacht in einem PPS-System abgebildet. Wesentliche Aspekte können verloren gehen. Zweitens kann das Verfahren aufgrund der notwendigen Rücksprünge sehr zeitaufwendig sein. Drittens garantiert eine gute Lösung eines Teilproblems nicht eine gute Lösung des Gesamtproblems.

In der Literatur existieren eine ganze Reihe von Ansätzen, wie die Verflechtungen einzelner Teilpläne in einem Modell integriert werden können. Die kapazitätsorientierte Losgrößenplanung verbindet z. B. die Materialbereitstellungs- mit der operativen Kapazitätsplanung. Derartige Ansätze sind aber selten bei der Weiterentwicklung von PPS-Systemen berücksichtigt worden.

Die Gestaltung von PPS-Systemen hat in der letzten Zeit durch das Supply Chain Management einen neuen Schub erhalten. Advanced Planning und Scheduling Systeme[6] ergänzen bzw. ersetzen die klassischen Systeme. Derartige Systeme berücksichtigen bei der Planung nicht nur das eigene Unternehmen, sondern die gesamte Versorgungskette. So können z. B. bei der Festlegung eines Liefertermins die Material- und Kapazitätsverfügbarkeiten bei den Lieferanten berücksichtigt werden. Ein fester Bestandteil ist ein Modul zur Produktionsfeinplanung. Die Materialbedarfs-, die Kapazitäts- und die Ablaufplanung werden in einem Schritt durchgeführt. Mit Hilfe von Heuristiken werden die mit einem Kundenauftrag zusammenhängenden Fertigungsaufträge in einen Maschinenbelegungsplan eingestellt. Das Verfahren wird mit den Konzepten optimierte, automatisierte und simultane Planung in Verbindung gebracht. Die Systeme werden aber keinem dieser Ansprüche gerecht[7]. Die Simultanplanung bezieht sich nur auf einzelne Teilbereiche, die SCHEER als Planungsinseln[8] bezeichnet. Simultane Ansätze, die mehrere Planungsebenen berücksichtigen, werden nicht realisiert.

---

6 Kurz: APS-Systeme, häufig findet man auch die Abkürzung AP-Systeme für Advanced Planning Systeme.

7 Vgl. **Corsten, H., Gössinger, R.**: Einführung in das Supply Chain Management, München 2001, S. 166 ff.

8 Vgl. **Scheer, A.-W.**: koordinierte Planungsinseln: Ein neuer Lösungsansatz für die Produktionsplanung, in: Praxis und Theorie der Unternehmung. Produktion – Information – Planung, hrsg. v. Hansmann, K.-W. und Scheer, A.-W., Wiesbaden 1992, S. 291 - 304.

Genetische Algorithmen[9] werden zur Optimierung[10] der Planungen eingesetzt. Diese Algorithmen arbeiten auf Basis einer beliebigen Parametermenge, die die Entscheidungsgrößen eines Planungsproblems darstellt[11]. Der Genetische Algorithmus verändert die Parameter unter Berücksichtigung einer Güte-Funktion, die eine Bewertung der Parameterkonstellation vornimmt. Demnach lassen sich alle Planungsprobleme mit diesem Verfahren bearbeiten, für die eine Gütefunktion aufgestellt werden kann. Simulationsmodelle eignen sich besonders als Gütefunktion, da sie Planungsprobleme beschreiben können, für die kein zusammenhängendes geschlossenes mathematisches System existiert[12]. Mit Hilfe von Genetischen Algorithmen und Simulationsmodellen lassen sich APS-Systeme bauen, die die meisten Aufgaben der Produktionsplanung simultan lösen können. Eine Beschränkung auf einzelne Inseln ist nicht notwendig. Der Umfang der simultanen Planung kann von Fall zu Fall festgelegt werden, hierfür sind geeignete Instrumente zu entwickeln.

1.2 Zielsetzung und Vorgehensweise

Ziel dieser Arbeit ist, herauszuarbeiten, wie klassische ERP-Systeme um neuere Planungsmethoden ergänzt werden können, die eine simultane Planung über alle Planungsbereiche und -ebenen ermöglichen.

Zunächst werden die Aufgaben der Produktionsplanung bzw. des Produktionsmanagement erläutert, die grundsätzlich Gegenstand einer simultanen Planung sein können. Die Darstellung des Aufgabenumfangs von PPS-Systemen ist Gegenstand des dritten Kapitels. Das Kapitel schließt mit einigen in der Literatur vorzufindenden Ansätzen zur Simultanplanung ab. Das vierte Kapitel beschäftigt sich mit den Ansätzen des Supply Chain Managements. Anschließend werden APS-Systeme auf ihre Eignung für die Simultanplanung untersucht.

---

9 Kurz: GA. Vgl. **Klein, R.**: Genetic Algorithms, in: Supply Chain Management an Advanced Planning. Concepts, Models, Software and Case Studies, hrsg. Stadtler, H. und Kilger, C., Berlin 2000, S. 353 - 359.

10 Richtig wäre der Begriff „Verbesserung", da es sich bei den Genetischen Algorithmen um ein heuristisches Verfahren handelt.

11 Vgl. **Claus, T.**: Objektorientierte Simulation und Genetische Algorithmen zur Produktionsplanung und –steuerung, Frankfurt a. M. 1996.

12 Vgl. **Rieper, B., Witte, Th.**: Grundwissen Produktion, 4. Aufl., Frankfurt a. M. 2001, S. 42 f.

Das im siebten Kapitel vorgestellte Konzept beruht auf einem objektorientierten Datenbankansatz. Ein modernes Planungssystem muss aber in eine bestehende Systemlandschaft integriert werden. Da bereits vorhandene Systeme in der Regel relational aufgebaut sind, wird im sechsten Kapitel eine Vorgehensweise diskutiert, wie die Daten einer relationalen Datenbank in eine objektorientierte Datenbank übertragen werden können.

Das siebte Kapitel widmet sich schließlich dem Konzept, das eine simultane Lösung von beliebigen Aufgaben der Produktionsplanung ermöglicht. Im Einzelnen werden die Modellierung von Daten und Prozessen sowie die Anbindung von ERP-Systemen diskutiert. Die Abbildung von Prozessen erfolgt mit Hilfe eines Geschäftsprozessansatzes[13], der eine spätere Überführung in ein Simulationsmodell[14] ermöglicht. Die Beschreibung wird durch die Anbindung von Genetischen Algorithmen abgeschlossen.

Im achten Kapitel wird der Prototyp OPA[15] vorgestellt, in dem alle wesentlichen Aspekte des Konzeptes umgesetzt worden sind. Mit Hilfe dieses Systems werden im neunten Kapitel einige Fallbeispiele zur Simultanplanung durchgeführt. Die Arbeit endet mit einer kritischen Würdigung und einem Ausblick.

---

[13] Vgl. **Rosenkranz, F.**: Geschäftsprozesse – Modell- und computergestützte Planung, Berlin et al. 2002.

[14] Vgl. **Witte, Th.**: Simulation und Simulationsverfahren, Handwörterbuch der Betriebswirtschaft, hrsg. v. Wittmann, W. et al., 5. Aufl, Stuttgart 1993.

[15] OPA Osnabrücker Planungssystem

2. Produktionsmanagement

2.1 Definition, Ziele und Aufgaben

Die Aufgabe des Produktionsmanagements besteht darin, die qualitative Gütertransformation in einem Unternehmen zu planen, zu steuern, zu realisieren und zu kontrollieren[1]. Bei einer qualitativen Gütertransformation werden aus Materialien und Kaufteilen in einem Produktionsprozess die Endprodukte hergestellt. Während der Planungsphase werden die Handlungsalternativen gesucht, die den Produktionsprozess im Sinne einer produktionswirtschaftlichen Zielstellung am besten ablaufen lassen[2]. Die Realisations- und die Steuerungsphase laufen in der Regel zeitgleich ab. Die Steuerung setzt die Ergebnisse in konkrete Handlungsanweisungen für die Beschaffung, Fertigung und Montage um. Die eigentliche Realisation, d. h. die reale Transformation der Güter, wird von Maschinen und Werken übernommen. Der Produktionskontrolle kommt eine bedeutende Rolle zu, da sie ein schnelles Reagieren auf Soll-Ist-Abweichungen ermöglicht. Falls sich auf Grund von Maschinen- oder Lieferantenausfällen die Planung nicht in der gewünschten Form umsetzen lässt, müssen umgehend Gegenmaßnahmen eingeleitet werden. In dieser Arbeit liegt der Fokus auf der Produktionsplanung und -steuerung.

Für die Durchführung des Produktions- bzw. Transformationsprozesses werden Produktionsfaktoren verwendet, die sich nach GUTENBERG[3] grob in die Menge der Potenzial- und Repetierfaktoren aufteilen lassen. Anlagen und Personen werden im Gegensatz zum Material für eine bestimmte Zeit in Anspruch genommen, sie werden nicht verbraucht. Da auch die Tätigkeiten des Produktionsmanagements zeitverbrauchende Aufgaben sind, stellen sie die so genannten dispositiven Faktoren dar. Alle unmittelbar mit dem Produktionsprozess zusammenhängenden Faktoren werden als elementar bezeichnet[4]. Zu ihnen zählen die objektbezogene menschliche Arbeitsleistung, Materialien, Betriebsstoffe und Anlagen.

---

1 Vgl. **Hahn, D., Laßmann, G.**: Produktionswirtschaft, Bd. 1, Heidelberg 1990, S. 59. Zum Planungsbegriff vgl. **Witte, Th.**: Heuristisches Planen, Wiesbaden 1979, S. 47 ff.

2 Vgl. **Kiener, S., Maier-Scheubeck, N., Weiß, M.**: Produktions-Management, a. a. O., S. 8.

3 Vgl. **Gutenberg, E.**: Grundlagen der Betriebswirtschaftslehre, Bd. 1, Die Produktion, 23. Aufl., Berlin et al. 1979.

4 Vgl. **Nebl, T.**: Produktionswirtschaft, 5. Aufl., München et al. 2004, S. 107 ff.

Produktionswirtschaftliche Zielsysteme[5] lassen sich hierarchisch aufbauen. Aus dem Ziel der langfristigen Existenzsicherung am Markt lassen sich monetäre, soziale und umweltbezogene Ziele ableiten. Monetäre Zielgrößen wirken sich unmittelbar auf den Unternehmensgewinn aus. Die wesentlichen Unterziele sind Kosten, Zeit und Qualität. Umwelt- und sozialfokussierte Zielstellungen müssen verfolgt werden, um gesetzliche Auflagen zu erfüllen oder im Lichte der Öffentlichkeit gut dazustehen. Hierbei müssen mittel- und langfristige Entwicklungen in Bezug auf Investitionsentscheidungen berücksichtigt werden. Neu geschaffene Kapazitäten müssen alle Auflagen während der Nutzungsdauer erfüllen. Investitionen in Humankapital sichern ab, dass in Zeiten von Fachkräftemängeln keine Engpässe entstehen. Beim Aufbau eines Kennzahlensystems zur Darstellung der Zielerreichung können Mess- und Bewertungsprobleme auftreten. Kosten- und Zeitgrößen können sehr einfach erfasst werden. Die Messung der Qualität und des sozialen Engagements bereiten hier schon mehr Probleme. Die Auswahl einer Handlungsalternative setzt voraus, dass der Zielerreichungsgrad der Alternativen angegeben werden kann. Die Entscheidung wäre einfach zu fällen, wenn hierfür eine Kennzahl zur Verfügung steht. Im Grunde genommen könnte dies der Unternehmensgewinn sein. Nun lassen sich aber nicht alle Ziele in Kostengrößen ausdrücken. Ein reines Umweltgewissen, gut behandelte Mitarbeiter und pünktlich belieferte Kunden tragen sicherlich ein gutes Stück zum Unternehmensgewinn bei, nur die Höhe ist unbekannt. Die Rentabilität von Investitionen in diesen Bereichen lässt sich schwer ermitteln. Eine Bewertung von Servicegrößen, wie Liefertermineinhaltung und -flexibilität, ist generell nicht möglich. Es ist auch nicht möglich, sich auf einige bewertbare Zielgrößen zu beschränken, da viele Zielgrößen gegenläufig sind[6]. Eine Minimierung der Lagerkosten durch den Abbau von Lagerbeständen führt gleichzeitig zu einer Verringerung der Lieferfähigkeit. Ein gutes Produktionsmanagement arbeitet demnach auf Basis einer mehrdimensionalen Zielgröße.

2.2 Teilaufgaben

Die Aufgaben des Produktionsmanagements sind sehr umfangreich und lassen sich durch kein geschlossenes mathematisches Modell, wie einer Produktions-

---

[5] Vgl. **Rieper, B., Witte, Th.**: Grundwissen Produktion, a. a. O., S. 31 f.

[6] Vgl. **Wiendahl, H.-P.**: Produktionsplanung und -steuerung, in: Betrieb von Produktionssystemen, hrsg. v. Eversheim, W., Schuh, G., Berlin et al. 1999, S. 14-1 ff.

funktion[7], abbilden. Daher erfolgt eine Zerlegung des Gesamtproblems in Teilprobleme, die isoliert gelöst werden[8]. In einem zweiten Schritt müssen die Teillösungen zu einer Gesamtlösung kombiniert werden. Der in PPS-Systemen[9] realisierte MRP II-Ansatz[10] setzt eine derartige Möglichkeit um. Zunächst soll aber das gesamte Aufgabenspektrum umrissen werden.

Die Gesamtaufgabe lässt sich zunächst nach dem Planungshorizont unterteilen[11]. Eine strategische Planung legt auf Basis von Produktionsstrategien die Rahmenplanung fest, indem Zielvorgaben für das taktische und operative Produktionsmanagement[12] formuliert werden. Die Entscheidungen haben langfristige Wirkungen und dienen zur Schaffung von Erfolgspotentialen. Das taktische Produktionsmanagement konkretisiert die vorgegebenen Entscheidungen. Es wird festgelegt, mit welchen Mitteln die Ziele erreicht werden können. Das operative Produktionsmanagement bewegt sich im Rahmen der Vorgaben des taktischen Produktionsmanagements. Die Aufgabe besteht darin, vorgegebene Potentiale für die Leistungserstellung zielgerecht zu nutzen.

Neben der zeitlichen Abgrenzung lassen sich die Aufgaben des Produktionsmanagements inhaltlich voneinander unterscheiden. Hierzu existieren in der Literatur sehr unterschiedliche Ansätze. ADAM[13] nennt die Produktionsprogramm-, die Produktionsdurchführungs-, die Bereitstellungs-[14] und die Demontageplanung. Wobei die Durchführungsplanung noch einmal in die Planung der zeitlichen Aufteilung, der Produktionsaufteilung, des zeitlichen Ablaufes und der innerbetrieblichen Auftragsgrößen zerfällt. Darüber hinaus wird der langfristigen Kostenpolitik eine wesentliche Bedeutung zugestanden. Langfristige Kostenentscheidungen betreffen die Anschaffung von Maschinen oder die Einstellung von Personal. HOITSCH[15] und CORSTEN[16] bezeichnen die Programm-, Potential-

7 Vgl. **Witte, Th.**: Produktionsfunktionen und ihre betriebswirtschaftliche Bedeutung, in: WISU, Heft 8 und 9, 1988.

8 Vgl. **Witte, Th.**: Heuristisches Planen, a. a. O., S. 123 ff.

9 Vgl. Kapitel 3.

10 Vgl. **Plümer, T.**: Logistik und Produktion, München et al. 2003, S. 219 ff.

11 **Günther, H.-O., Tempelmeier, H.**: Produktion und Logistik, 5. Aufl., Berlin et al. 2002, S. 24 ff.

12 Vgl. **Zäpfel, G.**: Taktisches Produktions-Management, 2. Aufl., München et al. 2000.

13 Vgl. **Adam, D.**: Produktionsmanagement, a. a. O., S. 117.

14 Vgl. auch **Kahle, E.**: Produktion, 4. Aufl., München et al. 1996, S. 96 ff.

15 Vgl. **Hoitsch, H.-J.**: Produktionsplanung, in: Handwörterbuch der Betriebswirtschaft, hrsg. von Kern, W., Bd. 2, 5. Aufl., Stuttgart 1993, Sp. 3450 - 3467.

16 Vgl. **Corsten, H.**: Produktionswirtschaft, 9. Aufl., München et al. 2000, S. 27 ff.

bzw. Faktor- und die Prozessgestaltung. Andere Autoren, wie VAHRENKAMP[17] und KIENER et al.[18], orientieren sich bei der Einteilung gleich an dem Aufbau klassischer PPS-Systeme. Dabei geht leider verloren, dass der PPS-Ansatz nur eine Möglichkeit der Koordination der Teilplanungen darstellt. Wenn man sich zu früh auf diesen Ansatz festlegt, ist die Gefahr sehr groß, dass nicht über Alternativen nachgedacht wird. Der Ansatz von ADAM lässt sich mit den Ideen von CORSTEN vereinbaren. Die Durchführungsplanung ist mit der Prozessgestaltung vergleichbar. Die Potentialplanung setzt sich aus der Bereitstellungsplanung bzw. Materialwirtschaft und der langfristigen Kostenpolitik zusammen. Daher soll hier dem Ansatz von CORSTEN gefolgt werden.

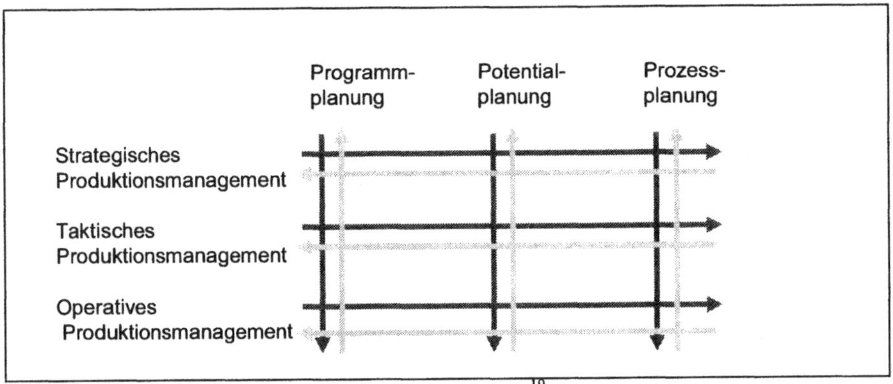

Abbildung 2.1: Aufgaben des Produktionsmanagements[19]

Die inhaltlich abgegrenzten Aufgaben des Produktionsmanagements werden auf unterschiedlichen zeitlichen Ebenen ausgeführt. Es lassen sich neun Aufgabenfelder herausarbeiten, die sich aus der Kombination der strategischen, taktischen und operativen Planung auf der einen Seite und der Programm-, Potential- und Prozessgestaltung auf der anderen Seite ergeben (vgl. Abbildung 2.1). Im Folgenden sollen kurz die neun Teilbereiche angerissen werden.

Die strategische Programmplanung bestimmt, in welcher Branche ein Unternehmen tätig sein möchte. Auf der taktischen Ebene wird die Fertigungstiefe und -breite festgelegt. Im Einzelnen werden Entscheidungen über die Variantenvielfalt und über „Make-or-Buy“ getroffen. Die operative Programmplanung

[17] Vgl. **Vahrenkamp, R.**: Produktionsmanagement, a. a. O.

[18] Vgl. **Kiener, S., Maier-Scheubeck, N., Weiß, M.**: Produktions-Management, Grundlagen der Produktionsplanung, a. a. O., S. 15 ff.

[19] Vgl. **Corsten, H.**: Produktionswirtschaft, a. a. O., S. 29.

beschäftigt sich damit, für einen bestimmten Zeitraum die Anzahl der zu fertigenden Produkte zu bestimmen, wobei Absatz- und Kapazitätsrestriktionen berücksichtigt werden.

Die Bereitstellung von Potentialfaktoren, wie Maschinen und Personal, erfolgt mittel- bis langfristig. Repetierfaktoren, wie Material, werden dagegen kurzfristig bereitgestellt. Daher ist Material Gegenstand der operativen Potentialplanung. Die strategische und taktische Potentialplanung beschäftigt sich mit Anlagen und Maschinen. Langfristig werden die Betriebsgröße, die Kapazitätsarten, und die Standorte festgelegt. Darüber hinaus muss eine auf lange Frist angelegte Personalentwicklung durchgeführt werden. Die konkrete Ausgestaltung der Anlagen und die Einstellung von Personal gehören zur taktischen Potentialplanung.

Die Prozessgestaltung beschäftigt sich mit der Ausgestaltung des Transformationsprozesses. Langfristig muss die Topologie des produktiven Systems festgelegt werden, d. h., es erfolgt z. B. eine Auswahl des Organisationstyps und der Fertigungsform. Die innerbetriebliche Standortplanung ist Gegenstand der taktischen Prozessplanung. Auf der operativen Ebene müssen die vorhandenen Produktionsfaktoren derart eingeplant werden, dass die Leistungserstellung im Sinne der Zielstellung „optimal" verläuft. Hierfür werden insbesondere Losgrößen,[20] Termine und Auftragsreihenfolgen geplant.

Zwischen den hier geschilderten Teilaufgaben bestehen zahlreiche Verflechtungen, die im nächsten Abschnitt näher erläutert werden.

2.3 Verflechtungen zwischen den Teilaufgaben

Abbildung 2.1 zeigt neben zeitlich und inhaltlich abgegrenzten Aufgaben auch deren Interdependenzen. Die dunklen Pfeile geben die Richtung der Vorgaben an. Hellere Pfeile deuten auf Rückmeldungen hin[21]. Wie bereits oben erwähnt, läuft die operative Planung im Rahmen der taktischen und strategischen Planung ab. Der operativen Prozessplanung stehen konkrete Produktionsfaktoren zur Verfügung, um ein bestimmtes Auftragsvolumen zu erfüllen. Die Planungsaufgabe besteht lediglich darin, die Abläufe derart zu koordinieren, dass die be-

[20] Vgl. **Domschke, W., Scholl, A., Voß, S.**: Produktionsplanung. Ablauforganisatorische Aspekte, Berlin 1993, S. 63.
[21] Vgl. **Hoitsch, H.-J.**: Produktionsplanung, a. a. O.

triebliche Leistungserstellung erfolgt. Einzelne Arbeitsgänge werden hierzu zeitlich auf den Maschinen eingeplant. In Ausnahmefällen kann von den Vorgaben der höheren Planungsstufen abgewichen werden. Die Materialwirtschaft als Teilgebiet der taktischen Planung wählt für einige Artikel Lagerhaltungspolitiken[22] und damit Losgrößen aus. Falls nun ein Auftrag zeitlich nicht eingeplant werden kann, besteht z. B. die Möglichkeit des Lossplittings[23]. Ein anderes Beispiel ist die kurzfristige Kapazitätsplanung. Wenn für ein Auftragsvolumen nicht ausreichende Kapazitäten bereitgestellt werden, kann durch Fremdvergabe oder das Ansetzen von Überstunden der Engpass beseitigt werden. In beiden Fällen werden die Mängel der taktischen Vorgaben im operativen Geschäft korrigiert. Die Rückmeldungen der operativen Ebene in Bezug auf Planungsmängel müssen zu einer verbesserten taktischen Vorgabe führen.

Eine wichtige Aufgabe der taktischen Planung besteht in der Bestimmung von Fristen. Die terminierte Materialbedarfsplanung benötigt Vorlauffristen bzw. Durchlaufzeiten für die Festlegung der terminierten Sekundärbedarfe. Die Vorlauffristen[24] setzen sich aus Bearbeitungs-, Transport-, Lager-, Rüst- und ablaufbedingten Wartezeiten zusammen. Die ablaufbedingten Wartezeiten machen den Großteil der Fristen aus. Sie können aber im Vorfeld der Prozessplanung nur geschätzt werden. Häufig wird die Summe der bekannten Zeiten mit einem Wartezeitfaktor multipliziert. Um im weiteren Planungsverlauf Engpässe zu vermeiden, wird dieser Faktor sehr großzügig bemessen. Die Folge sind zu früh aufgelegte Aufträge, die hohe Kapitalbindungskosten verursachen.

Ein ähnlich gelagertes Beispiel ist die Terminplanung, die auf Basis so genannter Arbeitsplatzdurchlaufzeiten mit Hilfe der Netzplantechnik einen zeitlich abgestimmten Produktionsplan erstellt. Es wird überprüft, ob alle Arbeitsgänge, die zur Erfüllung eines Fertigungsauftrags notwendig sind, innerhalb der Vorlauffrist ausgeführt werden können. Die Arbeitsplatzdurchlaufzeiten sind vergleichbar mit den Vorlauffristen. Während die Vorlauffrist einen Artikel als Bezugsgröße hat, bezieht sich die Arbeitsplatzdurchlaufzeit auf einen Arbeitsgang. Wenn die Terminplanung in einem ersten Schritt keinen ausführbaren Plan erstellen kann, werden häufig die Arbeitsplatzdurchlaufzeiten reduziert, indem

---

22 Vgl. **Feil, P.**: Die wissensbasierte Lagerhaltungssimulation zur Unterstützung einer verbrauchsgesteuerten Disposition, Frankfurt a. M. 1992, S. 60 ff.

23 Vgl. **Vahrenkamp, R.**: Produktionsmanagement, a. a. O., S. 150 ff.

24 Vgl. **Schulte G.**: Material- und Logistikmanagement, 2. Aufl., München et al. 2001, S. 115.

von kürzeren ablaufbedingten Wartezeiten ausgegangen wird. Die operative Planung übernimmt also wiederum Aufgaben der taktischen Planung.

Die Quintessenz der Ausführungen ist, dass es häufig nicht sinnvoll ist, die taktische und die operative Produktionsplanung isoliert voneinander durchzuführen. Auch innerhalb einer Planungsebene existieren viele Abhängigkeiten, so dass eine Trennung der Programm-, Potential- und Prozessplanung nicht im Sinne der produktionswirtschaftlichen Zielstellung ist.

Die operative Produktionsprogrammplanung legt unter Einhaltung von Absatz- und Kapazitätsrestriktionen fest, welche Produkte im Planungshorizont produziert werden sollen. Dabei wird der Gesamtdeckungsbeitrag maximiert. Der Deckungsbeitrag kann aber nur berechnet werden, wenn die Verkaufspreise und die Herstellkosten bekannt sind. Die Höhe der Herstellkosten hängt von der Art und dem Preis der benötigen Produktionsfaktoren ab. Über die tatsächliche Höhe können nur Vermutungen angestellt werden, die auf Vergangenheitswerten beruhen und letztendlich eine unveränderte Produktionssituation voraussetzen. Dann wäre aber eine Programmplanung überflüssig. Die Materialwirtschaft liefert die Preise für alle eingesetzten Materialien. Diese Preise hängen aber von dem gesamten Beschaffungsvolumen des Materials ab, das aber erst nach Abschluss der Programmplanung feststeht. Eine operative Lieferantenauswahl kann nur vor dem Hintergrund konkreter Mengen erfolgen. Darüber hinaus legt die operative Prozessplanung fest, welche konkreten Anlagen (quantitative Anpassung) mit welcher Intensität (intensitätsmäßige Anpassung) einen Artikel produzieren. ADAM[25] spricht von einer Produktionsaufteilungsplanung. Die Gutenberg-Produktionsfunktion liefert das Instrumentarium zur Lösung des Anpassungsproblems. Die Mengen-Kosten-Leistungsfunktion[26] bzw. die Herstellkosten hängen von der Intensität ab. Daher kann die Programmplanung erst nach Bestimmung der Intensität erfolgen. Andererseits erfordert die Produktionsaufteilungsplanung bekannte Produktionsmengen. Aufgrund des Zyklus kann kein Einstiegspunkt für eine Sukzessivplanung gefunden werden. Nur ein simultaner Planungsansatz führt zu einer guten Lösung. Der Fixkostencharakter der Maschinenkosten stellt ein weiteres Problem dar. Nur bei bekannten Produktionsmengen können mit Hilfe der Zuschlagskalkulation die Fertigungsgemeinkosten bestimmt werden.

[25] Vgl. **Adam, D.**: Produktionsmanagement, a. a. O., S. 375 ff.
[26] Vgl. **Rieper, B., Witte, Th.**: Grundwissen Produktion, a. a. O., S. 80 ff.

Häufig steht ein Disponent vor der Frage, ob das Auftreten eines Engpasses auf kurz- oder langfristige Effekte zurückzuführen ist. Im Konzept der Abbildung 2.1 würde die operative Ebene kurzfristig Mechanismen zur Problemlösung in Gang setzen. Falls der Engpass häufiger auftritt, würde die taktische Ebene über die Rückmeldungen mittelfristig reagieren, d. h. Kapazitäten erhöhen oder Fristen verlängern. Aufgrund der Aufgabenteilung kann aber nicht gesagt werden, wo der Planungsfehler liegt. Folgende Ursachen können u. a. einem Kapazitätsengpass zu Grunde liegen:

- ungünstige Losgröße,
- ungünstige Vorlauffristen,
- ungünstige Auftragsreihenfolge,
- ungünstige Lossequenz,
- ungünstiges Fabriklayout,
- ungünstige Organisationsform oder
- zur geringe Kapazität.

Die operative Potentialplanung legt zu hohe Losgrößen fest, wodurch Arbeitsgänge nicht parallel ausgeführt werden können. Aufgrund falscher Annahmen hat die taktische Potentialplanung zu geringe Vorlauffristen bestimmt. Daher tauchen zu bestimmten Zeitpunkten Kapazitätsspitzen auf, die nicht durch vorhandene Anlagen abgedeckt werden. Eine ungünstige Auftragsreihenfolge als Ergebnis der operativen Prozessplanung verursacht viele kleine Maschinenleerzeiten, die nicht durch andere Aufträge genutzt werden können. Rüstzeiten, d. h. unproduktive Zeiten, können Folge einer falschen Lossequenz sein. Lange Transportzeiten auf Grund einer falschen Layoutplanung (taktische Potentialplanung) führen zeitweise zu Maschinenleerzeiten. Letztendlich kann auch die Bevorzugung einer Werkstatt- gegenüber einer Fließfertigung sich für die Nutzung der Kapazitäten als sehr ungünstig erweisen. Eine tatsächlich zu knapp bemessene Kapazität ist also nur eine unter vielen möglichen Ursachen für einen Engpass. Alle hier angesprochenen Planungsbereiche tragen zu einer effektiven und effizienten Kapazitätsnutzung bei. Eine Zuordnung eines eventuellen Planungsfehlers ist also nicht möglich. Die genannten Entscheidungen beeinflussen sich, wie oben ausgeführt, gegenseitig. Daher stellt nur ein simultaner Planungsansatz ein gutes Ergebnis sicher.

2.4 Anforderungen an ein System zum Produktionsmanagement

Sowohl in der Literatur als auch in der Praxis haben sich keine simultanen Planungsansätze durchgesetzt. Aufgrund der Komplexität ist das Gesamtproblem in Teilprobleme zerlegt worden, die für sich genommen lösbar sind. Um eine Lösung des Gesamtproblems zu erreichen, wurden die Aufgaben in eine Hierarchie gebracht, in der eine übergeordnete Ebene Vorgaben für eine untergeordnete Ebene macht. Mittels Rückmeldungen können die Vorgaben revidiert werden. Im Weiteren wird diskutiert, ob eine simultane Planung realisiert werden kann.

Probleme des Produktionsmanagements werden in der Regel modellgestützt[27] gelöst. Die Realität wird hierzu in einem formalen Modell abgebildet[28], für das wissenschaftlich abgesicherte Lösungsverfahren existieren. Produktionsfunktionen bilden den oben beschriebenen Transformationsprozess ab. Sie beschreiben den mengenmäßigen Zusammenhang zwischen Produktionsfaktoren und der Ausbringungsmenge eines Produktes. Stücklisten und Arbeitspläne stellen die Basis der Leontief-Produktionsfunktion[29] dar. In beiden Listen werden die Produktionskoeffizienten verwaltet, die den Faktorbedarf für eine Ausbringungsmengeneinheit angeben. Unter Berücksichtigung der Lagerbestände der Bestellartikel und der zur Verfügung stehenden Maschinen- und Personalkapazitäten kann die mögliche Produktionsmenge bestimmt werden. Die Umkehrfunktionen bestimmen den Material- und Kapazitätsbedarf für ein fest vorgegebenes Auftragsvolumen. Darüber lassen sich Aussagen über Kapazitätsauslastungen und unnötige Lagerbestände treffen. Falls alle Faktorpreise bekannt sind, können die Gesamtkosten der Produktion bestimmt werden. Auf diese Weise ist ein Vergleich mehrere Handlungsalternativen möglich. Der Transformationsprozess wird derart gestaltet, dass die Gesamtkosten minimiert werden. Im Idealfall wird ohne Verschwendung, d. h. effizient, produziert.

Der Ansatz der Leontief-Produktionsfunktion kann auf mehrere Produkte erweitert werden. Die Faktorbedarfe der einzelnen Produktarten werden zu einem gesamten Bedarf addiert. Da die Faktoreinsatzmengen, d. h. Lagerbestände und Kapazitäten, beschränkt sind, muss eine Einsatzplanung der Faktoren stattfinden. Der Planer muss entscheiden, für welche Produkte er die Faktormengen

---

[27] Zum Modellbegriff vgl. **Zschocke, M.**: Modellbau, Wiesbaden 1995.
[28] Vgl. **Rieper, B., Witte, Th.**: Grundwissen Produktion, a. a. O., S. 16.
[29] Vgl. **Leontief, W.**: Studies in the Structure of the American Economy, New York 1976.

einsetzen möchte. Letztendlich wird hier eine Entscheidung über das Produktionsprogramm getroffen. Um diese Aufgabe durchführen zu können, müssen die Verkaufspreise bekannt sein. Mit Hilfe der Faktorkosten, der Preise, der Produktionskoeffizienten und der Produktionsmengen können die zu maximierenden Deckungsbeiträge berechnet werden.

Die Leontiefproduktionsfunktion liefert für eine einfache Programm-, Material- und Kapazitätsplanung das notwendige Instrumentarium. Diese Funktion ist aufgrund ihrer linearen Limitationalität praxistauglich. Die Vielzahl von Produktionsfunktionen, die substitutionale Elemente aufweisen, ist theoretisch interessant, aber für reale Probleme nicht einsetzbar. Aber auch die Leontief-Produktionsfunktion würde den Praxistest nicht bestehen, da wesentliche Anforderungen an das Produktionsmanagement nicht erfüllt sind. Zunächst ist die Leontief-Produktionsfunktion nicht zielsystemkonform. Es können nur Handlungsalternativen auf Basis von Produktionskosten ausgewählt werden. Umwelt-, qualitäts- und sozialorientierte Aspekte fehlen vollends. Darüber hinaus handelt es sich um einen statischen Ansatz. Eine praxisbezogene Produktionsplanung macht für mehrere Perioden gleichzeitig Vorgaben. Es kann z. B. auf Grund von Kostenüberlegungen sinnvoll sein, Auftragsmengen zeitlich vorzuziehen. Die Produktionsfunktion gibt auch keine konkreten Hinweise für die Steuerung des Produktionsprozesses in Hinblick auf eine Auftragsterminierung oder Auftragsreihenfolge.

Ein Planungssystem, das nur auf einer Produktionsfunktion basiert, erlaubt ergo keine simultane Planung. Es muss also ein anderer Modellansatz gefunden werden. Die Lösung wird nicht in einem geschlossenen, mathematischen Modell liegen, da nicht alle Abhängigkeiten zwischen den einzelnen Planungsbereichen vollständig formuliert werden können. Das Modell wäre intransparent, unflexibel und nicht handhabbar. Ein mathematisches Modell erfordert einen sehr hohen Input an Daten, die nicht ohne Unsicherheit beschafft werden können. Unsichere Daten müssen integrierbar sein. Die Beschaffung der großen Datenmengen muss mit vertretbarem Aufwand möglich sein. Sonst wären die Kosten der Informationsbeschaffung höher, als die eingesparten Kosten durch eine bessere Planung. Außerdem wäre noch die Frage zu klären, ob die heute zur Verfügung stehenden Mittel ausreichen, um derartige hochkomplexe Modelle zu lösen.

Aus den genannten Gründen scheint es nicht möglich und auch nicht erstrebenswert zu sein, ein Planungsmodell für das gesamte Produktionsmanagement zu erstellen. Ein großer Gewinn für die Güte der Planung wäre allerdings, wenn für Teilbereiche eine Simultanplanung möglich wäre. Dabei soll keine starre Zusammenfassung von Teilproblemen erfolgen, sondern eine realitätskonforme, problembezogene Koordinierung.

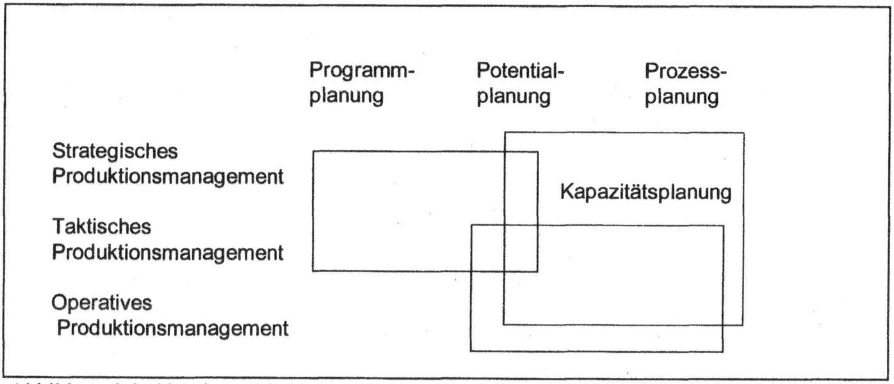

Abbildung 2.2: Simultane Planung

Abbildung 2.2 spiegelt die Idee des Planungskonzeptes wider. Die grundsätzliche Unterteilung des Produktionsmanagements in strategische, taktische und operative Planung auf der einen und Programm-, Potential- und Prozessplanung auf der anderen Seite wird beibehalten. Die Rechtecke stehen für flexible Planungsbereiche. Welche Aufgaben des Produktionsmanagements simultan geplant werden, hängt von der konkreten Fragestellung ab. Die Dimensionierung von Anlagen (Kapazitätsplanung) betrifft z. B. die taktische und die operative Ebene. Daneben müssen Fragen der Potential- und Prozessgestaltung beantwortet werden, d. h. aber nicht, dass alle Probleme der Prozessgestaltung behandelt werden. Es erfolgt demnach eine individuelle Abgrenzung des Planungsbereichs.

Im Einzelnen sollen folgende Anforderungen an einen Planungsbereich gestellt werden:

- klare inhaltliche Grenzen,
- keine feste zeitliche Dimensionierung,
- alle Planungsdaten sind mit vertretbarem Aufwand beschaffbar und
- die Bewertung sowie der Vergleich von Planungssituationen sind möglich.

Für diese Bereiche wird ein Planungssystem gesucht, dass eine

- flexible,
- vollständige,
- realitätsnahe,
- brauchbare und
- transparente

Modellierung der Aufgaben und einer Zielfunktion ermöglicht. Darüber hinaus muss ein Lösungsverfahren vorhanden sein, das den Wert der Zielfunktion ganzheitlich verbessert.

Durch die Zusammenfassung der strategischen, taktischen und operativen Planung müssen die Vorgaben der höheren Planungsebene nicht über Rückmeldungen korrigiert werden, da sie bereits für die tatsächlichen Prozesse angepasst worden sind. Eine zyklische Planung ist in der Regel nicht notwendig. Bei einer hierarchischen Planung müssen dagegen die strategischen und taktischen Vorgaben solange verändert werden, bis die operative Prozessplanung zu einem brauchbaren Ergebnis kommt.

In der Praxis haben sich in erster Linie das MRP- bzw. das MRP II-Konzept durchgesetzt. Neuere Entwicklungen, wie APS-Systeme, setzen auf das Supply Chain Management auf. In den folgenden Kapiteln werden die Konzepte und deren Ansätze zur simultanen Planung vorgestellt und auf ihre Eignung für das gewünschte Planungssystem untersucht.

3. PPS-Systeme

3.1 Definition, Abgrenzung und Ziele

Seit den 60er-Jahren übernehmen PPS-Systeme[1] die Planung und Steuerung der Produktion. Dabei wird konsequent auf die Möglichkeiten der Informationstechnik zurückgegriffen. Für die Produktionsplanung ist die Verarbeitung großer Datenmengen notwendig[2]. Daher bilden Datenbanken[3] einen wesentlichen Bestandteil von PPS-Systemen. Die Datenbanken verwalten Aufträge, Artikel, Stücklisten, Arbeitspläne, Personal und Maschinen. Die Planungsalgorithmen laufen datenbankgestützt ab. Der Datenstrukturierung kommt damit eine wichtige Bedeutung zu. Die Effizienz der PPS-Systeme hängt nicht unwesentlich von den Zugriffszeiten auf die Daten ab.

Die PPS-Systeme stellen einen Versuch da, das komplexe Problem der Produktionsplanung in Form einer Sukzessivplanung zu lösen. Zur Lösung des Gesamtproblems werden die Teilprobleme in eine Reihenfolge gebracht, die sukzessiv abgearbeitet wird, wobei teilweise Iterationen notwendig sind. Die Komplexität der einzelnen Planungsschritte ist vom Anwender überschaubar und damit lösbar. Die Bereitstellung der notwendigen Informationen ist in der Regel möglich. Das Koordinierungsproblem wird durch den hierarchischen Ansatz bewältigt.

Zunächst folgten die Systeme der MRP I-Logik[4], die sich auf die Materialbedarfsplanung[5] beschränkte. Mit Hilfe von Stücklistenprozessoren wurden auf Basis von Kundenaufträgen die terminierten Materialbedarfe bestimmt. In den 70er-Jahren wurde das Konzept zum MRP II-Ansatz erweitert[6]. Der wesentliche Unterschied liegt in der Berücksichtigung aller Produktionsfaktoren bei der Planung, d. h., es konnten jetzt auch Kapazitäten geplant werden. Daneben enthält das Konzept Ansätze, die Langfristplanung mit der kurzfristigen Planung zu verknüpfen.

---

1 Vgl. **Wiendahl, H.-P.**: Produktionsplanung und -steuerung, a. a. O., S. 14-1.

2 Vgl. **Kistner, K.-P., Steven, M.**: Produktionsplanung, 2. Aufl., Heidelberg 1993, S. 258 f.

3 Vgl. **Wedekind, H.**: Kaufmännische Datenbanken, Mannheim et al. 1993.

4 Vgl. **Adam, D.**: Produktionsmanagement, a. a. O., S. 597.

5 Vgl. **Witte, Th.**: Materialbedarfsplanung, in: Handwörterbuch der Produktionswirtschaft, hrsg. von Kern, W., 2. Aufl., Stuttgart 1996, Sp. 1168 - 1183.

6 Vgl. **Bartsch, H., Bickenbach, P.**: Supply Chain Management mit SAP APO, 2. Aufl., Bonn 2002, S. 26 ff.

Ein PPS-System wird in ein ERP-System[7] eingebettet, das neben der Produktionsplanung alle Geschäftsprozesse eines Unternehmens abdeckt. So sind z. B. Module für das Rechnungswesen, das Controlling, den Vertrieb und das Personalwesen unverzichtbare Bestandteile eines ERP-Systems. Die einzelnen Module ergänzen sich zu einem integrierten Softwaresystem[8]. Da die Produktionsplanung nicht unabhängig vom Gesamtunternehmen gesehen werden kann, ist die Integration eine wesentliche Voraussetzung für ein funktionierendes System. Die Auswertung eines produktiven Systems liefert Mengen- und Zeitverbräuche. So werden Materialverbräuche und zeitliche Beanspruchungen von Ressourcen geplant, gesteuert und kontrolliert. Eine Planung erfolgt aber kostenbasiert. Hierfür ist eine Bewertung der Verbrauchsmengen notwendig. Die Zusammenarbeit mit dem Rechnungswesen und dem Controlling ermöglicht eine Bewertung der Verbräuche und eine fundierte Bestimmung der Kostensätze, wie einem Bestell-, Lager- oder Rüstkostensatz[9]. Adäquate Schätzungen bezüglich der zu erwartenden Nachfrage können nur in Zusammenarbeit mit dem Absatz erstellt werden. Der Einkauf baut die Beziehungen zum Beschaffungsmarkt auf. Die Anlagen- und Personalwirtschaft beschafft und verwaltet die zur Produktion notwendigen Ressourcen. Je besser die einzelnen Bereiche aufeinander abgestimmt sind, desto erfolgreicher wird das Unternehmen handeln können. Alle Teilsysteme einer ERP-Software können auch als Informationssysteme aufgefasst werden. Das PPS-System verwaltet und generiert Informationen bezüglich der Produktion und arbeitet unmittelbar am Materialfluss, der die Bewegung des Materials vom Lieferanten über die eigene Fertigung zum Kunden beschreibt. Darüber hinaus steuert das System Aufträge in die Produktion ein und organisiert den Aufbau sowie die Abläufe in der Fertigung. Das Controlling liegt auf einer anderen Verdichtungsstufe als die Produktion, da es die Informationen durch die Bewertung der Faktorverbräuche verdichtet[10].

---

7 Vgl. **Günther, H.-O., Tempelmeier, H.**: Produktion und Logistik, a. a. O., S. 299 ff. und **Martin, R., Mauterer, H., Gemünden, H.-G.**: Systematisierung des Nutzens von ERP-Systemen in der Fertigungsindustrie, in: Wirtschaftsinformatik, 44. Jg., H. 2, 2002, S. 109 - 116.

8 Vgl. **Stahlknecht, P., Hasenkamp, U.**: Einführung in die Wirtschaftsinformatik, 10. Aufl., Berlin et al. 2002, S. 359.

9 Vgl. **Hoitsch, H.-J.**: Auftragsplanung, in: Lexikon der Betriebswirtschaftslehre, hrsg. v. Corsten, H., 2. Aufl., München 1993, S. 79.

10 **Mertens, P., Bodendorf, F., König, W. et al.**: Grundzüge der Wirtschaftsinformatik, a. a. O., S. 46 und **Biethahn, J., Mucksch, H., Ruf, W.**: Ganzheitliches Informationsmanagement, Bd. 1: Grundlagen, 5. Aufl., München et al. 2000, S. 40 ff.

Die Ziele eines PPS-Systems orientieren sich an dem produktionswirtschaftlichen Zielsystem. Dabei muss beachtet werden, dass PPS-Systeme keinen unmittelbaren Einfluss auf Kosten, soziale und umweltbezogene Faktoren haben. Die sozialen Faktoren liegen eher im Aufgabengebiet der Personalwirtschaft und die Technik muss die umweltbezogenen Ziele bei der Entwicklung der Produkte und der zugehörigen Produktionsprozesse berücksichtigen[11]. Kosten können erst in Zusammenarbeit mit dem Controlling bestimmt werden. Ein PPS-System legt aber häufig die Basis für die Zielgrößen. So bestimmt es die Mengenkomponenten der Kosten und erstellt den Bedarf an Personal und Maschinen. Daher arbeitet ein PPS-System mit Ersatzzielgrößen[12], die sich auf die Reduktion der Faktorverbräuche, d. h. von Mengen und Zeiten, beziehen. Im Klartext bedeutet dies eine Verringerung der Lagerbestände, der Fehlmengen, der Rüst- und Stillstandszeiten.

3.2 Aufgaben

3.2.1 Strategische Aufgaben

Die Aufgabe eines der MRP II-Logik folgenden PPS-Systems besteht darin, eine reibungslose Abarbeitung der Kundenaufträge unter Einhaltung der Zielvorgaben zu ermöglichen. Hierfür sind die Produktionsabläufe mengen- und zeitmäßig zu planen, zu steuern und zu überwachen. Darüber hinaus muss bei Soll-Ist-Abweichungen korrigierend eingegriffen werden. Im Einzelnen legt das PPS-System das Produktionsprogramm, die Bestellungen, die Fertigungsaufträge und die Maschinenbelegungspläne fest.

Abbildung 3.1 zeigt in Anlehnung an WIGHT die Planungsschritte, die sukzessiv abgearbeitet werden. Die Pfeile deuten die möglichen Iterationen im Planungslauf an. Die Aufgaben lassen sich in strategisch, taktisch und operativ unterteilen, wobei sich die operativen den strategischen Aufgaben anschließen[13]. Häufig setzt die Darstellung der MRP II-Logik erst mit der ersten operativen

---

[11] Vgl. Computer Integrated Manufacturing, kurz CIM-Konzept: **Scheer, A.-W.**: Informationsmanagement im Betrieb, in: Betrieb von Produktionssystemen, hrsg. v. Eversheim, W., Schuh, G., Berlin et al. 1999, S. 17 - 44 und **Hahn, D., Laßmann, G.**: Produktionswirtschaft, a. a. O., S. 91 ff.

[12] Vgl. **Kurbel, K.**: Produktionsplanung und -steuerung, a. a. O., S. 20.

[13] Vgl. **Kiener, S., Maier-Scheubeck, N., Weiß, M.**: Produktions-Management, Grundlagen der Produktionsplanung, a. a. O., S. 16 ff.

Aufgabe, der Programmplanung, ein. Der Grund liegt u. a. in den unterschiedlichen Zuständigkeiten, dem Detaillierungsgrad und der Unsicherheit der Informationen.

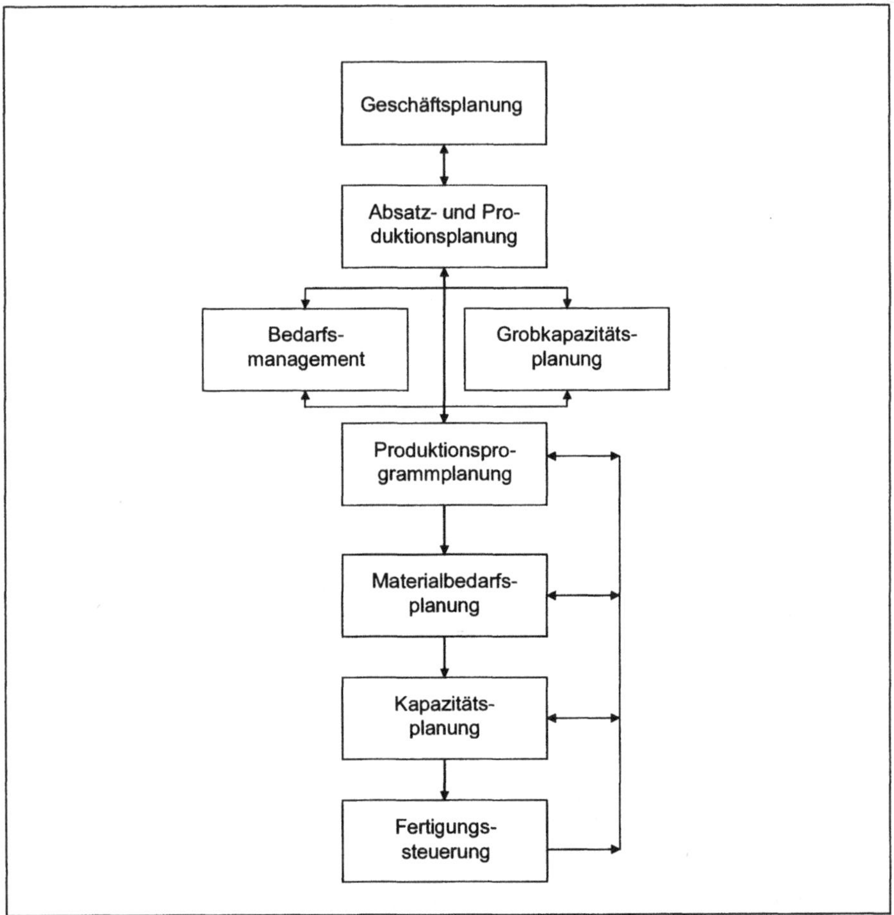

Abbildung 3.1: Planungs- und Steuerungslogik in MRP II[14]

Die Langfristplanung erfolgt häufig in der Verantwortung der Geschäftsführung. Sie macht Zielvorgaben für die Produktion und hat grobe Vorstellungen über das Produktionsvolumen. Hierbei stützt sie sich auf Markt- und Produktanaly-

[14] Vgl. **Wight, O. W.**: Manufacturing Resource Planning: MRP II – Unlocking America's Productivity Potential, Revised Edition, New York et al. 1984. **Kurbel, K.**: Produktionsplanung und -steuerung, a. a. O., S. 112.

sen. Im Ergebnis liegt ein grober Absatz- und Produktionsplan vor, aus dem sich der Bedarf an Produktionsfaktoren ergibt. Die Produktion muss derart mit Maschinen und Personal ausgestattet werden, dass die erwartenden Kundenaufträge bedient werden können. Ebenso müssen Verbindungen zu Lieferanten aufgebaut werden, damit die Zukaufteile bei Bedarf rechtzeitig angeliefert werden können. Entsprechend der zu erwarteten Lagerbestände sind die Lagerbereiche zu dimensionieren.

Nach Abschluss der strategischen Planungsaufgaben stehen die Vorgaben für das operative Tagesgeschäft fest. Die am Markt[15] existierenden PPS-Systeme unterstützen die strategischen Aufgaben der Produktionsplanung nur sehr dürftig. Häufig beschränkt sich die Unterstützung auf das Arbeiten mit Tabellenkalkulationsprogrammen. Die strategische Planung ist somit ziemlich losgelöst von der operativen Planung. Ein integrativer Ansatz liegt hier nicht vor. Dagegen wird die operative Planung weitestgehend komplett von den EDV-Systemen unterstützt. Die Abläufe laufen standardisiert ab und lassen sich daher leichter in einem EDV-System abbilden.

3.2.2 Materialbedarfsplanung

Ausgangspunkt ist die operative Produktionsprogrammplanung. Sie legt nach Art, Menge und Termin das Produktionsvolumen in Form eines so genannten Primärbedarfs für den Planungszeitraum fest. Der Primärbedarf wird unter Berücksichtigung der verfügbaren Ressourcen und der Absatzmöglichkeiten ermittelt[16]. Dabei basiert die Nachfrage nicht nur auf bereits vorliegenden Kundenaufträgen, sondern auch auf prognostizierten Aufträgen. Für die Prognose wird auf gängige Verfahren, wie das exponentielle Glätten und die Zeitreihendekomposition, zurückgegriffen[17]. Für die Verrechnung der Prognosen mit den Kundenaufträgen zum Primärbedarf existiert in der Praxis eine Vielzahl von Varianten, die sich im Kern auf drei Möglichkeiten zurückführen lassen:

---

[15] Vgl. **Heinrich, H., Jacobs, H., Wunschick, J.**: Vergleich von ERP-Systemen unter den Aspekten Benutzerfreundlichkeit, Aachen 2000.

[16] Vgl. **Zäpfel, G.**: Grundzüge des Produktions- und Logistikmanagement, Berlin 1996, S. 73.

[17] Vgl. **Melzinger-Ridinger, R.**: PPS. Systemgestützte Produktionsplanung: Konzeption und Anwendung, München 1995, S. 59 ff. und **Greene, W.-H.**: Econometric Analysis, 2. Aufl., Englewood Cliffs 1993, S. 549 ff.

- Kundeneinzelfertigung,
- anonyme Lagerfertigung und
- Vorplanung[18].

Die Kundeneinzelfertigung berücksichtigt überhaupt keine Prognosen und die anonyme Lagerfertigung basiert ausschließlich auf Prognosen. Die dritte Variante kombiniert die Werte. Für jeden Artikel einer Stückliste kann eine andere Variante gewählt werden. Darüber hinaus kann der Planungszeitraum eine Rolle spielen. Für Planungen der nächsten Woche kann eine andere Möglichkeit als für die übernächste Woche gewählt werden. Der Primärbedarf stellt eine Größe dar, die das Produktionssystem im Planungszeitraum zur Verfügung stellen muss, dabei ist noch nicht festgelegt, ob die Artikel beschafft, produziert oder vom Lager genommen werden.

Während sich die Programmplanung nur auf die Verkaufsartikel bezieht, bricht die Materialbedarfsplanung den Primärbedarf auf die benötigten Baugruppen, Teile und Materialien herunter. Der terminierte Bedarf an Artikeln, der sich aus dem Primärbedarf, den Stücklisten und den Vorlauffristen[19] bestimmen lässt, wird als Bruttobedarf bezeichnet. Dabei ist die Vorlauffrist mit der Wiederbeschaffungszeit vergleichbar, die notwendig ist, um einen Artikel entweder zu beschaffen oder zu produzieren. Der Bedarfszeitpunkt der Komponenten eines Artikels verschiebt sich um diese Fristen. Die Bestimmung der Vorlauffrist hat auf den Zielerreichungsgrad des Unternehmens einen großen Einfluss. Zu großzügig gewählte Fristen erzeugen Kapitalbindungskosten. Zu kleine Fristen verzögern die Produktion, da das Material nicht rechtzeitig vorhanden ist. Die dem Kunden zugesagten Liefertermine werden nicht eingehalten.

Unter Berücksichtigung der Lagerbestände erhält man aus dem Bruttobedarf den Nettobedarf[20]. Die Losbildung führt zu Bestell- und Fertigungsaufträgen[21]. Die Artikel müssen in der Reihenfolge der Dispositionsstufen geplant werden, da

---

[18] Vgl. **Patig, S.**: SAP® R/3® am Beispiel erklärt, Frankfurt a. M. 2003, S. 109 ff und **Dittrich, J., Mertens, P., Hau, M., et al.**: Dispositionsparameter von SAP R/3-PP® - Einstellhinweise, Wirkungen, Nebenwirkungen, 3. Aufl., Wiesbaden 2003, S. 54 ff.

[19] Vgl. **Schulte G.**: Material- und Logistikmanagement, a. a. O., S. 115 ff.

[20] Vgl. **Günther, H.-O., Tempelmeier, H.**: Produktionsmanagement, 2. Aufl., Berlin et al. 1995, S. 291 ff.

[21] Vgl. **Francois, P.**: Flexible Losgrößenplanung in Produktion und Beschaffung, Heidelberg 2000.

sonst ein Artikel mehrfach der Brutto-/Nettorechnung unterzogen werden könnte.

In der Theorie wird eine ganze Reihe von Losgrößenverfahren diskutiert, die alle versuchen, die Summe aus Bestell- bzw. Rüstkosten und den Lagerkosten zu minimieren. Das wohl bekannteste Verfahren ist die klassische Losgrößenformel, in der sich die Losgröße aus der Wurzel des Terms berechnet, der sich aus der doppelten erwarteten Nachfrage multipliziert mit dem Rüstkostensatz und dividiert durch den Lagerkostensatz ergibt. Grob lassen sich die Losgrößenverfahren in statische und dynamische Ansätze unterteilen. Im statischen Konzept wird die Losgröße einmal berechnet und im Planungszeitraum nicht verändert, wie bei der klassischen Losgrößenformel. Dynamische Verfahren passen sich stets an die aktuelle Nachfragesituation an. Der einfachste Ansatz ist hier eine periodenorientierte Zusammenfassung. Hierbei ergibt sich die Losgröße immer aus der Nachfrage während eines festen Zeitraums. Intelligentere Verfahren berücksichtigen die Kostenwirkungen. Im Einsatz sind hier die Least-Unit-Cost-, die Silver-Meal, die Groff- und die Part-Period-Balance-Heuristik[22]. Das Wagner-Whitin-Verfahren optimiert unter bestimmten Voraussetzungen die Summe der entscheidungsrelevanten Kosten.

In Bezug auf die Bestellartikel muss das PPS-System nur auf die Einhaltung der Liefertermine achten und ggf. bei Lieferschwierigkeiten die vom Material abhängigen Prozesse anpassen. Dagegen müssen die Fertigungsaufträge zeitlich in die laufende Produktion eingeplant werden.

3.2.3 Termin- und Kapazitätsplanung

Die zeitliche Einplanung der Fertigungsaufträge erfolgt in drei Schritten. Zunächst erfolgt eine Grobplanung, die feststellt, ob die Aufträge überhaupt in den gewählten Fristen durchführbar sind. Anschließend wird überprüft, ob die zur Verfügung stehenden Ressourcen ausreichen, um das Volumen an Fertigungsaufträgen zu realisieren. Falls die Kapazitäten in genügender Menge vorhanden sind, erfolgt im Rahmen der Produktionssteuerung die Feinplanung, wobei die

[22] Vgl. **Overfeld, J.**: Produktionsplanung bei mehrstufiger Kampagnenfertiguung, Frankfurt a M. 1990 und **Kurbel, K.**: Produktionsplanung und -steuerung, a. a. O., S. 127 ff.

Aufträge konkret auf den zur Verfügung stehenden Maschinen sekundengenau eingeplant[23] werden.

Innerhalb der Vorlauffristen müssen alle Arbeitsgänge abgearbeitet werden[24]. Normalerweise enthalten die Fristen genügend Pufferzeiten. Die Fristen sind aber unabhängig von der Auftragsgröße, daher besteht die Gefahr, dass bei Aufträgen großer Stückzahlen die Pufferzeiten nicht ausreichen. Die Grobplanung führt eine Rückwärts- bzw. Vorwärtsterminierung der Arbeitsgänge innerhalb der Fristen durch. Jeder Arbeitsgang beansprucht dabei einen Arbeitsplatz. Die Dauer eines Arbeitsganges wird auf Basis der Auftragsgröße sowie der Transport-, Rüst-, Bearbeitungs- und Wartezeiten abgeschätzt. Mit Hilfe dieser Zeiten lassen sich Start- und Endtermine der Arbeitsgänge angeben. Falls der Endtermin des letzten Arbeitsganges des Arbeitsplanes außerhalb der Frist liegt, müssen Gegenmaßnahmen getroffen werden. Geeignete Maßnahmen zur Durchlaufzeitverkürzung sind Lossplitting, Losüberlappung und Verkürzung der Wartezeiten durch veränderte Auftragsprioritäten[25]. Wenn keine Maßnahme zum Erfolg führt, müssen die Kundenaufträge verschoben oder die Vorlauffristen verändert werden. Eine Verschiebung der Kundenaufträge macht eine neue Programmplanung notwendig, eine Veränderung der Fristen bringt eine revidierte Materialbedarfsplanung mit sich. In beiden Fällen ist die Sukzessivplanung gescheitert, da Rücksprünge im Planungslauf notwendig sind.

Nach erfolgreicher Terminierung wird der Kapazitätsbedarf für die Durchführung der zeitlich festgelegten Arbeitsgänge dem Kapazitätsangebot gegenübergestellt. Der Kapazitätsabgleich versucht durch Verschiebung der Arbeitsgänge innerhalb der Vorlauffristen oder durch kurzfristige Kapazitätserweiterungen die Nachfrage unter dem Angebot zu halten[26]. Wenn dies nicht gelingt, muss die Programm- oder Materialbedarfsplanung wiederum verändert werden.

---

[23] Vgl. **Vahrenkamp, R.**: Produktionsmanagement, a. a. O., S. 150 ff.

[24] Vgl. **Drexl, A., Fleischmann, A., Günther, H.-O., Stadtler, H., Tempelmeier, H.**: Konzeptionelle Grundlagen kapazitätsorientierter PPS-Systeme, in: Zeitschrift für betriebswirtschaftliche Forschung, 46. Jg., 1994, S. 1022 - 1045

[25] Vgl. **Zäpfel, G.**: Grundzüge des Produktions- und Logistikmanagement, a. a. O., S. 190 ff. und **Vahrenkamp, R.**: Produktionsmanagement, a. a. O., S. 154 ff.

[26] Vgl. **Glaser, H., Petersen, L.**: PPS - Produktionsplanung und -steuerung. Grundlagen - Konzepte - Anwendungen, 2. Aufl., Wiesbaden 1992, S. 178.

3.3 Fertigungssteuerung

Der Fertigungssteuerung liegen Fertigungsaufträge vor, die grundsätzlich rechtzeitig mit den vorhandenen Kapazitäten ausgeführt werden können. Die Planung ist aber von Sollkapazitätsgrößen ausgegangen und berücksichtigt nicht die tatsächliche Situation in der Produktion. Maschinenausfälle oder Lieferverzögerungen führen zu einer Ist-Kapazität, die von der Sollgröße erheblich abweichen kann. Auch die Ergebnisse der Terminplanung können nicht umsetzbar sein, da die ablaufbedingten Wartezeiten gravierend unterschätzt werden können. Die Feinterminierung schreibt die Maschinenbelegungspläne fort, in denen genau festgehalten wird, wann welcher Auftrag auf welcher Maschine bearbeitet wird. Für noch einzuplanende Aufträge werden Lücken für die Durchführung der Arbeitsgänge im Zeitraster gesucht. Ggf. müssen Arbeitsgänge anderer Aufträge verschoben werden. Hierbei müssen aber die Abhängigkeiten zwischen den Arbeitsgängen beachtet werden. Eine Vorziehung von Arbeitsgängen führt zu Kapitalbindungskosten. Falls ein Arbeitsgang in die Zukunft verschoben wird, müssen auch die nachfolgenden Arbeitsgänge verschoben werden. Die Konsequenzen von derartigen Maßnahmen sind sehr schwer zu überblicken. Deshalb haben sich Leitstände in der Praxis durchgesetzt, die die Abhängigkeiten der Arbeitsgänge verwalten und bei der Verschiebung von Arbeitsgängen den Maschinenbelegungsplan automatisch aktualisieren[27].

Für die Einplanung von Aufträgen können bestimmte Strategien oder Heuristiken[28] definiert werden. So kann z. B. das Verdrängen von anderen Arbeitsgängen völlig ausgeschlossen oder immer erzwungen werden. Die Anzahl von möglichen Strategien ist unüberschaubar und stellt den Planer vor ein fast unlösbares Problem. In der Praxis setzt sich oft die Strategie von Experten bzw. Meistern durch. Wenn für jeden Artikel eine Strategie explizit formuliert wird und das System sich exakt an diese Vorgaben hält, spricht man von einer automatischen Planung[29]. Die Reihenfolge, in der die Aufträge eingeplant werden, hat einen wesentlichen Einfluss auf das Ergebnis, so dass auch hier Strategien ausgewählt werden müssen. In der letzten Zeit setzen die Leitstände vermehrt Genetische Algorithmen[30] zur Verbesserung der Feinterminierung ein. Hierfür wird eine

---

[27] Vgl. **Wiendahl, H.-P.**: Produktionsplanung und -steuerung, a. a. O., S. 14-44.

[28] Vgl. **Vahrenkamp, R.**: Produktionsmanagement, a. a. O., S. 196 ff.

[29] Vgl. **Corsten, H., Gössinger, R.**: Einführung in das Supply Chain Management, a. a. O., S. 166 ff.

[30] Vgl. **Claus, T.**: Objektorientierte Simulation und Genetische Algorithmen zur Produktionsplanung und -steuerung, a. a. O.

Zielfunktion definiert, die auf Kapitalbindungs-, Rüst- und Fehlmengenkosten basiert. Dann wird ein Maschinenbelegungsplan gesucht, der die Zielfunktion minimiert.

In der letzten Phase der MRP II-Planungskette werden die Aufträge gemäß des Maschinenbelegungsplans in die Produktion eingesteuert und die Produktion überwacht. Falls kurzfristig Probleme auftreten, wird die Planung über Rückkoppelungen angepasst.

3.4 Bewertung

PPS-Systeme lösen das Komplexitätsproblem einer ganzheitlichen Produktionsplanung durch ein hierarchisches Konzept, wobei Koordinierungs- und Informationsprobleme auftreten. Das Informationsproblem besteht darin, dass die gesamte Produktion auf Basis von Soll- bzw. Durchschnittsgrößen geplant wird. Durchlauf- und Vorlaufzeiten werden sehr großzügig bemessen. Für relativ konstante Systeme, wie Massen- und Großserienfertiger, funktionieren derartige Systeme sehr gut, da die Nachfragegrößen und die Bearbeitungszeiten konstant sind. Bei Mittel- und Kleinserienfertigern ändern sich die Größen häufig[31]. Die Folge ist, dass sich die erstellten Produktionspläne nicht in der gewünschten Form umsetzen lasen. Die Fehler fallen erst in der auf Ist-Daten basierenden Feinterminierung auf, wenn die Verfügbarkeitsprüfung Material- und Kapazitätsengpässe feststellt, die nicht erwartet worden sind. Praktiker bemängeln hohe Bestände an Halb- und Fertigprodukten und eine schlechte Termintreue[32]. Mögliche Fehlerursachen sind z. B. zu kleine Vorlauffristen oder zu große Losgrößen, die aus einer mangelhaften Koordinierung der Teilpläne entstehen. Entscheidungen werden auf Basis einer eingeschränkten Kostensicht getroffen. Kostenzusammenhänge, die sich über allen Stufen der Produktionsplanung ergeben, bleiben unberücksichtigt. PPS-Systeme orientieren sich weniger am produktionswirtschaftlichen Zielsystem als an der Erreichung eines durchführbaren Planes. Dabei übernimmt die Feinterminierung die Hauptlast. Sie gleicht die Fehler der vorangegangen Planungsstufen aus.

---

[31] Vgl. **Adam, D.**: Produktionsmanagement, a. a. O., S. 608 ff.

[32] Vgl. **Drexel, A., Hasse, K., Kimms, A.**: Losgrößen- und Ablaufplanung in PPS-Systemen auf der Basis der randomisierten Opportunitätskosten, in: Zeitschrift für Betriebswirtschaft, 65. Jg., H. 3, 1995, S. 268.

Im Folgenden werden die Effizienzverluste aufgezeigt, die durch den sukzessiven Planungsansatz entstehen. Die isolierte Bestimmung folgender Größen verhindert eine Optimierung des Gesamtsystems:

- Primärbedarf,
- Vorlauffristen,
- Losgrößen,
- Maschinenbelegung und
- Kapazitätsbedarf.

Darüber hinaus ist die strikte Trennung der strategischen Planung von der operativen ungünstig. Die strategische Planung arbeitet mit Nachfrageprognosen, die zwangsläufig sehr ungenau sind. Der Kapazitätsbedarf wird grob geschätzt. Der Einfluss von operativen Planungsparametern auf den Kapazitätsbedarf wird vernachlässigt.

Der Primärbedarf wird losgelöst von den Kapazitätsrestriktionen ermittelt. Im Laufe der Sukzessivplanung kann sich herausstellen, dass der Primärbedarf nicht realisierbar ist. Die Folge sind Rücksprünge im Planungslauf, wobei sich die Anzahl der Iterationen nicht beschränken lässt. Eine Änderung des Primärbedarfs ist gleichbedeutend mit einer Verschiebung von Kundenaufträgen. Daraufhin müssen die Kunden ggf. ihre eigene Planung anpassen. Moderne PPS-Systeme verfügen häufig über ein ATP-Modul (Available To Promise)[33], das in einem schnellen und groben Planungslauf Aussagen über die Einhaltung der Liefertermine machen kann.

Starre Vorlauffristen sind die Voraussetzung für eine isolierte Materialbedarfsplanung. Sie stellen eine Abschätzung der erwarteten Durchlaufzeit der Aufträge dar, wobei die ablaufbedingten Wartezeiten den größten Zeitanteil stellen. Tatsächliche Kapazitätsbelastungen bleiben bei der Abschätzung unberücksichtigt. In einer schlecht ausgelasteten Produktion sind diese Zeiten demnach zu hoch und verursachen vermeidbare Kapitalbindungskosten, da die Materialien zu früh bereitgestellt werden. In hoch ausgelasteten Produktionssituationen werden Kapazitätsengpässe auftreten, die auf zu kleine Vorlauffristen schließen lassen.

---

[33] Vgl. **Knolmayer, G., Mertens, P., Zeier, A.**: Supply Chain Management Based on SAP System , Berlin et al. 2002, S. 147 ff. und **Zäpfel, G.**: PPS, in: Handwörterbuch der Produktionswirtschaft, hrsg. v. Kern, W., 2. Aufl., Stuttgart 1996, Sp. 1395.

Der Erfolg einer Produktionsplanung hängt erheblich von der Wahl der richtigen Losgrößen ab. In der Regel werden die Losgrößen isoliert für jeden Artikel bestimmt. Die Mehrstufigkeit der Produktionsprozesse bleibt außer Acht. Eine Losbildung bezüglich eines Endproduktes minimiert die Summe der zugehörigen Lager- und Rüstkosten. Daneben bestimmen die Lose aber auch den Bruttobedarf für die Artikel der vorangehenden Produktionsstufen und beeinflussen damit indirekt die Lager- und Rüstkosten der Unterartikel. Falls die Lager- und Rüstkostensätze für einen Unterartikel sehr hoch sind, ist es günstig, selten zu produzieren und kaum zu lagern. Dies kann dadurch erreicht werden, dass der Artikel nur selten benötigt wird, d. h. die Oberartikel müssen in großen Losen produziert werden. Kleine Lose der Oberartikel würden erhebliche Lager- oder Rüstkosten bzgl. des Unterartikels verursachen. Die isolierte Planung deckt dieses Einsparpotential überhaupt nicht auf. Eine Materialbedarfsplanung auf Basis des Dispositionsstufenverfahrens[34] bezieht nur Mengenbeziehungen ein, Abhängigkeiten in der Kostenstruktur gehen verloren.

Ein weiteres Problem liegt in der fehlenden Abstimmung der Losgrößen mit den Kapazitäten. Lose werden nur auf Basis von Kostenüberlegungen gebildet, wodurch freie Kapazitätseinheiten ungenutzt verloren gehen. Ein an der Kapazitätsgrenze arbeitendes Unternehmen muss freie Kapazitäten umgehend nutzen. Wenn in der aktuellen Periode ein Engpass noch freie Kapazitätseinheiten besitzt, muss unter Umständen die Produktion eines Artikels vorgezogen werden, d. h., das aktuelle Los wird unter Auslassung der Kostensituation vergrößert. Ebenso kann der Fall eintreten, dass ein Los verkleinert werden muss, weil die zur Verfügung stehenden Kapazitäten nicht ausreichen.

Die Feinterminierung stößt auf Probleme, wenn der Maschinenbelegungsplan keine Zeitfenster aufweist, in denen der einzuplanende Auftrag bei Einhaltung des Liefertermins untergebracht werden kann. Im Rahmen der Grobplanung können die ablaufbedingten Wartezeiten unterschätzt worden sein oder die Losgrößen sind zu groß gewählt worden. Wie oben bereits erwähnt, hängt von der Reihenfolge, in der die Aufträge eingeplant werden, die erfolgreiche Erstellung eines Maschinenbelegungsplanes ab. Wenn z. B. zunächst Aufträge mit langen Bearbeitungszeiten eingeplant werden, ist die Wahrscheinlichkeit ziemlich groß, für die verbleibenden Aufträge noch freie Zeitfenster zu finden. Auf diese Weise

---

[34] Vgl. **Witte, Th.**: Die Lernfabrik I, Diskussionsbeiträge des Fachbereichs Wirtschaftswissenschaften der Universität Osnabrück, Nr. 9515, Osnabrück 1995.

entscheiden die Auftragsreihenfolgen über die Durchführbarkeit von Losgrößen. Eine günstige Auftragsreihenfolge kann große Losgrößen ermöglichen, eine schlechte kann große Losgrößen verhindern. Die getrennte Bestimmung dieser beiden Größen scheint paradox. Die Lösung kann nur in einer simultanen Planung der Losgrößen und Auftragsreihenfolgen liegen. Eine Losgrößenplanung muss sich daher an den zur Verfügung stehenden Zeitfenstern orientieren. „Optimierungsverfahren", die nur eine „optimale" Auftragsreihenfolge suchen, vernachlässigen ein enormes Verbesserungspotenzial.

Die hier geschilderten Probleme sprechen gegen den Einsatz der PPS-Systeme für das Produktionsmanagement. Dem großen Aufwand in Form von großen Datenbanken und Programmpaketen stehen schlechte Ergebnisse in Form von hohen Beständen, schlechter Kapazitätsauslastung und langen Durchlaufzeiten gegenüber[35]. Gerade hohe Bestände verdecken Fehler des Produktionsmanagements, wie geringe Flexibilität, störanfällige Prozesse, hoher Ausschuss, mangelnde Termintreue und Überkapazitäten. Um diese Mängel abzustellen, sind einige neue grundlegende Konzepte zur Rettung des PPS-Ansatzes entwickelt worden. Der nächste Abschnitt widmet sich einiger dieser Konzepte.

3.5 Neue Konzepte

ADAM[36] nennt einige Anforderungen an ein neues Design von PPS-Systemen:

- keine isolierte Auftragsterminierung,
- keine Terminierung auf Basis von geschätzten Durchlaufzeiten,
- Integration von Personal in die Planung,
- Kapazitätsplanung für große abstrakte Organisationseinheiten statt für einzelne Maschinengruppen,
- keine minutengenaue Planung,
- nur die Grobplanung läuft IT-gestützt ab,
- dezentrale Steuerung und
- strikte Orientierung an ökonomischen Zielen.

Die aufgeführten Vorschläge lassen sich in ein zweistufiges Konzept übertragen. In der ersten zentral durchgeführten Stufe wird ein simultaner Planungsansatz

---

[35] Vgl. **Egger, E., Wedel, T.**: Sanierung oder Neueinsatz von PPS, in: Vernetzung von Produktionssteuerung und Logistik, hrsg. v. VDI, 1992, S. 75 - 84.

[36] Vgl. **Adam, D.**: Produktionsmanagement, a. a. O., S. 611 ff.

realisiert, der Ecktermine für die Aufträge erstellt. Die Planung basiert auf allen relevanten Produktionsfaktoren und dem Produktionsprogramm. Eine Feinplanung wird auf der zweiten Stufe dezentral durchgeführt und legt fest, welche Arbeitskraft in welcher Reihenfolge für die Durchführung der Aufträge verantwortlich ist. Um das Komplexitäts- und Informationsproblem der Grobplanung in den Griff zu bekommen, wird versucht die Komplexität zu verringern und die Restkomplexität beherrschbar zu machen. Hierfür werden:

- Lean Production,[37]
- Total Quality Management[38] oder
- Business Process Reengineering[39]

eingesetzt. Für die Feinplanung haben sich die dezentralen Steuerungskonzepte:

- Kanban-Steuerung[40] sowie
- Belastungsorientierte Auftragsfreigabe[41]

bewährt.

Alle drei Konzepte zur Komplexitätsverringerung haben zum Ziel, die Kosten zu senken, die Durchlaufzeit der Aufträge zu reduzieren und die Qualität zu verbessern. Dabei unterscheiden sich die Vorgehensweisen nicht großartig, nur der Fokus ist jeweils anders gesetzt. Lean Production versucht die Produktion zu verschlanken, d. h. sich auf Kernprozesse zu konzentrieren. Nur die Prozesse, die einen wesentlichen Beitrag zur Wertschöpfung leisten, sollen in Eigenregie durchgeführt werden. Alle anderen Prozesse werden von Fremdfirmen durchgeführt. Es haben sich hierarchische Zuliefernetzwerke etabliert. Die Hersteller der Endprodukte unterhalten nur noch Beziehungen zu Lieferanten, die komplette Module liefern. Weiterhin vereinfacht eine Standardisierung der Produkte und Abläufe die Produktion. Die Fertigung von Artikeln, für die ein teurer Maschinenpark notwendig ist, muss sich einer genauen Wirtschaftlichkeitsbetrachtung unterziehen. Hierfür ist besonders wichtig, dass die Kosten verursachungsgerecht verteilt werden. Standardprodukte dürfen nicht mit den Kosten von teuren Maschinen belastet werden, die für Herstellung von Spezialartikeln angeschafft

[37] Vgl. **Womack, P., Jones, D.-T., Roos, D.**: Die zweite Revolution in der Autoindustrie, Frankfurt a. M. 1991.

[38] Vgl. **Feigenbaum, A.-V.**: Total Quality Control, 3. Aufl., New York et al. 1991.

[39] Vgl. **Hammer, M., Champy, J.**: Business Reegineering. 3. Aufl., Frankfurt a. M. 1994.

[40] Vgl. **Wildemann, H.**: Produktionssteuerung nach KANBAN-Prinzipien, in: Fertigungssteuerung II, hrsg. v. Adam, D., Bd. 39, Wiesbaden 1988, S. 33 - 50.

[41] Vgl. **Wiendahl, H.-P.**: Belastungsorientierte Fertigungssteuerung, München et al. 1987.

worden sind. Die Prozesskostenrechnung[42] hat sich als ein wegweisendes Instrument erwiesen. Alle getroffenen Maßnahmen führen zu einer erheblichen Reduktion der Teilevielfalt. Als Resultat lassen sich eine überschaubare Anzahl von Lieferantenbeziehungen, ein geringerer Bedarf an Lagerflächen, reduzierte Lagerkosten und wenige überschaubare Produktionsabläufe festhalten. Zusammengenommen verringern diese Aktionen die Komplexität des Planungsproblems. Vielleicht ist es sogar möglich für die verschlankte Produktion alle Informationen zuverlässig zu beschaffen, die für eine zielgerechte Planung notwendig sind. Das Konzept hilft aber nicht über die grundsätzlichen Mängel des PPS-Ansatzes hinweg, da keine neuen Planungsmethoden eingesetzt werden.

Business Process Reengineering zielt nicht nur auf die Produktion, sondern auf alle Geschäftsprozesse im Unternehmen. Die Prozesse werden analysiert und effizienter gestaltet. Zum Einsatz kommen Methoden, die einen sehr allgemeinen Charakter haben[43]. Das Konzept enthält keine neuen Ideen für die Produktionsplanung. Die Erfolge sind alleine auf die Vereinfachung der Produktionsabläufe zurückzuführen.

Total Quality Management ist ein Instrument, mit dem die Prozesse auf die Kundenwünsche ausgerichtet werden. Der Marktwandel zum Käufermarkt hin lässt ein anderes Vorgehen gar nicht mehr zu. In den einzelnen Planungsstufen rückt damit mehr die Einhaltung von Lieferterminen als die Maximierung der Kapazitätsauslastung in den Vordergrund. Die Planung wird auf diese Weise eher dem produktionswirtschaftlichen Zielsystem gerecht.

Eine auf dezentralen Konzepten beruhende Feinplanung kann flexibel auf Störungen reagieren. Die Einsteuerung von Aufträgen kann verzögert werden, wenn ein Produktionsfaktor noch nicht zur Verfügung steht. Bestände und Wartezeiten werden so reduziert. Die Vorgaben der Produktionsplanung werden nur als grobe Orientierung genommen. Dezentral angesiedelte Entscheidungsträger sind eher in der Lage, ihren Bereich in der notwendigen Gesamtheit zu überblicken. Informationen werden an der Stelle ihres Entstehens verarbeitet oder sofort an die richtige Stelle weitergeleitet.

---

[42] Vgl. **Berens, W.**: Neuere Entwicklungen im industriellen Rechnungswesen: Produktionsprogrammplanung im Spannungsfeld zwischen Theorie und Praxis, in: Betriebswirtschaftliches Controlling, hrsg. v. Rieper, W., Witte, Th., Berens, W., Wiesbaden 1996, S. 1 - 29.

[43] Vgl. **Rosenkranz, F.**: Geschäftsprozesse - Modell- und computergestützte Planung, a. a. O., S. 207 ff.

Im nächsten Abschnitt wird erläutert, welche Methoden entwickelt worden sind, um eine simultane Grobplanung in Bezug auf alle Produktionsfaktoren durchzuführen.

3.6 Kapazitätsorientierte Losgrößenplanung

Die größte Schwierigkeit des MRP II-Konzeptes liegt in der getrennten Sichtweise der Produktionsfaktoren. Zunächst werden die Materialien und dann erst die Maschinen geplant. Personal wird sogar völlig außer Acht gelassen. Daneben ist die isolierte Betrachtung aller Artikel unvorteilhaft.

Heute stehen kapazitätsorientierte Losgrößenverfahren zur Verfügung, die durchführbare und näherungsweise optimale Losgrößenpläne bei Mehrstufigkeit ermitteln[44]. Während die Materialbedarfsplanung auf der Ebene der Artikel bzw. der Arbeitspläne arbeitet, ist die einzelne Ressource bzw. der einzelne Arbeitsgang Gegenstand der Kapazitätsplanung[45]. Ein simultaner Planungsansatz muss sich auf die höchste Detaillierungsstufe stellen, d. h., die Losgrößenplanung bezieht sich auf einzelne Arbeitsgänge[46]. Ausgangspunkt der Planung sind generelle, nicht-zyklische Erzeugnisstrukturen, in denen jeder Knoten einen Artikel repräsentiert, dessen Arbeitsplan nur aus einem Arbeitsgang besteht. Gegenüber der artikelbasierten Planung muss ein kleineres Periodenraster unterlegt werden.

DIXON und SILVER[47] schlagen unter diesen Annahmen eine Heuristik vor, die zunächst für jede Produktionskapazität in jeder Periode für jeden Artikel Lose

---

[44] In der Literatur werden auch einige Ansätze diskutiert, die neben den Losgrößen und Kapazitäten auch noch die Auftragsreihenfolgen betrachten. Von diesen Konzepten wird kein Gebrauch gemacht, da die Reihenfolgeplanung dezentral durchgeführt werden soll. Vgl. **Adam, D.**: Simultane Ablauf- und Programmplanung bei Sortenfertigung mit ganzzahliger linearer Programmierung, in: Zeitschrift für Betriebswirtschaft, 33. Jg., 1964, S. 233 - 245 und **Drexel, A., Hasse, K.**: A New Type of Model for Multi-Item Capacitated Dynamic Lotsizing and Scheduling, Arbeitspapier des Instituts für Betriebswirtschaftslehre der Christian-Albrechts-Universität zu Kiel, Nr. 286, Kiel 1992.

[45] Vgl. **Helber, S.**: Kapazitätsorientierte Losgrößenplanung in PPS-Systemen, Stuttgart 1994, S. 15.

[46] Im Folgenden werden nur Artikel betrachtet, deren Arbeitsplan aus einem Arbeitsgang besteht.

[47] Vgl. **Dixon, P.-S., Silver, E.**: A Heuristic Solution Procedure for the Multi-item, Single-Level, Limited Capacity, Lot-Sizing Problem, in: Journal of Operations Management, Vol. 2, 1981, S. 23 - 39.

nach dem Silver-Meal-Verfahren[48] bildet. Falls aus Kapazitätsgründen nicht alle Lose in einer Periode realisiert werden können, wählen sie die Artikel nach einem Grenzkostenkriterium aus. Dabei berechnen sich die Grenzkosten aus den eingesparten Losstückkosten bezogen auf eine Kapazitätseinheit, wenn das Los die Nachfrage einer weiteren Periode abdeckt. Dem Artikel mit der größten Kostenersparnis werden als erstes Kapazitätseinheiten zugewiesen. Für den Fall, dass in der aktuellen Periode noch Kapazitätseinheiten frei sind, wird überprüft, ob für die Produktion der nachgefragten Artikel in Zukunft noch genügend Kapazitätseinheiten vorhanden sind. Ggf. wird die Produktion einiger Artikel vorgezogen, obwohl dies aus Kostengesichtspunkten ungünstig ist.

Obiges Verfahren berücksichtigt nicht die Abhängigkeiten zwischen den Artikeln. Eine Losbildung auf einer höheren Dispositionsstufe kann einerseits zu kostenungünstigen Konstellationen auf unteren Dispositionsstufen führen. Andererseits kann es vorkommen, dass keine durchführbare Gesamtlösung existiert. Hier setzt die Heuristik von HELBER[49] an, die in drei Phasen abläuft. Zunächst wird die Reihenfolge festgelegt, in der die Artikel disponiert werden. Außerdem werden modifizierte Lagerkostensätze nach HEINRICH[50] berechnet, die die stufenübergreifenden Kostenwirkungen integrieren. In der zweiten Phase ermittelt das Verfahren einen zulässigen Losgrößenplan, der die Basis für die eigentliche Losbildung darstellt. Gelingt es nicht, einen realisierbaren Plan zu finden, muss der Algorithmus erfolglos abgebrochen werden. Im positiven Fall kann mit der dritten Phase begonnen werden. Hier kommt das DIXON/SILVER-Verfahren auf Basis der modifizierten Kostensätze zum Einsatz. Die Losbildung erfolgt gemäß der Reihenfolge, die in der ersten Phase festgelegt worden ist. Nach jeder neuen Losbildung wird überprüft, ob noch eine zulässige Gesamtlösung erreicht werden kann. Falls dies nicht gelingt, kann die Losbildung in der gewünschten Form nicht durchgeführt werden.

Das Verfahren ist sehr aufwendig und macht Vorgaben bezüglich der Stücklisten. Die Forderung nach Artikeln mit nur einem Arbeitsgang steigert erheblich

---

48 Vgl. **Silver, E., Meal, H.**: A Heuristic for Selecting Lot-Size Quantities for the Case of a Deterministic Time-Varying Demand and Discrete Opportunities for Replenishment, in: Production and Inventory Management, Vol. 12, No. 2, 1973, S. 64 - 74.

49 Vgl. **Helber, S.**: Kapazitätsorientierte Losgrößenplanung in PPS-Systemen, a. a. O., S. 58.

50 Vgl. **Tempelmeier, H., Helber, S.**: A Heuristic for Dynamic Multi-Item Multi-Level Capacitated Lotsizing for General Product Structures, in: European Journal of Operational Research, Vol. 75, 1994, S. 300.

die Artikelanzahl. Das Vorgehen ist nicht sehr praktikabel. Zusätzliche Artikel erfordern neue Artikelnummern. Die Kapazitäten der Datenbanken müssen ggf. aufgestockt werden. Die Handhabung der Artikel in der Werkstatt wird aufwendiger. Nach jedem Arbeitsgang müssen die Artikel zu neuen Losen zusammengefasst werden. Das notwendige Umsortieren stellt einen erheblichen Aufwand dar, der durch die Vorteile des Systems erst einmal aufgewogen werden muss. Falls ein Arbeitsgang mehrere Ressourcen benötigt, funktioniert der Algorithmus nicht. Daher können Personalressourcen nicht in die Planung integriert werden. Der hier eingeschlagene Weg widerspricht auch der Forderung von ADAM nach größeren Planungseinheiten. Statt Artikel zu Artikelgruppen zusammenzufassen, werden Artikel aufgespalten. Die Komplexität nimmt zu statt ab. Viele der Probleme, die den PPS-Systemen vorgeworfen werden, verschärfen sich sogar. Das Verfahren plant die Kapazitäten nahezu aus. Maschinenausfälle führen dann die Planung ad absurdum. Vorlauffristen terminieren den Bedarf von Unterartikeln. Wenn diese Fristen falsch gewählt worden sind, verschiebt sich der Kapazitätsbedarf: Den kapazitätsorientierten Losen wird die Grundlage entzogen. Der Ansatz bleibt auf die Material- und Kapazitätsplanung beschränkt. Eine Erweiterung des Ansatzes um Komponenten der Feinplanung ist nicht möglich.

Die hier vorgestellten Methoden und Konzepte entsprechen nicht den Vorgaben des zweiten Kapitels. Die Produktionsplanung erstreckt sich immer noch über mehrere Stufen, so dass das Gesamtsystem nur über Rückkopplungen funktioniert. Die Trennung zwischen strategischen und operativen Entscheidungen ist immer noch sehr scharf. Es ist nicht gewährleistet, dass eine Feinplanung die Vorgaben einer Grobplanung umsetzen kann. Neue ergänzende Planungsmethoden erscheinen als zu komplex oder beruhen auf zu vielen Annahmen.

4. Supply Chain Management

4.1 Definition, Ziele und Aufgaben

Neuere Literatur zur Produktionsplanung beschäftigt sich mit Konzepten des Supply Chain Managements[1], um die Lösung der Teilaufgaben besser zu koordinieren. Der Ansatz beruht auf der Supply Chain, die mit Versorgungskette übersetzt werden kann. Über eine verbesserte Abstimmung der Material-, Informations- und Finanzflüsse sollen Rationalisierungspotentiale genutzt werden. Die Begriffsdefinitionen gehen teilweise sehr weit auseinander. OTTO und KOTZAB[2] bemühen sich um eine Systematisierung. Allen Ansätzen ist die Orientierung an der Wertschöpfungskette[3] gemeinsam.

Produktionsprozesse laufen in der Regel in Netzwerken ab. Viele Akteure sind an der Erstellung eines Produktes beteiligt. Unter einer Versorgungskette wird der Materialfluss vom Rohstofflieferanten bis zum Hersteller des Endproduktes verstanden. Die Bezeichnung Kette ist etwas verwirrend, da es sich um einen gerichteten und konvergierenden Graphen handelt. Die Verknüpfung der Unternehmen ist gerichtet, weil der gesamte Produktionsprozess unter Auslassung von Recyclingprozessen keine Zyklen aufweist. Zudem werden in der Regel Materialien von mehreren Lieferanten zusammengefügt. In Einzelfällen können aber auch divergierende Prozesse auftreten. In der Elektroindustrie könnten z. B. eigengefertigte Teile zur Baugruppenmontage an unterschiedliche Subunternehmer weitergegeben werden. Trotz dieser Einwände hat sich der Begriff Supply Chain etabliert[4].

Die Kundenorientierung ist ein wesentliches Merkmal des Supply Chain Managements. Vom Rohstofflieferanten bis zum Endkunden existieren Lieferanten-Kundenbeziehungen, wobei die Befriedigung der Kundenwünsche höchste Prio-

---

1 Der Begriff ist auf OLIVER und WEBBER zurückzuführen, vgl. **Oliver, R.-K., Webber, M.-D.**: Supply-chain management, logistics catches up with strategy, in: Logistics, The strategic issues, ed. Christopher, Martin, London et al. 1992, S. 63 - 75.

2 Vgl. **Otto, A., Kotzab, H.**: Der Beitrag des Supply Chain Management zum Management von Supply Chains - Überlegungen zu einer unpopulären Frage, in: Zeitschrift für betriebwirtschaftliche Forschung, H. 3, 2001, S. 157 - 176.

3 Vgl. **Porter, M.**: Wettbewerbsvorteile, 4. Aufl., Frankfurt a. M. 1996.

4 Die Kette ist ein schönes Synonym für die Zusammenarbeit der Akteure. Der Output des Lieferanten ist der Input des Produzenten. Die Beziehung kann mit einem Kettenglied verglichen werden. Viele ineinander verhakte Glieder ergeben das Gesamtsystem, das nur so gut ist, wie das schwächste Glied der Kette.

rität besitzt. Von dieser Seite ist der Begriff Supply Chain ebenfalls etwas ungünstig, da er eher ein Push-Prinzip als ein Pull-Prinzip suggeriert. Daher wird in der Literatur auch häufig von einem Demand Chain Management gesprochen[5]. Der Informationsfluss geht vom Kunden aus, wobei der so genannte Peitschenschlageffekt[6] auftritt. Die Unsicherheit über Absatzmöglichkeiten nimmt entlang der Nachfragekette vom Endkunden bis zum Rohstofflieferanten stetig zu. Um Lieferschwierigkeiten zu vermeiden, müssen daher bei den Lieferanten höhere Lagerbestände vorgehalten werden. CORSTEN nennt als mögliche Ursachen die Orientierung an Vergangenheitswerten, eine ausbleibende Bündelung von Kundennachfragen, erwartete Engpässe beim eigenen Lieferanten und Preisfluktuationen[7].

Das produktionswirtschaftliche Zielsystem lässt sich auf dieses Produktionsnetzwerk übertragen, d. h., das Netzwerk muss derart konfiguriert werden, dass die monetären, sozialen und umweltbezogenen Ziele unternehmensübergreifend erreicht werden. Nun ist in den vorangegangenen Kapiteln bereits mehrfach darauf hingewiesen worden, dass innerhalb eines Unternehmens häufig Zielkonflikte bestehen. Dieses Problem ist in Bezug auf die Supply Chain noch gravierender. Unternehmen sind motiviert ihren eigenen Gewinn zu maximieren, auch wenn hierdurch die Optimierung der Supply Chain nicht gewährleistet wird. Bei der Verbesserung des Gesamtsystems müssen sie ggf. eine Reduktion des eigenen Gewinns hinnehmen. Innerhalb eines Unternehmens sind derartige Gewinnverschiebungen kein Problem. Unternehmensübergreifend müssen aber Anreize geschaffen werden, um etwas abzugeben[8]. Eine Möglichkeit wäre die Schaffung eines monetären Ausgleichs. Unternehmen, die von einer Supply Chain-Optimierung profitieren, stellen einen Betrag zur Verfügung, der den abgebenden Unternehmen als Ausgleich zur Verfügung steht. Die zweite Möglichkeit besteht in der Macht des Produzenten. Auf Grund der stärkeren Position des

---

[5] Vgl. **Tan, K.-C., Kannan, V.-R., Handfield, R.-B.**: Supply Chain Management: Supplier Performance and Firm Performance, in: International Journal of Purchasing & Materials Management, Vol. 34, No. 3, 1998, S. 2 - 9.

[6] Vgl. **Forrester, J.-W.**: Industrial Dynamics. a major breakthrough for decision makers, in: Harvard Business Review, Vol. 36, No. 4, 1958, S. 37 - 66 und **Knolmayer, G., Mertens, P., Zeier, A.**: Supply Chain Management Based on SAP System , a. a. O., S. 7 ff.

[7] Vgl. **Corsten, H., Gössinger, R.**: Einführung in das Supply Chain Management, a. a. O., S. 90.

[8] Vgl. **Boddy, D.**: Success and Failure in Implementing supply Chain Partnering. An Empirical Study, in: European Journal of Purchasing & Supply Management, Vol. 4, No. 2, 1998, S. 149 f.

Produzenten am Markt kann er seine Zulieferer zwingen, bestimmte Maßnahmen durchzuführen.

Viele Autoren[9] stellen die Gemeinsamkeiten zu einem integrativen Logistikkonzept heraus. Beide Ansätze sind systemorientiert und stellen einen optimalen Lieferservice unter Berücksichtigung der Effizienz sicher[10]. Die Logistik richtete sich zunächst nur auf ein Unternehmen aus und versuchte die Transport- und Lagerprozesse zu verbessern. Später wurde die Logistikkonzeption auf die gesamte Wertschöpfungskette oder auch Logistikkette ausgeweitet. Die Logistikprozesse des eigenen Unternehmens werden mit den Logistikprozessen der Lieferanten und Kunden abgestimmt, um eine bessere Zielerreichung zu ermöglichen, wobei die Sichtweise unternehmensbezogen ist. Dagegen ist beim Supply Chain Management die ganze Versorgungskette Betrachtungsgegenstand. Der Gesamtprozess wird in einem ersten Schritt „optimiert". Alle an der Supply Chain beteiligten Unternehmen werden als ein Ganzes gesehen. Zwischen den rechtlich selbständigen Betrieben bestehen Grenzstellen[11], keine Schnittstellen. Der Material- und Informationsfluss kann so aus einem Guss angelegt werden. In einem zweiten Schritt wird dann der „optimierte Gesamtprozess" auf die einzelnen beteiligten Unternehmen heruntergebrochen. Der globale Gesamtprozess macht Vorgaben für die lokalen Prozesse. Alle haben sich in den Dienst der Gesamtlösung zu stellen. Der Unterschied zwischen der Logistik und dem Supply Chain Management liegt demnach in der Fassung des Integrationsgedankens[12]. STÖLZLE[13] erstellt hierzu einen detaillierten Vergleich.

Da das Supply Chain Management sehr von Unternehmensberatern propagiert worden ist, existieren sehr viele verschiedene Definitionen. BECHTEL und

---

9 Vgl. **Bowersox, D.-J.**: Integrated Supply Chain Management: A Strategic Imperative, in: Annual conference proceedings, Council of Logistics Management fall meeting, Chicago 1997, S. 181 - 189 und **Tan, K.-C., Kannan, V.-R., Handfield, R.-B.**: Supply Chain Management: Supplier Performance and Firm Performance, a. a. O.

10 Vgl. **Pfohl, H.-Chr.**: Logistiksysteme - Betriebswirtschaftliche Grundlagen, 7. Aufl., Berlin et al. 2004, S. 20 ff.

11 Vgl **Endres, E., Wehner, T.**: Störungen zwischenbetrieblicher Kooperation - Eine Fallstudie zum Grenzstellenmanagement in der Automobilindustrie, in: Managementforschung 5. Empirische Studien, hrsg. v. Schreyögg, G., Sydow, J., Berlin et al. 1995, S. 1 - 45.

12 Vgl. **Lambert, D.-M., Emmelhainz, M.-A., Gardner, J.-T.**: Developing and Implementing supply Chain Partnerships, in: The International Journal of Logistics Management, Vol. 7, No. 2, 1996, S. 1 - 17.

13 Vgl. **Stölzle, W.**: Industrial Relationships, München et al. 2002, S. 162 ff.

JAYARAM[14] bemühen sich deshalb um eine systematische Ordnung. Sie unterscheiden zwischen den Denkschulen:

- Schule der Funktionsverkettung,
- Verbindungsschule,
- Informationsschule und
- Integrationsschule.

Die Schulen unterscheiden sich in der Fokussierung der Integrationsprozesse. Der Materialfluss steht im Mittelpunkt der Funktionsverkettung. Alle Aktivitäten zwischen dem Lieferanten und dem Enderzeuger sind Betrachtungsgegenstand. Die Verbindungsschule konzentriert sich auf die Schnittstellen zwischen den Unternehmen. Alle Prozesse sollen entlang der Kette möglichst durchgängig ohne Strukturbruch ablaufen. Informationsflüsse sind zentraler Gegenstand der dritten Schule. Sowohl die Absatzinformationen als auch Informationen über den Stand der Auftragsbearbeitung sollen umgehend in der gesamten Kette verfügbar gemacht werden. Es findet also permanent ein Informationsaustausch in beide Richtungen der Kette statt. Die Integrationsschule möchte alle Geschäftsprozesse der Supply Chain integrieren. Damit ist dieses Konzept am weitestgehenden.

Nach STÖLZLE[15] sind Geschäftsprozesse, Managementkomponenten und die Struktur der Supply Chain zwingender Bestandteil eines Konzeptes zum Supply Chain Management. Insbesondere müssen Vorgaben zur

- Ausgestaltung eines Controllingsystems,
- Gestaltung der Arbeitsabläufe,
- Fixierung der interorganisationalen Struktur,
- Definition der Material-, Waren und Informationsflussstruktur,
- Entscheidung über das Produktionsprogramm und
- Etablierung eines Führungsverständnisses

gemacht werden. Als Führungskonzepte kommen analog zum klassischen Produktionsmanagement die Markt- und Ressourcenfokussierung, das Total Quality Management und das Business Process Reengineering zum Einsatz[16]. Die Aus-

---

[14] Vgl. **Bechtel, C., Jayaram, S.**: Supply Chain Management. A Strategic Perspective, in: International Journal of Logistics Management, Vol. 8, No. 1, 1997, S. 15 - 34.

[15] Vgl. **Stölzle, W.**: Industrial Relationships, a. a. O., S. 166 f.

[16] Vgl. **Thaler, K.**: Supply Chain Management - Prozessoptimierung in der logistischen Kette, 3. Aufl., Köln 2001, S. 35 ff.

gestaltung[17] der Supply Chain erfolgt durch die Reduktion von Akteuren im Produktionsnetzwerk, den Ausbau von Kooperationen, der Integration der Lieferanten, der Standardisierung von Produkten und Abläufen, der Kundenorientierung, der Virtualisierung[18] und dem konsequenten Einsatz von formalen Modellen oder Simulationssystemen zur Problemlösung.

4.2 Einsatzgebiete und Erfolgsfaktoren

Der erfolgreiche Einsatz des Supply Chain Managements hängt von der Standardisierung und Kontinuität der Produkte und Abläufe ab[19]. Die Integration der Prozesse entlang der Wertschöpfungskette erfordert einen sehr hohen Aufwand. Der Erfolg wird sich aber erst nach einer gewissen Zeit einstellen. Wenn sich ein Ablauf ändert, müssen sich alle beteiligten Organisationen anpassen. Die Unternehmen unterscheiden sich aber im Hinblick auf die Flexibilität. Neue Produkte erfordern in der Regel auch neue Lieferanten, d. h., die Glieder einer Versorgungskette müssen neu zusammengefügt werden. Die Integration der Organisationen kann nur erfolgreich sein, wenn sich die Partner aufeinander verlassen können. Daher ist die Vereinbarung von langfristigen Kooperationen und Lieferverträgen eine wesentliche Voraussetzung für zielgerechtes Handeln. Es bleibt kein Raum für opportunistisches Handeln.

Die Zusammenarbeit in der Supply Chain kann sich auf operative Prozesse beschränken oder auch die strategische Ressourcenplanung umfassen[20]. Die strategische Planungsebene enthält ein großes Rationalisierungspotential. Der Aufbau von redundanten Maschinenparks kann durch eine gute Abstimmung vermieden werden. Eine gute Kooperation löst auch die strikte räumliche Zuordnung von Produktionsfaktoren zu Standorten auf. In der Vergangenheit entschied der Lagerort über die Besitzverhältnisse von Lagern. Seit längerem unterhalten die

---

[17] Vgl. **Otto, A., Kotzab, H.**: Der Beitrag des Supply Chain Management zum Management von Supply Chains - Überlegungen zu einer unpopulären Frage, a. a. O.

[18] Vgl. **Wirtz, B.**: Electronic Business, 2. Aufl., Wiesbaden 2001, S. 165 ff.

[19] Vgl. **Ellram, L.-M.**: Supply Chain Management. The Industrial Organisation Perspective, in: International Journal of Physical Distribution & Logistics Management, Vol. 21, No. 1, 1991, S. 13 - 22.

[20] Vgl. **Corsten, H., Gössinger, R.**: Einführung in das Supply Chain Management, a. a. O., S. 99.

Lieferanten so genannte Konsignationslager[21] beim Produzenten, um einen besseren Lieferservice zu erreichen. Das Material geht erst bei Lagerentnahme in das Eigentum des Produzenten über. Ebenso könnten beim Kunden Maschinen aufgebaut werden, die in der Regie des Lieferanten laufen. Auf diese Weise können neben einer höheren Kundenzufriedenheit die Transportkosten erheblich gesenkt werden. Derartige Lager- und Kapazitätsverlagerungen müssen frühzeitig geplant werden, wobei eine kontinuierliche Zusammenarbeit vorausgesetzt wird. Fragen der Standort- und Layoutplanung[22] sollten also innerhalb des Supply Chain Management gelöst werden.

Das operative Supply Chain Management übernimmt die Abstimmung der Lager-, Produktions- und Transportmengen. Grundlage hierfür sind die Kundenaufträge und die im Produktionsnetzwerk verfügbaren Ressourcen. Darüber hinaus muss das operative Management Veränderungen im Produktionsablauf oder in Bezug auf die Aufträge den Partnern schnell mitteilen, damit das Gesamtsystem umgehend reagieren kann.

Die Beurteilung des Supply Chain Management Konzeptes ist schwierig. BARTSCH und BICKENBACH[23] nennen:

- die Reduzierung der Logistikkosten,
- die Verkürzung der Lieferzeiten,
- den Abbau von Lagerbeständen,
- die Erhöhung der Flexibilisierung und
- die Erhöhung der Planungssicherheit

als mögliche Nutzungspotentiale. CORSTEN und GÖSSINGER[24] meinen zu Recht, dass es sich hier, wie auch bei anderen Autoren[25], um Allgemeinplätze

---

[21] Vgl. **Pfohl, H.-Chr.**: Logistiksysteme – Betriebswirtschaftliche Grundlagen, a. a. O., S. 190.

[22] Vgl. **Vahrenkamp, R.**: Quantitative Logistik für das Supply Chain Management, München et al. 2003, S. 119 ff.

[23] Vgl. **Bartsch, H., Bickenbach, P.**: Supply Chain Management mit SAP APO, a. a. O., S 30.

[24] Vgl. **Corsten, H., Gössinger, R.**: Einführung in das Supply Chain Management, a. a. O., S. 104.

[25] Vgl. **Knolmayer, G., Mertens, P., Zeier, A.**: Supply Chain Management Based on SAP System , a. a. O., S. 21 f, .**Reinhart, G., Ansorge, D., Selke, C.**: Supply Chain Management, in: Virtuelle Fabrik: Wandlungsfähigkeit durch dynamische Unternehmenskooperationen, hrsg. v. Reinhart, G., München 2000, S. 69 - 78 und **Werner, H.**: Supply Chain Management - Grundlagen, Strategien, Instrumente, 2. Aufl., Wiesbaden 2002, S. 1.

handelt, die nicht wissenschaftlich fundiert sind. Bei mehreren, gerade von Unternehmensberatern betreuten, Supply Chain Management-Projekten sind nachweisbar derartige Nutzenverbesserungen eingetreten. Eine Verallgemeinerung der Aussagen ist aber nicht zulässig. Es gibt in der Literatur kaum Hinweise auf wissenschaftlich abgesicherte Studien. Ein Grund liegt sicherlich auch in der noch mangelnden wissenschaftlichen Fundierung des Konzeptes[26].

4.3 Referenzmodelle

Eine Kooperation innerhalb einer Supply Chain setzt transparente Prozesse und eine einheitliche Terminologie voraus. Die Unternehmen müssen die Abläufe bei den Partnern verstehen und nachvollziehen, um die Prozesse aufeinander abzustimmen und den Informationsaustausch zu gewährleisten. Eine Standardisierung in Form von Referenzprozessen unterstützt die Integration der Unternehmen. Dabei macht ein Referenzprozess abstrakte Vorgaben für die speziellen Prozesse im Unternehmen. Er gibt einen Rahmen vor, der weiter ausdifferenziert wird. Mehrere Standardprozesse werden zu einem Referenzmodell zusammengefasst.

Neben den Modellen von BOWERSOX[27], METZ[28] und COOPER / LAMBERT / PAGH[29] hat sich vor allem das Supply Chain Operations Reference-model (SCOR) am Markt durchgesetzt. 1996 hat sich der Supply Chain Council[30] gegründet, um die Standardisierung voranzutreiben. Die Beschreibung der Prozesse verwendet eine einheitliche Terminologie und ist in ein Kennzahlensystem eingebunden, wodurch ein Performance-Vergleich der Partner auf Basis von Benchmarks möglich ist. Eine Anpassung an die Spezifika der Unternehmen erfolgt durch eine Konfiguration der Prozesse. Außerdem stehen für jeden Pro-

---

26 Vgl. **Stölzle, W.**: Industrial Relationships, a. a. O., S. 178.

27 Vgl. **Bowersox, D.-J.**: Integrated Supply Chain Management: A Strategic Imperative, a. a. O., S. 184 ff.

28 Vgl. **Metz, P.-J.**: Demystifying Supply Chain Management: Accomplishments and Challenges, in: Annual Conference proceedings, Council of Logistics Management fall meeting, Chicago 1997, S. 237 - 355.

29 Vgl. **Cooper, M.-C., Lambert, D.-M., Pagh, J.-D.**: Supply Chain Management: More Than a New Name for Logistics, in: The International Journal of Logistics Management, Vol. 8, No. 1, 1997, S. 1 - 14.

30 Vgl. **N. N.**: Supply-Chain Operations-Reference-model. Overview of SCOR Version 4.0, Pittsburgh 2000.

zess alternative Beschreibungen zur Verfügung. Der Ersatz ermöglicht eine einheitliche Beschreibung der kompletten Supply Chain. Darüber hinaus werden noch Anforderungen an eine Software aufgestellt, so dass der Einsatz von IT-Systemen in der Supply Chain geplant werden kann.

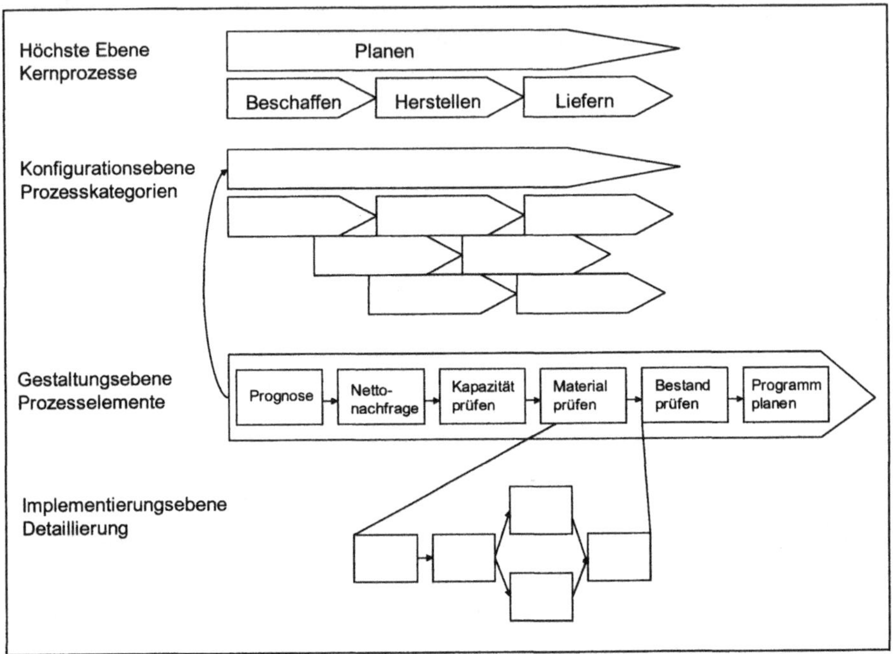

Abbildung 4: SCOR-Modell[31]

Das SCOR-Modell besteht aus vier Stufen (vgl. Abbildung 4), in denen die Prozesse immer weiter konkretisiert werden. Auf der obersten Stufe liegen die Kernprozesse: *Planen*, *Beschaffen*, *Herstellen* und *Liefern*. Der Planungsprozess legt den Rahmen für die weiteren Aktivitäten fest. Im Einzelnen gehören die Festlegung der Infrastruktur, der Personal- und der Maschinenkapazität sowie des Produktionsprogramms dazu. Entscheidungen werden vor dem Hintergrund von Nachfrageerwartungen getroffen. Letztendlich lassen sich die Aufgaben des strategischen und taktischen Produktionsmanagements[32] dieser Stufe zuordnen.

---

[31] Vgl. **Corsten, H., Gössinger, R.**: Einführung in das Supply Chain Management, a. a. O., S. 148.

[32] Vgl. Kapitel 2.

Während der Prozess *Beschaffen* der Bereitstellungsplanung[33] entspricht, umfasst der Prozess *Herstellen* die Aufgaben der Produktionsdurchführungsplanung. Der letzte Teilprozess legt die Form der Distribution fest. Das SCOR-Modell deckt alle Aufgaben des Produktionsmanagements ab. Daher ist es als ein neuer Versuch anzusehen, die Aufgaben zielgerichtet zu koordinieren. Dabei wird eine Vereinheitlichung der Produktionsplanung in der kompletten Versorgungskette angestrebt. Das SCOR-Modell ermöglicht gemäß den vier Stufen unterschiedliche Integrationsgrade.

Auf der zweiten Stufe werden die Kernprozesse anhand der Prozesstypen Planung, Ausführung und Infrastruktur konfiguriert. Jeder Kernprozess wird geplant und ausgeführt, wobei die Infrastruktur die notwendigen Voraussetzungen für die Umsetzung schafft. Die Ausführung wird nach standardisierten Katalogteilen, auftragsspezifischen Kaufteilen und auftragsspezifischen Konstruktionsteilen unterschieden[34].

Auf der dritten Ebene wird jeder Teilprozess in einzelne Elemente zerlegt, die weiter spezifiziert werden. Für jedes Element werden Leistungsmerkmale, Kennzahlen, Best Practices-Definitionen, erforderliche Softwarefunktionalitäten und Softwareanbieter aufgeführt[35]. Die vierte Ebene schafft Aktivitäten zur Implementierung der Prozesselemente. Da die Implementierung im Detail auf das Unternehmen zugeschnitten sein muss, enthält das SCOR-Modell keine Modellierungsaktivitäten. Die Implementierungsebene vervollständigt den Ansatz, zählt aber nicht zum Kern.

Das SCOR-Modell ist nichts grundlegend Neues, da es sich stark an die Vorgehensweise des Geschäftsprozessmanagements anlehnt. Das ARIS-Konzept[36] zerlegt die Modellierung z. B. in die Stufen: Fachkonzept, DV-Konzept und Implementierung.

---

[33] Vgl. **Adam, D.**: Produktionsmanagement, a. a. O., S. 120 f.

[34] Vgl. **Werner, H.**: Supply Chain Management - Grundlagen, Strategien, Instrumente, a. a. O., S. 21.

[35] Vgl. **Meyr, H., Rohde, J., Stadtler, H. et al.**: Supply Chain Analysis, in: Supply Chain Management and Advanced Planning, ed. Stadtler, H., Kilger, C., Berlin et al. 2000, S. 42 ff.

[36] Vgl. **Scheer, A.-W.**: ARIS - Modellierungsmethoden, Metamodelle, Anwendungen, 3. Aufl., Berlin et al. 1998 und Kapitel 7.

4.4 Strategien

Das Supply Chain Management enthält einige neue Ideen zum Produktionsmanagement. In diesem Abschnitt sollen die Strategien genannt werden, die eventuell einen Beitrag zu einer verbesserten Produktionsplanung liefern können. Eine besondere Rolle nehmen dabei die Advanced Planning and Scheduling-Systeme (APS) ein. Sie stellen die softwaretechnische Umsetzung des Supply Chain Managements dar. Neben den unternehmensübergreifend arbeitenden Planungsmodulen enthalten sie Methoden zur unternehmensbezogenen Produktionsplanung, die einer näheren Untersuchung bedürfen. Das 5. Kapitel widmet sich speziell diesen Systemen.

Folgende mit dem Supply Chain Management verbundene Strategien können die produktionswirtschaftlichen Ziele positiv beeinflussen:

- Continuous Replenishment,
- Cross Docking,
- Synchronized Production,
- Supplier Integration,
- Postponement und
- Sourcingstrategien.

Das Continuous Replenishment[37] greift eine bereits erläuterte Entwicklung auf. Die Lieferanten erhalten die Verantwortung für die bedarfsgerechte Anlieferung der Materialien. Das Lager befindet sich zwar physisch bei der verbrauchenden Stelle, die Lagerkontrolle und -wiederauffüllung übernimmt aber der Lieferant. Da der Lieferant über die Verbrauchsprozesse in der Supply Chain informiert ist, kann er den Bedarf sehr gut planen und mit seinen Produktionskapazitäten abstimmen. Continuous Replenishment reduziert die Lagerbestände und erhöht die Umschlagshäufigkeit. Ermöglicht wird dieser Vorteil durch eine Verbesserung der Informationsqualität.

Die Transportkosten sind Ansatzpunkt beim Cross Docking[38]. Der Handel hat häufig seine Geschäfte in den besten City-Lagen, die sich durch gute Kundenströme ausweisen. Die Anlieferung der Waren ist aber aufgrund der überfüllten

---

[37] Vgl. **Knolmayer, G., Mertens, P., Zeier, A.**: Supply Chain Management Based on SAP System, a. a. O., S. 52 f.

[38] Vgl. **Claus, T., Kramer, M., Křivánek, T.**: Umweltorientierte Beschaffung und Logistik, in: Internationales Umweltmanagement, Bd. III, hrsg. v. Kramer, M., Strebel, H., Kayser, G., Wiesbaden 2003, S. 31 - 70.

Innenstädte und der kleinen Laderampen sehr zeitaufwendig. Daher werden vor der Stadt Umschlagpunkte eingerichtet, an denen die Waren zielortspezifisch sortiert werden. Jedes Geschäft wird dann nur noch von einem LKW angesteuert, der die Waren von mehreren Lieferanten geladen hat. Die Transportwege und -zeiten werden erheblich reduziert, da Mehrfachanlieferungen vermieden werden. Ebenso profitiert der Handel von festen Zeiten, da sich die Anlieferung nicht mehr über die ganze Woche verteilt.

Beim Synchronized Production erhält der Produzent sofort die Verkaufszahlen aus dem Handel. Die Produktionsprogrammplanung muss sich nicht auf Prognosen verlassen, sondern kann auf Ist-Daten zugreifen. Die Informationsflüsse zwischen den Kunden und Herstellern sind optimal aufeinander abgestimmt. Alle Unternehmen der Supply Chain erhalten die Nachfragedaten zum Zeitpunkt des Entstehens. Die Supplier Integration versucht die Planungskomplexität durch hierarchische Zuliefernetzwerke zu reduzieren.

Das Postponement[39] ist eine Verzögerungsstrategie. Es wird angestrebt, die Produktvariante erst möglichst spät in der Supply Chain festzulegen. Varianten, für die keine Nachfragen vorhanden sind, sollen erst gar nicht produziert werden. Der Herstellungsprozess eines Produktes kann über alle Stufen der Supply Chain hinweg mehrere Monate dauern. Auf der ersten Stufe sind die endgültigen Kundenaufträge noch nicht bekannt, daher verlässt man sich auf Prognosen. Je weiter der Herstellungsprozess fortschreitet, desto sicherer werden die Nachfragevorhersagen. Kundenspezifische Varianten werden erst bei Vorliegen der Aufträge produziert. Das Konzept verhindert die Produktion von Ladenhütern und reduziert erheblich die Bestände an Zwischenprodukten, da die Variantenvielfalt bei den Lieferanten abnimmt.

Die Sourcingstrategien betreffen die Gestaltung, insbesondere den Umfang, der Versorgungskette. Durch Single-Sourcing wird eine Materialart bei einem einzigen Lieferanten bezogen. Eine Vergrößerung der Supply Chain ist die Folge des Multiple-Sourcing, bei dem mehrere Lieferanten bei einer Materialart zum Zuge kommen. In kleinen Versorgungsketten ist die Abstimmung der Prozesse einfacher. Beschaffungsprozesse können weitestgehend automatisiert werden. Die Lieferanten verfügen über fundierte Nachfrageprognosen. Transport-, Lager- und Beschaffungskosten werden minimiert. Diesen Vorteilen stehen aber die

---

[39] Vgl. **Stadtler, H.:** Supply Chain Management – An Overview, in Supply Chain Management and Advanced Planning, ed. Stadtler, H., Kilger, C., Berlin et al. 2000, S. 19.

zunehmenden Abhängigkeiten gegenüber. Ein Lieferantenausfall kann z. B. zu einem Produktionsausfall führen. Technische Innovationen lassen sich schwerer realisieren. Single-Sourcing verringert die Komplexität des Produktionsmanagements.

5. APS-Systeme

5.1 Überblick

Die Softwaresysteme zur Unterstützung des Supply Chain Management werden als Advanced Planning & Scheduling Systeme[1] bezeichnet. Im Gegensatz zu PPS- und ERP-Systemen unterstützen sie die unternehmensübergreifende Zusammenarbeit. Daneben enthalten sie fortgeschrittene (advanced) Methoden zur unternehmensbezogenen Planung. Die APS-Systeme verfolgen nicht das Ziel, die vorhandenen ERP-Systeme zu ersetzen, sondern zu ergänzen. Sie beschränken sich auf die Planung. Die Steuerung und Ausführung der Planung bleibt in der Verantwortung der ERP-Systeme[2]. Sie verwalten die Produktionsdaten und lösen Transaktionen aus. In einem Produktionsnetzwerk betreibt jedes Unternehmen sein eigenes ERP-System. Die Verknüpfung der ERP-Systeme übernimmt ein SCM-System. Die praktische Umsetzbarkeit ist nicht unproblematisch. Solange das Supply Chain Management innerhalb eines Konzerns durchgeführt wird, lässt sich sicherlich ein durchgängiges IT-System realisieren. Falls konzernfremde Unternehmen an einer Versorgungskette beteiligt sind, wird es gegen eine Öffnung der Systeme Vorbehalte geben. Schließlich können sich Kunden, aber auch potentielle Konkurrenten genauen Einblick in die Datenbanken verschaffen. Das Ausspionieren von Informationen wird erleichtert. Kostensätze, Durchlaufzeiten und Bestände stellen für Partner interessante Informationen dar. Falls einige Organisationen die Öffnung aller Datenbanken verweigern, kann das Supply Chain Management die Rationalisierungspotentiale nicht mehr ausschöpfen. Eine Zusammenarbeit wird in der Praxis daher nur eingeschränkt oder durch Druck des Stärkeren funktionieren. Auf Grund der mangelnden Konturen des Supply Managements konnten diese Probleme noch nicht gelöst werden.[3]

Abbildung 5.1 zeigt das Zusammenspiel der beiden Systeme. Das ERP-System tritt die Planungskompetenz vollständig an das APS-System ab. Dieses kann nun unterschiedliche Szenarien testen, ohne in den laufenden Produktionsprozess einzugreifen. Eine Planung ist so gut wie ihre Datenbasis. Daher muss eine Produktionsplanung auf alle im Unternehmen verfügbaren Informationen zugreifen

---

[1] Eine alternative Bezeichnung ist SCM-System.

[2] ERP-Systeme werden auch als OLTP-Systeme (Online Transaction Processing) bezeichnet.

[3] Vgl. **Stölzle, W.**: Industrial Relationships, a. a. O., S. 174 ff.

können. Die aktuellen Ist-Daten kann das ERP-System liefern. Ein Data Warehouse[4] verwaltet Vergangenheitswerte und stellt sie der Planung zur Verfügung. Die Daten der Betriebsdatenerfassung werden alle ins Data Warehouse eingestellt. Sie geben über den Erfolg oder Misserfolg von Planungsansätzen Auskunft. Dieses Wissen kann für die Zukunft sehr hilfreich sein.

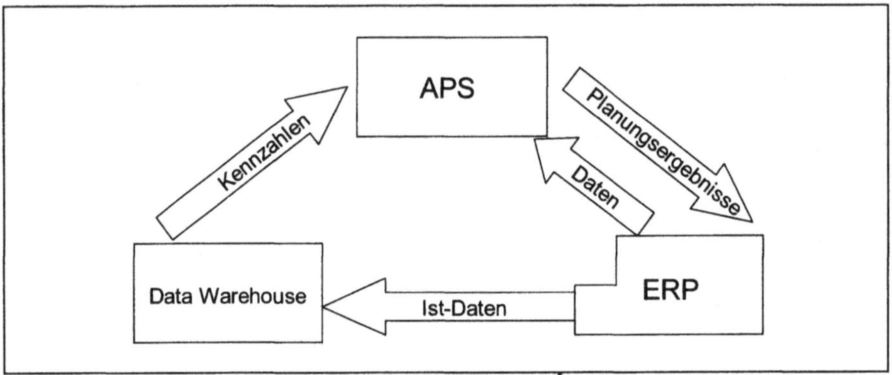

Abbildung 5.1: Advanced Planning & Scheduling Systeme[5]

APS-Systeme integrieren mathematisch abgeschlossene Entscheidungsmodelle, die im Rahmen der getroffenen Annahmen eine einzige Lösung generieren. Daneben verfügen SCM-Systeme aber auch über Werkzeuge zur Alternativplanung[6] mit Simulationsmöglichkeiten. Eine Alternative besteht aus einem Abbild der Ist-Situation. In diesem Abbild können Veränderungen vorgenommen und deren Konsequenzen mithilfe von Simulationen analysiert werden. Die Simulationsmöglichkeiten sind sehr eingeschränkt. Eine detaillierte Simulation der Abläufe ist nicht möglich, da keine geeignete Zeitsteuerung zur Verfügung steht. Das Data Warehouse unterstützt diesen Prozess mit entsprechenden Strukturen und Datenbeständen. Nach Abschluss des Planungsprozesses wird eine Alternative anhand einer eindimensionalen Gütefunktion zielgerichtet ausgewählt und

---

4 Vgl. **Biethahn, J., Mucksch, H., Ruf, W.**: Ganzheitliches Informationsmanagement, Bd. 2: Entwicklungsmanagement, 3. Aufl., München et al. 2000, S. 218 ff.

5 Vgl. **Bartsch, H., Bickenbach, P.**: Supply Chain Management mit SAP APO, a. a. O., S. 19.

6 Vgl. **Nissen, V.**: Simulationsmöglichkeiten in SAPs Supply Chain Management. Werkzeug Advanced Planner & Optimizer, in: Proceedings zum 7. Symposium: Simulation als betriebliche Entscheidungshilfe: Neuere Werkzeuge und Anwendungen aus der Praxis, hrsg. v. Biethahn, J., Göttingen 2000, S. 93 - 108.

mittels des ERP-Systems zur Ausführung gebracht. Die Beurteilung von Szenarien kann auf Basis unterschiedlicher Gütefunktionen erfolgen.

5.2 Aufgaben

APS-Systeme unterstützen die Planung aller Logistik- und Produktionsprozesse innerhalb der Supply Chain netzwerkbezogen und für alle zeitlichen Planungsebenen. Das Aufgabenspektrum ist mit den Inhalten der PPS-Systeme abgestimmt. APS-Systeme enthalten analog zu PPS-Systemen Module zur Programm-, Material- und Kapazitätsplanung. Zusätzlich werden Module zur Planung der Ressourcen, der Nachfrage und des Transports bereitgehalten. Abbildung 5.2 spiegelt die Supply Chain-Matrix wider, die einen Überblick über das Zusammenspiel der APS-Module gibt. Die grau unterlegten Module werden unternehmensbezogen, alle anderen Aufgaben unternehmensübergreifend durchgeführt. Die Material- und Kapazitätsplanung werden zwar in das Netzwerk integriert, die Ausführung dieser Planungsmodule kann aber für jedes Unternehmen dezentral erfolgen, da die konkreten Bestände und Maschinenbelegungspläne keine Auswirkungen auf das Gesamtsystem haben, vorausgesetzt die Vorgaben der Programmplanung werden eingehalten. Falls die Ecktermine der Aufträge in einem Unternehmen nicht eingehalten werden können, hat dies negative Auswirkungen auf die Supply Chain, d. h. in nachgelagerten Produktionsunternehmen kommt es wegen des Materialmangels zu Produktionsausfällen.

Das Modul zur strategischen Netzwerkplanung konfiguriert die Supply Chain. Im Einzelnen werden das langfristige Produktions- und Absatzprogramm, die Produktionsstandorte sowie die Distributionsstruktur festgelegt. Auf Basis dieser Festlegungen können später das operative Produktionsprogramm und die Nachfrageprognosen ermittelt werden. Bei der Festlegung der Dimensionen wird stets überprüft, ob die Vorgaben auch taktisch bzw. operativ umgesetzt werden können[7].

Die Nachfrageplanung prognostiziert mit modernen Methoden der Statistik die Kundennachfrage. Zum Einsatz gelangen Verfahren zum gleitenden Mittelwert, zur exponentiellen Glättung und zur Zeitreihenanalyse[8]. Mit diesen in der Praxis

---

7 Vgl. **Corsten, H., Gössinger, R.**: Einführung in das Supply Chain Management, a. a. O., S. 157.

8 Vgl. **Günther, H.-O., Tempelmeier, H.**: Produktion und Logistik, a. a. O., S. 138 ff.

bewährten Methoden können konstante, saisonale und trendhaltige Entwicklungen prognostiziert werden. Der Nutzer wird mit Hilfe von Tools bei der Auswahl einer Methode unterstützt. Darüber hinaus sind Verfahren zur Überwachung der Prognosequalität integriert. Die Ergebnisse der Prognose werden z. B. für die Festlegung des Produktionsprogramms und für die Bestimmung von Parametern der Lagerhaltungspolitiken benötigt. Ebenso kann überprüft werden, ob die Supply Chain noch für die Nachfragen richtig konfiguriert ist. Das Nachfragemodul bricht die Ergebnisse bezüglich des Endproduktes auf alle beteiligten Organisationseinheiten herunter, so dass selbst der Rohstofflieferant über zuverlässige Planungsgrößen verfügt.

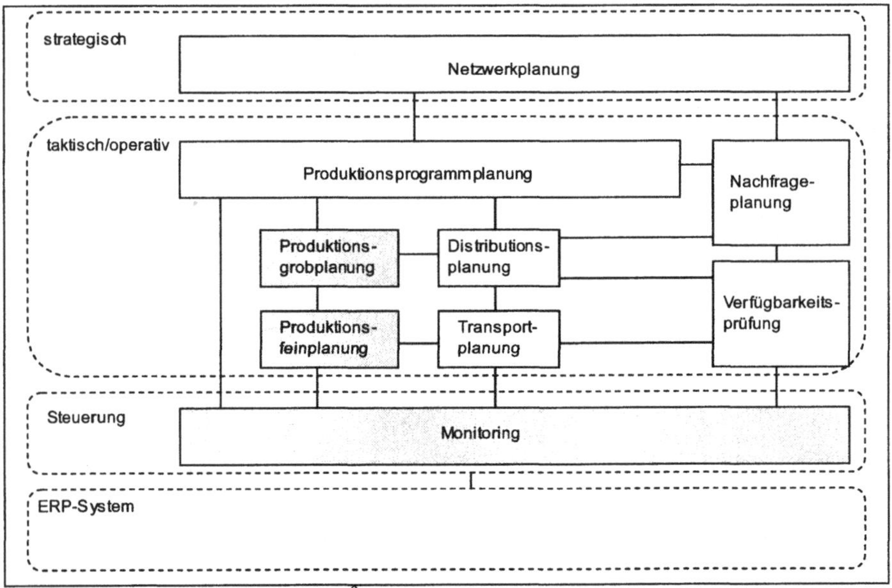

Abbildung 5.2: Supply Chain Matrix[9]

Das Modul "Produktionsprogrammplanung" legt auf Basis der Nachfrage und der zur Verfügung stehenden Beschaffungs-, Produktions- und Distributionsressourcen einen Masterplan an, der von der Supply Chain umgesetzt werden muss. Durch eine starke Aggregation der Input- und Outputdaten sowie einer Beschränkung auf potentielle Engpassressourcen gelingt es, den Gesamtzusammenhang der Produktion in Form eines einzigen linearen Programms abzubil-

[9] Vgl. **Krüger, R., Steven, M.**: Funktionalitäten von Advanced Planning Systems, in: WiSt, H. 10, 2002, 591 - 595.

den[10]. Die Zielfunktion umfasst alle entscheidungsrelevanten Kosten, die sich aus Produktions-, Lager- und Transportkosten zusammensetzen. Auf diese Weise ist eine einfache simultane Lösung erreichbar. Die Vorgaben der netzwerkbezogenen Programmplanung werden dezentral an den einzelnen Supply Chain-Standorten im Rahmen der Produktionsplanung umgesetzt.

Die Verfügbarkeitsprüfung ermöglicht schon bei der Kundenannahme, eine Wahrscheinlichkeitsaussage über die Durchführbarkeit von Lieferterminen zu treffen[11]. Hierzu wird ein Vergleich zwischen den vorgesehenen Produktionsmengen und den tatsächlich eingeplanten Aufträgen angestellt. Außerdem kann eine grobe Simulation erstellt werden. Das Ergebnis berücksichtigt die komplette Supply Chain. Bei marktorientierter Produktion bezieht sich die Verfügbarkeitsprüfung nur auf das Endprodukt. Dagegen erfordert eine auftragsorientierte Produktion eine Überprüfung aller auftragsspezifischen Produktionsstufen.

Die Distributionsplanung regelt für das komplette Produktionsnetzwerk die Lagerung und den Transport[12]. Diese Fragen sind besonders relevant, wenn alternative Produktionsorte in der Supply Chain existieren. Der Kunde sollte immer vom räumlich nächsten Standort beliefert werden, wobei freie Kapazitäten erforderlich sind. Mit Hilfe linearer Programme wird bestimmt, von welchen Lagern die Kunden bedient werden und welche Transportrouten gewählt werden. Die Entscheidungen werden auf Basis aggregierter Kapazitätsgrößen sowie den entsprechenden Lager- und Transportkosten getroffen.

Das Modul zur Transportplanung überführt die Bedürfnisse der einzelnen Produktionsstandorte und der Kunden in Tourenpläne[13]. Die Produktionsplanungen der einzelnen Standorte geben die Transportmengen vor. Eine Umsetzung erfolgt nach den Vorgaben der Distributionsplanung und den vorhandenen disaggregierten Transportkapazitäten. Die Tourenplanung hat zum Ziel, die Transportmittel effizient zu nutzen. Sowohl Leerfahrten als auch Transportengpässe werden vermieden.

---

[10] Vgl. **Dantzig, G. B.**: Lineare Programmierung und Erweiterungen, Berlin et al. 1966.

[11] Vgl. **Kilger, C., Schneeweiss, L.**: Demand Fulfilment and ATP, in: Supply Chain Management and Advanced Planning, ed. Stadtler, H., Kilger, C., Berlin et al. 2000, S. 140 ff.

[12] Vgl. **Vahrenkamp, R.**: Quantitative Logistik für das Supply Chain Management, a. a. O., S. 90 ff.

[13] Vgl. **Vahrenkamp, R.**: Quantitative Logistik für das Supply Chain Management, a. a. O., S. 233 ff.

Zwischen dem ERP-System und dem APS-System ist noch das Monitoring zwischengeschaltet. Es registriert die Bestände, die Kapazitätsprofile und die Transporte. Die Darstellung erfolgt gemäß der konfigurierten Supply Chain. So kann an zentraler Stelle ein Überblick über die Transaktionen im kompletten Produktionsnetzwerk erstellt werden. Falls an irgendeiner Stelle der Supply Chain ein Problem auftaucht, wie z. B. ein Maschinenausfall, wird diese Störung sofort für alle sichtbar. Die Akteure können die Konsequenzen für ihre eigene Produktion abschätzen und rechtzeitig reagieren[14].

5.3 Produktionsplanung

Die Produktionsplanung teilt sich in die Grob- und Feinplanung auf. Erstes Teilmodul entspricht in etwa der Materialbedarfsplanung der MRP II-Logik. Die Aufgabe besteht darin eine Dispositionsart, Auftragsmengen und Lagerhaltungspolitiken zu bestimmen. Die Feinplanung unterstützt die Maschinenbelegungsplanung. Den Dateninput liefert die Programmplanung. Die Ergebnisse werden vor allem von der Feinplanung weiterverarbeitet.

Die Feinplanung vereint die Termin-, Kapazitäts- und Ablaufplanung der traditionellen PPS-Systeme. Ein weiterer Unterschied liegt in der sekundengenauen Planung. Vorlauffristen werden in diesem Modul nicht benötigt. Bedarfstermine orientieren sich an den Zeitpunkten, zu denen freie Kapazitäten vorhanden sind. Stücklisten und Arbeitspläne werden zu Prozessstücklisten zusammengefasst. Diese erweiterten Stücklisten erleichtern im Rahmen der Maschinenbelegungsplanung bei Umplanung eines Auftrages die Identifizierung der abhängigen Aufträge[15]. Die aus der Materialbedarfsplanung resultierenden Aufträge werden sortiert nach Dispositionsstufen umgehend in die Maschinenbelegungspläne eingeplant. Dafür sind für jeden Artikel Planungsstrategien[16] hinterlegt, die die Vorgehensweise bei der Einplanung festlegen. So legt die Strategie „Lücke vorwärts suchen" z. B. fest, dass für einen Auftrag ausgehend vom Bedarfstermin ein in

[14] Vgl. **Busch, A., Dangelmaier, Pape, U. et al.**: Marktspiegel Supply Chain Management Systeme, Wiesbaden 2003, S. 44.

[15] Aus den erweiterten Stücklisten und den Kundenaufträgen werden mittels pegging Auftragsnetzwerke gebildet, vgl. **Knolmayer, G., Mertens, P., Zeier, A.**: Supply Chain Management Based on SAP System, a. a. O., S. 140.

[16] Vgl. **Knolmayer, G., Mertens, P., Zeier, A.**: Supply Chain Management Based on SAP System, a. a. O., S. 82 ff.

der Zukunft liegendes freies Zeitfenster gesucht wird. Da die Einplanung der Aufträge nur auf Basis der Strategien erfolgt, wird häufig von automatischer Planung[17] gesprochen. Da die Einplanung der Aufträge unter Restriktionen erfolgt, wird auch von Constraint Based Planning[18] gesprochen. Der automatisch erzeugte Maschinenbelegungsplan muss in der Regel von Experten manuell nachgearbeitet werden.

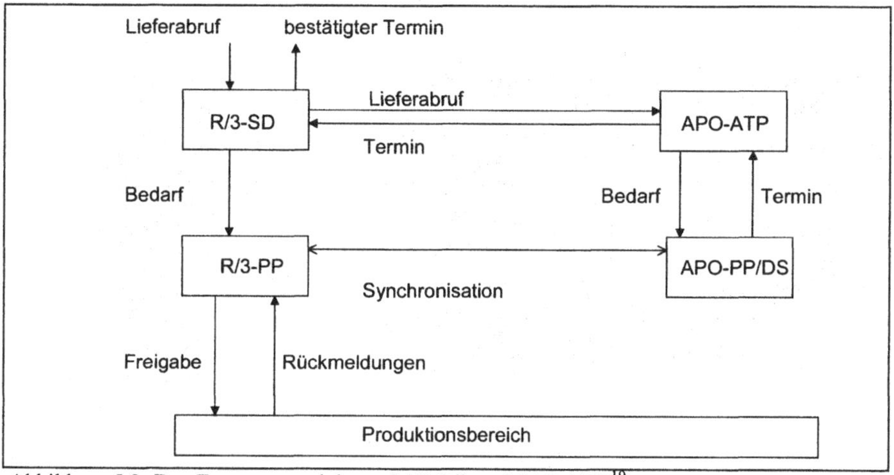

Abbildung 5.3: Das Zusammenspiel von SAP R/3 und SAP APO[19]

Für die Beurteilung eines Planes stehen Kennzahlen, wie Durchlaufzeiten, Terminüberschreitungen, Warte- und Rüstzeiten bereit. Statt einer manuellen Nacharbeitung kann auch auf einen Genetischen Algorithmus[20] zurückgegriffen werden, der anhand einer Zielfunktion versucht, den Plan zu verbessern. Das APS-System generiert die Maschinenbelegungspläne- bzw. Feinpläne nicht immer neu, sondern schreibt sie im Zeitablauf fort.

---

[17] Vgl. **Bartsch, H., Bickenbach, P.**: Supply Chain Management mit SAP APO, a. a. O., S. 156.

[18] Vgl. **Krüger, R., Steven, M.**: Funktionalitäten von Advanced Planning Systems, a. a. O.

[19] Vgl. **Knolmayer, G., Mertens, P., Zeier, A.**: Supply Chain Management Based on SAP System , a. a. O., S. 147.

[20] **Klein, R.**: Genetic Algorithms, in: Supply Chain Management and Advanced Planning. Concepts, Models, Software and Case Studies, hrsg. v. Stadtler, H. und Kilger, C., Berlin 2000, S. 345 - 352.

Die hier erläuterten Konzepte sind nicht nur theoretischer Natur, sondern sind in mehreren am Markt verfügbaren Produkten integriert[21]. Das bekannteste Produkt ist die Software APO (Advanced Planning & Optimizer) der SAP AG. Der APO stellt für jede Komponente der Supply Chain Matrix ein entsprechendes Softwaremodul zur Verfügung. Da der APO für sich alleine nicht funktionsfähig ist, muss auf der Ausführungsebene SAP R/3 eingesetzt werden. Abbildung 5.3 zeigt beispielhaft das Zusammenspiel der einzelnen APO- und R/3-Module. Das Vertriebsmodul SD (Sales and Distribution) nimmt einen Kundenauftrag an, woraufhin das Verfügbarkeitsprüfungsmodul ATP (Available To Promise) einen vorläufigen Liefertermin ermittelt. Der Liefertermin wird auf Basis freier Kapazitäten und bereits eingeplanter Aufträge ermittelt. Nach Auftragserteilung plant das Produktionsplanungsmodul PP/DS (Production Planning/Detailed Scheduling) das aus dem Kundenauftrag resultierende Auftragsnetzwerk in die Maschinenbelegungspläne ein. Die Planungsergebnisse werden an das R/3-Modul PP (Production Planning) weiter gegeben. Anschließend werden die Aufträge gemäß des Feinplanes ausgeführt. Falls Störungen auftreten, werden diese über das ERP-System an das APO-System weitergegeben, wodurch eine Anpassung der Planung ausgelöst wird. Die Prozesse zwischen den beteiligten Systemen werden ständig synchronisiert.

5.4 Beurteilung

Die Vorteile der APS-Systeme liegen in der Integration der Supply Chain in die Produktionsplanung und in der Feinplanung, die nicht mehr in drei Planungsstufen zerfällt. Die Unternehmen verfügen nun über ein Werkzeug, mit dem die eigenen Abläufe mit den Prozessen der Lieferanten und Kunden abgestimmt werden können. Störungen in der Supply Chain werden schneller kolportiert, daher kann flexibler auf Probleme reagiert werden. Einsparpotentiale in Bezug auf die Distribution und den Transport sind sofort erkennbar und können genutzt werden. Gerade die Nachfrageprognosen der verbundenen Unternehmen werden aufeinander abgestimmt. Auf der einen Seite kann der Produzent des Endproduktes von einer gesicherten Materialversorgung ausgehen, auf der anderen Seite vermeiden die Zulieferer eine Produktion am Markt vorbei.

---

[21] Vgl. **Busch, A., Dangelmaier, Pape, U. et al.**: Marktspiegel Supply Chain Management Systeme, a. a. O.

Weil alle Supply Chain Partner über ein SCM-System miteinander verknüpft sind, ist der Datenaustausch schneller, zuverlässiger und transparenter möglich. Die Datenbestände können über die komplette Supply Chain hinweg konsistent gehalten werden.

Darüber hinaus werden in der Literatur APS-Systeme als:

- realitätsnah,
- transparent,
- optimal,
- automatisch,
- flexibel sowie
- simultan[22]

bezeichnet. Alle fünf Eigenschaften können aber den Systemen nicht uneingeschränkt zugeordnet werden. Die Feinplanung basiert ausschließlich auf deterministischen Größen. Schwankungen in der Realität können in dem Modell nicht abgebildet werden. So ist es durchaus üblich, in Planungsmodellen Bearbeitungszeiten als Zufallszahl zu modellieren, um eine adäquate Beschreibung realer Vorgänge zu ermöglichen. Wenn APS-Systeme Zufallszahlen zuließen, könnte der Einfluss der Schwankungsbreite auf die Problemlösung untersucht werden.

Die Daten- und Informationsflüsse werden durch den APS-Ansatz innerhalb der Supply Chain transparenter. Auf die Planungsmodelle lässt sich diese Eigenschaft aber nicht übertragen. Es werden viele Algorithmen zur Optimierung eingesetzt, die der Nutzer als Blackbox begreift. Der Planer kann die Lösungen im Einzelnen nicht nachvollziehen und hat daher auch kein Vertrauen in die Lösung. Die Strategien der Feinplanung erzeugen Maschinenbelegungspläne, deren Entstehungsgeschichte der Planer im Gegensatz zur manuellen Planung nicht nachvollziehen kann. Daher kann er sein Expertenwissen nicht mehr in eine Lösung einbringen.

Der Optimalitätsanspruch steht im Widerspruch zu den eingesetzten Verfahren. Die Einplanungsstrategien, die Losgrößenverfahren oder der Genetische Algorithmus sind heuristische Methoden, die nur in Ausnahmefällen zum Optimum

[22] Vgl. **Dinges, M.**: Supply Chain Management - Logistikrevolution oder alter Wein in neuen Schläuchen?, in: Information Management & Consulting, 13. Jg., H. 3, 1998, S. 22 - 27 und **Kansky, D., Weingarten, U.**: Supply Chain: Fertigen, was der Kunde verlangt, in: Havard Business Manager, 21. Jg., H. 4, 1999, S. 87 - 95.

führen. Außerdem zerlegt der APS-Ansatz die Gesamtaufgabe der Produktionsplanung in Teilaufgaben, die isoliert gelöst werden. Durch die Aufteilung gehen aber auch die Interdependenzen zwischen den Bereichen verloren. Eine Gesamtlösung, die sich aus Teillösungen zusammensetzt, kann daher nicht optimal sein.

Der Planungsprozess setzt sich aus den Schritten Zielbildung, Alternativenfindung, -bewertung und -auswahl zusammen. Eine automatische Planung liegt dann vor, wenn diese vier Schritte komplett unterstützt werden. APS-Systeme geben aber nur ein Gerüst für die Zielbildung und die Alternativenfindung vor. Die Bewertung erfolgt auf Basis der vom Planer erstellten Zielfunktion automatisch. Falls eine eindimensionale Zielfunktion aufgestellt werden kann, ist auch eine Auswahl der „besten" Alternative möglich. Die schwierigste und wichtigste Aufgabe der Produktionsplanung ist die Ideenfindung, die kaum ansatzweise automatisch erfolgt. Der Planer wird bei der Auswahl der Losgrößenverfahren oder Planungsstrategien nicht angeleitet. Ebenso müssen die Parameter der eingesetzten Verfahren, wie z. B. Lagerhaltungsparameter, manuell gesetzt werden. Nur bei der Nachfrageprognose schlagen die APS-Systeme auf Grund der Vergangenheitswerte automatisch Prognosemodelle vor.

Die Abläufe in der Supply Chain werden im Rahmen der Netzwerkkonfiguration starr festgelegt. Für eine flexible Anpassung der Aufbau- und Ablauforganisation an Veränderungen existieren keine Lösungsansätze.

Wie bereits erwähnt, zerfällt der APS-Ansatz in Partial- bzw. Teilmodelle. Eine simultane Lösung des Gesamtproblems scheidet damit schon einmal aus. Die Partialmodelle sind in ein Gesamtsystem eingeordnet, in dem zahlreiche Beziehungen zwischen den Elementen bestehen. Eine simultane Lösung der Teilmodelle setzt aber Unabhängigkeit voraus, die nicht gegeben ist. Die Programmplanung macht z. B. Vorgaben für die Grobplanung und die wiederum für die Feinplanung. Daher handelt es sich um sukzessive Partialplanung[23].

Die hier aufgeführten Nachteile der APS-Systeme zeigen, dass sie kein geeignetes Mittel darstellen, die Aufgaben der Produktionsplanung im Sinne der aufgestellten Anforderungen aus Kapitel 2 zu lösen. Im nächsten Kapitel wird der Aufbau und die Funktionsweise des Planungssystems OPA diskutiert, wobei der Schwerpunkt auf der Modellierung der Prozesse und der Suche nach guten Pla-

[23] Vgl. **Corsten, H., Gössinger, R.**: Einführung in das Supply Chain Management, a. a. O., S. 167 ff.

nungsparametern liegt. Das Planungssystem arbeitet auf Basis einer Objektdatenbank, die auf ein relationales Datenbanksystem gesetzt wird. D. h., es ist keine erneute Dateneingabe notwendig, Die relationalen Daten werden vielmehr in eine objektorientierte Struktur transferiert.

6. Datentransfer zwischen einer relationalen und objektorientierten Datenbank

6.1 Einsatzgebiete des Planungssystems

In diesem Abschnitt wird diskutiert, für welche Aufgabenstellungen das Planungssystem eingesetzt wird. In den vergangenen Kapiteln wurden bereits die Einsatzgebiete der PPS- und APS-Systeme erläutert. Die Aufteilung der Gesamtplanungsaufgabe in Teilprobleme nach dem Zeithorizont wird aufgegeben. Eine Simultanplanung aller Teilbereiche wird ermöglicht. Die mittelfristige Kapazitätsplanung wird z. B. kombiniert mit Losgrößenproblemen. Weitere Beispiele sind die gleichzeitige Lösung des Losgrößen- und Reihenfolgeproblems sowie die simultane Programm- und Kapazitätsplanung. Der tatsächliche Problemumfang wird nicht grundsätzlich festgelegt. In Abhängigkeit der konkreten Problemsituation wird ein Planungsmodell erstellt, das Antworten auf die gewünschten Fragen gibt. Das System ist als ein reines Planungssystem konzipiert worden, Administrations- und Steuerungsaufgaben werden nicht übernommen. Aufgrund der örtlichen Ursprünge des Systems ist der Name OPA (<u>O</u>snabrücker <u>Pla</u>nungssystem) gewählt worden. OPA ist demnach eine Ergänzung der in einem Unternehmen vorhandenen Systemlandschaft. ERP-Systeme erfüllen die Administrations- und Steuerungsaufgaben. Am Fachbereich Wirtschaftswissenschaften der Universität Osnabrück übernimmt ein System mit dem Namen OMA (<u>O</u>snabrücker <u>Ma</u>nagementsystem) diese Aufgaben. Die Zusammenführung der Teilsysteme OPA und OMA führt zu dem OPMAS-Konzept (<u>O</u>snabrücker <u>P</u>lanungs- und <u>Ma</u>nagement-<u>S</u>ystem)[1].

Welche Daten benötigt nun OPA und welche erzeugt es? Umfangreiche Datenmengen aus den Bereichen Einkauf, Produktion und Vertrieb werden benötigt, um aussagekräftige und brauchbare Planungsergebnisse zu erhalten. Diese Daten werden aber in erster Linie nur in lesender Form verarbeitet. Eine Veränderung erfolgt nicht. Außerdem werden nicht immer alle Informationen benötigt, die über einen Gegenstand vorliegen. In der Regel sind z. B. die kompletten Kundendaten bei einem Kundenauftrag überflüssig. Es werden immer nur die produktionsrelevanten Daten gebraucht. Man kann daher von einer Produktionssicht auf die Daten sprechen. Die Ergebnisse der Produktionsplanung lassen sich

---

[1] Vgl. **Witte, Th., Claus, T.**: Advanced Production Planning, in: Electronic Business, hrsg. v. Gabriel, R., Hoppe, U., Heidelberg 2002, S. 67 - 80.

oftmals in Form weniger Zahlen ausdrücken, wie Meldemengen, Prioritäten, Produktionsmengen oder Aggregatanzahlen. Diese relativ kleinen Datenmengen müssen zum Ende eines Planungslaufes in das ERP-System übertragen werden. Der Aufbau und Ablauf der Produktion erfolgt dann mit diesen Parametern. Während eines Planungszykluses werden häufig sehr viele temporäre Daten erzeugt, wie z. B. Brutto- und Nettobedarfsdaten im Rahmen der Materialbedarfsplanung. Nach Abschluss der Planung können diese Daten gelöscht werden.

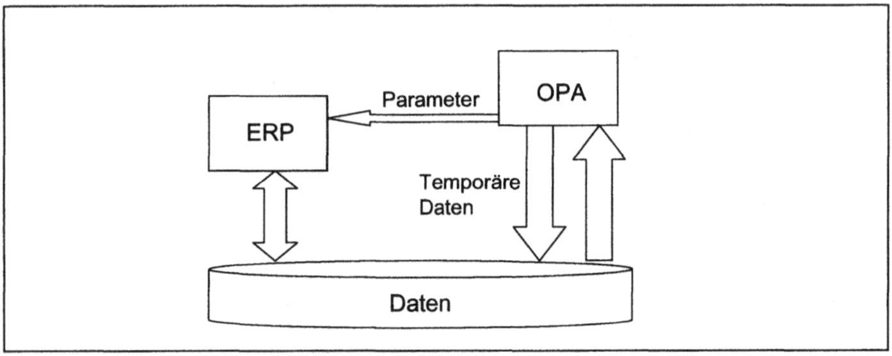

Abbildung 6.1: Einbindung des Planungssystems

Abbildung 6.1 spiegelt die aufgezeigten Zusammenhänge noch einmal grafisch wider. Die nächsten Abschnitte erläutern, wie die Datenbasis von OPA konfiguriert wird.

6.2 Auswahl der Datenorganisation

Eine Produktionsplanung ist so gut wie die Datenbasis, die der Planung zugrunde liegt. Inkonsistente Daten führen zu falschen Planungsergebnissen. Da Planungsergebnisse schnell vorliegen müssen, ist ein schneller Zugriff auf die Daten zwingend erforderlich. Datenbestände müssen derart strukturiert und gespeichert werden, dass insbesondere die Datenbestände konsistent bzw. integer sind und dass ein schneller Zugriff sowie eine beliebige Verknüpfbarkeit der Daten möglich sind[2]. Daneben muss der Speicherplatz effizient genutzt werden und ein unbefugter Zugriff auf die Daten verhindert werden. Der redundanzfreien Spei-

[2] Vgl. **Stahlknecht, P., Hasenkamp, U.**: Einführung in die Wirtschaftsinformatik, a. a. O., S. 153 ff.

cherung kommt hier eine wesentliche Bedeutung zu[3]. Mit zunehmender Redundanz steigt die Gefahr von inkonsistenten und damit unbrauchbaren Daten. Es muss daher eine Modellierungsform ausgewählt werden, die den höchsten Grad von Redundanzfreiheit ermöglicht. Relationale Datenmodelle[4] erreichen zwar in Bezug auf die Nicht-Schlüsselattribute eine hohe Redundanzfreiheit, die aber mit erheblichen Doppelspeicherungen in Bezug auf die Schlüsselattribute einhergeht. Aus diesem Grund soll für eine moderne Produktionsplanung ein objektorientiertes Datenmodell[5] gewählt werden. Darüber hinaus erlauben Objekte den schnellen Zugriff auf mit ihnen verknüpfte Informationen. Eine zeitaufwendige Zusammenführung von Tabellen über die Schlüsselattribute ist nicht erforderlich.

Der Aufbau einer objektorientierten Datenorganisation steht im Widerspruch zu der Forderung der Einbindung des Planungssystems in eine vorhandene Systemumgebung. Die Datenbestände von ERP-Systemen werden in der Regel in relationalen Datenbanken, wie ORACLE, INFORMIX oder DB2[6], verwaltet. Zwar weisen diese Systeme auch objektorientierte Erweiterungen[7] auf. Sie werden aber vom Markt weitestgehend ignoriert. Die Datenbestände von ERP-Systemen umzustrukturieren ist nicht sinnvoll. Der finanzielle und organisatorische Aufwand wäre zu groß. In vielen Bereichen reicht der relationale Ansatz[8] aus, so dass eine neue Modellierung kaum Vorteile bringen würde. Die Unternehmen haben sich für viele Jahre auf relationale Datenbanken festgelegt. Auf Basis dieser Datenbanken arbeiten zahlreiche Software-Programme. Bei einer Umstellung müssten alle Systeme angepasst werden. Dieser Aufwand wäre nicht zu vertreten. Einen Ausweg aus diesem Dilemma ist die Entwicklung einer objektorientierten Datenumgebung, die auf eine vorhandene relationale Umgebung gesetzt wird. Das Objektmodell wird auf die Produktionsplanung zugeschnitten,

---

3 Vgl. **Lusti, M.**: Dateien und Datenbanken, 4. Aufl., Berlin et al. 2003, S. 80 ff.

4 Vgl. **Heuer, A., Saake, G.**: Datenbanken, Konzepte und Sprachen, 2. Aufl., Landsberg 2000, S. 105 ff und **Vossen, G.**: Datenmodelle, Datenbanksprachen und Datenbankmanagementsysteme, 4. Aufl., München at al. 2000, S. 155 ff.

5 Vgl. **Gabriel, R., Röhrs, H.-P.**: Gestaltung und Einsatz von Datenbanksystemen, Berlin et al. 2003, S. 295 ff.

6 Vgl. **Kazakow, W., Schmidt, A., Tomczyk, P.**: Datenbanken und XML, Konzepte, Anwendungen, Systeme, Berlin et al. 2002, S. 247 ff.

7 Vgl. **Loeser, H.**: Web-Datenbanken, Berlin et al. 2001, S. 15 ff. und **Heuer, A., Saake, G.**: Datenbanken, Konzepte und Sprachen, a. a. O., S. 383 f.

8 Vgl. **Heuer, A., Saake, G., Sattler, K.-U.**: Datenbanken kompakt, Landsberg 2001, S. 19 ff.

überflüssiger Ballast muss nicht administriert werden. Auf diese Weise wird die oben geforderte Produktionssicht auf die Daten umgesetzt.

Nach Auswahl des Datenbankmodells muss die Entscheidung für ein Datenbankverwaltungssystem gefällt werden. Welche Anforderungen muss ein derartiges System erfüllen? Es muss zunächst in der Lage sein, die geforderten Datenmengen zu administrieren. Die zweite, aber nicht minder wichtige Anforderung ist ein sehr schneller Datenzugriff. Die Akzeptanz von neuen Planungsmodellen hängt entscheidend von der Schnelligkeit der Verfügbarkeit der Ergebnisse und damit von der Schnelligkeit des Datenzugriffs ab. Das schnellste Speichermedium, das für die Datenhaltung zur Verfügung steht, ist der Hauptspeicher eines Rechners. Während in den neunziger Jahren aufgrund der begrenzten Kapazitäten eine Datenspeicherung im RAM (Random Access Memory) undenkbar gewesen ist, verfügt man heute über das ideale Speichermedium für den angestrebten Zweck, d. h. das notwendige Datenvolumen kann vollständig und schnell administriert werden.

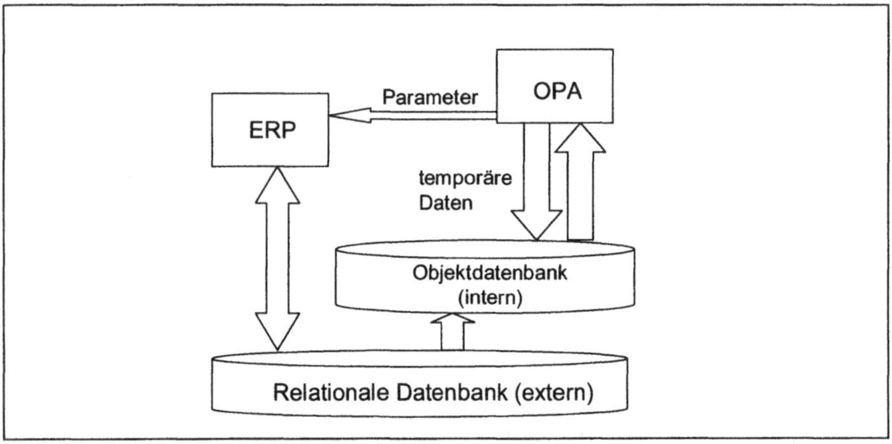

Abbildung 6.2: Erweiterte Einbindung des Planungssystems

Der Aufbau eines Administrations- und Planungssystem wird gegenüber Abbildung 6.1 konkretisiert und sieht dann wie folgt aus (vgl. Abbildung 6.2): Für die Planungsaufgabe wird ein optimal abgestimmtes bzw. designtes Objektmodell entworfen, wobei die Objekte im Hauptspeicher verwaltet werden. Das ERP-System arbeitet auf Basis der vorhandenen, in der Regel relationalen, externen Datenbanksysteme. Die Initialisierung der Objekte erfolgt über die relationale Datenbank. Für die Speicherung temporärer Daten wird ebenfalls die

Objektdatenbank[9] verwendet. Die Ergebnisse werden direkt an das ERP-System weitergegeben.

Die folgenden Abschnitte stellen eine Vorgehensweise vor, wie der Datenaustausch zwischen der objektorientierten und relationalen Datenbank erfolgen kann. Dazu wird in einem ersten Schritt die Notation für beide Datenbankmodelle festgelegt.

6.3 Notation

Für die Diskussion der Objektinitialisierung bzw. der Datenüberführung von der relationalen in die objektorientierte Datenbank muss eine Notation für die Beschreibung der Datenmodelle festgelegt werden. Während sich die Beschreibung relationaler Datenmodelle der Standardnotation für Entity-Relationship-Diagramme (ER-Diagramm) bedient[10], wird für die Objektmodelle eine Notation angewendet, die sich an den Ansatz von COAD/YOURDON[11] und an UML[12] (Unified Modeling Language) anlehnt. Im Einzelnen muss die Darstellung für die Konstrukte: abstrakte Klassen, Objektklassen, persistente Klassen, Attribute, Methoden, Vererbung, Assoziationen und Aggregationen[13] festgelegt werden (vgl. Abbildung 6.3).

---

[9] Die Bezeichnung Objektdatenbank wird bewusst gewählt, um den Unterschied zu einem objektorientierten Datenbanksystem herauszustellen, das u. a. eine externe Datenverwaltung und eine Rechteverwaltung enthält.

[10] Vgl. **Chen, P. P. (Hrsg.)**: Entity-Relationship Model: Towards a Unified View of Data, in: ACM Transactions on Database-Systems, Vol. 1, 1976 und **Schlageter, G., Stucky, W.**: Datenbanksysteme: Konzepte und Modelle, 2. Aufl., Stuttgart 1983.

[11] Vgl. **Coard, P., Yourdon, E.**: Object-Oriented Analysis, 2. Aufl., Englewood Cliffs, New Jersey, 1991.

[12] Vgl. **Balzert, H.**: UML kompakt - mit Checklisten, Spektrum, Heidelberg et al. 2001, **Forbig, P.**: Objektorientierte Softwareentwicklung mit UML, 2. Aufl., München et al. 2002, **Kemper, A., Eickler, A.**: Datenbanksysteme, 4. Aufl., München et al. 2001, S. 57 ff. und **Neumann, H. A.**: Analyse und Entwurf von Softwaresystemen mit der UML, 2. Aufl., München et al. 2002.

[13] Vgl. **Heuer, A., Saake, G.**: Datenbanken, Konzepte und Sprachen, a. a. O., S. 77 ff.

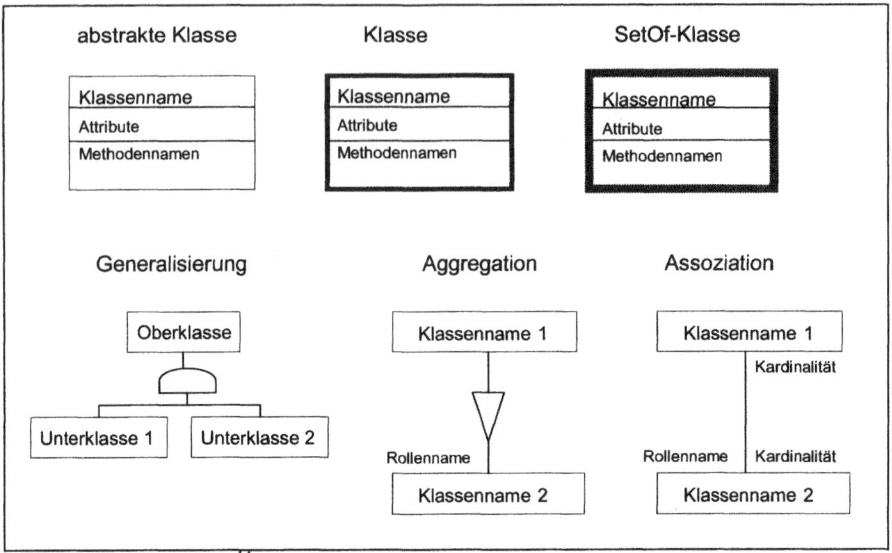

Abbildung 6.3: Notation[14]

Jede Klasse wird durch ein Rechteck abgebildet. Dem Klassennamen folgen durch waagerechte Linien getrennt die Attribute und die Methodennamen. Eine abstrakte Klasse dient nur zur Strukturierung des Datenmodells. Es existieren keine Objekte bzw. Exemplare dieser Klasse. Falls die Rechteckumrandung fett gedruckt ist, können Objekte dieser Klasse existieren. Falls der Rand fett und verbreitert ist, werden alle Objekte dieser Klasse in der Objektdatenbank persistent gehalten[15]. Dafür müssen in der Datenbank Mengen vorgehalten werden, die Objekte aufnehmen[16]. Ein auf dieser Menge definiertes Suchverfahren erlaubt den Zugriff[17]. Alle anderen Objekte können nur indirekt über diese Men-

---

[14] Vgl. **Claus, T.**: Objektorientierte Simulation und Genetische Algorithmen zur Produktionsplanung und -steuerung, a. a. O., S. 31 - 33.

[15] Im Folgenden werden diese Klassen kurz als persistente Klassen bezeichnet.

[16] Der im Kapitel 8 vorgestellte Prototyp basiert auf der objektorientierten Sprache SMALLTALK bzw. VISUALWORKS. Die Mengen werden als so genannte Klassenvariable verwaltet. Klassenvariable sind persistente Objekte. Beim Speichern einer SMALLTALK-basierten Anwendungsumgebung auf einem externen Speichermedium werden die Klassenvariablen ebenfalls binär gespeichert, d. h. beim Laden der Umgebung stehen die Inhalte bzw. Objekte wieder zur Verfügung.

[17] Ein mögliches Sucherverfahren könnte wie folgt aussehen:
für alle Objekte Menge tue: falls ein Attribut des aktuellen Objektes eine Bedingung erfüllt, breche ab, sonst nehme nächstes Objekt.
Intelligentere Sucherverfahren, wie binäres Suchen, sind in der Regel nicht möglich, da auf

gen angesprochen werden. Ein kleines Beispiel soll diesen Sachverhalt verdeutlichen: Ein Datenmodell besteht aus den Objektklassen *Auftrag* und *Kunde*. Die Aufträge werden den Kunden über Listen zugeordnet. Alle Kunden werden in einer Menge persistent gehalten. Während über Objekte der Klasse *Kunde* direkt, kann auf Objekte der Klasse *Auftrag* nur über die Kunden zugegriffen werden. Aufträge, die keinen Kunden zugeordnet werden, gehen demnach verloren.

Vererbungskonstrukte werden häufig benötigt, um Gemeinsamkeiten der verwendeten Klassen herauszustellen. Zusammenhänge zwischen den Objekten werden deutlich. Die Übersichtlichkeit der Modelle nimmt zu. Die Vererbung von Attributen bzw. Methoden wird nicht eingeschränkt. Grundsätzlich wird alles vererbt[18].

Aggregationen sind Ganz-Teil-Beziehungen, wie Sie von Stücklisten oder Arbeitsplänen benötigt werden. Eine Stücklistenposition ist ein Teil der Stückliste. Sie existiert nur im Zusammenhang mit dem Ganzen. Assoziationen sind Verbindungen zwischen Objekten, wie z. B. zwischen einem Kunden und einem Auftrag.

Die hier aufgezeigten Beschreibungsmöglichkeiten für Objekte werden als ausreichend angesehen. Darüber hinaus gehende Notationselemente, wie sie von der UML-Notation vorgegeben werden, sind für das Verständnis der nachfolgenden Diskussion überflüssig.

In der relationalen Welt werden Entity-Relationship-Modelle in Relationen übertragen, die mit Hilfe der Sprache SQL[19] in ein relationales Datenbanksystem übertragen werden können. In der objektorientierten Welt können die Objektmodelle mit Hilfe einer objektorientierten Programmiersprache in eine Datenbank transformiert werden, da keine Trennung von Daten und Funktionen erfolgt. Objekte, Klassen, Attribute und Methoden sind Bestandteil jeder objektorientierten Sprache. Das Vererbungskonzept ist ebenfalls fester Bestandteil ei-

den Mengen keine Ordnungen existieren. Ein Ausweg könnten hier Indextabellen sein, wie sie teilweise von objektorientierten Datenbanksystemen verwendet werden.

[18] Die für den Prototyp verwendete Sprache SMALLTALK sieht keine Einschränkungsmöglichkeiten vor.

[19] Vgl. **Kähler, W.-M.**: SQL mit ORACLE, eine aktuelle Einführung, 2. Aufl., Wiesbaden 2001 und **Houlette, F.**: SQL IT-Tutorial, Bonn 2002.

ner derartigen Entwicklungsumgebung. Die gängigen Datentypen[20] einer Programmiersprache müssen aber um datenbankspezifische Typen ergänzt werden[21]. Im Folgenden werden die vier Typen *Tuple, SetOf, Reference* und *RefSetOf* ergänzt[22]. Alle vier Typen haben eine Bezugsklasse. Falls ein Exemplar der Klasse *Kunde* ein Attribut mit dem Typ *Tuple* und der Bezugklasse *Anschrift* besitzt, kann für jeden Kunden eine eigene Anschrift angegeben werden. Wenn in dem Beispiel der Typ *Tuple* durch *SetOf* ersetzt wird, können beliebig viele Anschriften für einen Kunden angelegt werden. Der Typ *Reference* verweist auf ein Objekt einer persistenten Klasse. Falls ein Exemplar der Klasse *Arbeitsgang* ein Attribut mit Typ *Reference* und der Bezugsklasse *Maschine* besitzt, kann für jeden Arbeitsgang eine Maschine aus der Menge aller Exemplare der persistenten Klasse *Maschine* ausgewählt werden. Wenn der Typ *Reference* durch den Typ *RefSetOf* ersetzt wird, können analog zum obigen Beispiel beliebig viele Maschinen ausgewählt werden. Das notwendige Handwerkszeug ist nun vorhanden, so dass der Datentransfer zwischen relationalen und objektorientierten Datenbanksystemen erörtert werden kann.

6.4 Vorgehensweise

Es existiert eine sehr einfache, automatische Möglichkeit relational strukturierte Datenbestände in eine objektorientierte Umgebung zu portieren. Für jede Relation wird eine persistente Klasse definiert. Die Exemplarvariablen der Klasse ergeben sich aus den Attributen der zugehörigen Relation. Der Datentyp des Attributes bleibt dabei in der Regel erhalten. Eine Ausnahme stellen hier die Referenzen dar. Statt die Verknüpfung mühsam über Schlüsselattribute herzustellen, kann direkt auf die Objekte verwiesen werden. Die direkte Einbindung der Objekte verringert die Zugriffszeit auf die Daten. Rechenzeitintensive Verknüpfungen entfallen.

---

[20] Vgl. **Kemper, A., Eickler, A.**: Datenbanksysteme, a. a. O., S. 106.

[21] Bei Verwendung der Sprache SMALLTALK müssen auch die gängigen Typen, wie Number, String, Date, ..., definiert werden. SMALLTALK kennt nämlich keine typisierten Attribute.

[22] Vgl. **Claus, T.**: Objektorientierte Simulation und Genetische Algorithmen zur Produktionsplanung und -steuerung, a. a. O., S. 43 - 45.

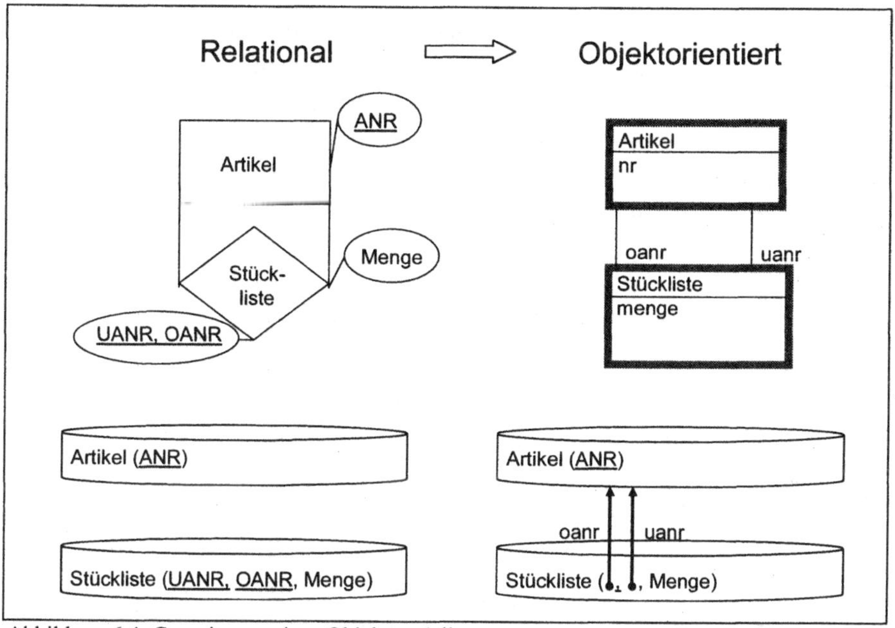

Abbildung 6.4: Generierung eines Objektmodells

Ein kleines Beispiel zur Verwaltung von Stücklisten verdeutlicht diesen Zusammenhang (vgl. Abbildung 6.4). Die relationale Modellierung von Stücklisten erfolgt auf Basis eines Entitytyps *Artikel* und eines Relationshiptyps *Stückliste.* Jeder Artikel verfügt über eine identifizierende Artikelnummer (*ANR*) und jede Stücklistenbeziehung über eine Oberartikelnummer (*OANR*), Unterartikelnummer (*UANR*) sowie eine Menge. Die beiden Artikelnummern der Stückliste sind sogleich Primär- als auch Fremdschlüssel. Das zugehörige relationale Datenmodell[23] setzt sich aus den Relationen *Artikel* und *Stückliste* zusammen. Ein generiertes Objektmodell enthält eine Klasse *Artikel* mit dem Attribut *anr* und eine Klasse *Stückliste* mit den Attributen *oanr, uanr* und *menge,* wobei die ersten Attribute Referenzen auf Objekte der Klasse *Artikel* sind. Es werden Objekte der Klasse *Artikel* und Objekte der Klasse *Stückliste* in der Datenbank eigenständig verwaltet. Der Nachteil dieser Modellierung liegt darin, dass von einem Artikel nicht direkt auf alle Unterartikel bzw. Komponenten zugegriffen werden kann. Um eine vollständige Stückliste eines Artikels zu erhalten, muss die komplette Datenbankmenge *Stückliste* nach Objekten durchsucht werden, die auf diesen

[23] Vgl. **Vossen, G.**: Datenmodelle, Datenbanksprachen und Datenbankmanagementsysteme, a. a. O., S. 125 ff.

Artikel verweisen. Falls diese Zugriffsmöglichkeit häufig gefordert wird, sollte eine andere Modellierung gewählt werden. Die Entscheidung über die Art der Modellierung muss aber aus Sicht der Anwendung getroffen werden.

```
Artikel (ANR,...)
Stückliste (OANR(Artikel),UANR(Artikel), Menge)

class: Artikel superclass: Object variables: anr (Number)

class: Stückliste superclass: Object
                  variables: oanr (reference: Artikel)
                             uanr (reference: Artikel)
                             menge (Number)

DatabaseSystem addSetOf: Artikel
DatabaseSystem addSetOf: Stückliste
```

Abbildung 6.5: Einfacher Transfer - Pseudocode

Abbildung 6.5 zeigt im oberen Teil die zum ER-Diagramm der Abbildung 6.4 gehörenden Relationen. Im zweiten Teil wird das Objektmodell in einen SMALLTALK-ähnlichen Pseudocode[24] übertragen. Zunächst wird eine Klasse Artikel mit einer Variable *anr* des Typs *Number* definiert. Die Oberklasse *Object* deutet daraufhin, dass das Vererbungskonzept nicht verwendet wird. Es folgt die Definition der Klasse *Stückliste* mit den Attributen *oanr*, *uanr* und *menge*. In den letzten beiden Zeilen werden für die Klassen *Artikel* und *Stückliste* Mengen angelegt, d. h. die Objekte dieser Klasse sind persistent.

(1) Entwicklung eines objektorientierten Datenbankmodells für die vorgesehene Anwendung,
(2) Entwicklung einer Schnittstelle zwischen dem relationalen und objektorientierten Datenmodell,
(3) Portierung der Daten und
(4) manueller Nachtrag der fehlenden Daten.

Abbildung 6.6: Schritte einer Datenportierung

Bei der vorgestellten Variante werden die flachen relationalen Strukturen in das Objektmodell übernommen. Eine ziel- bzw. aufgabengerechte Modellierung fin-

[24] Vgl. **Strahringer, A., Kaufmann, A.-H.**: Objektorientiertes Programmieren mit Smalltalk, Aachen 1998.

det nicht statt. Die Stärken des Objektmodells werden nicht genutzt. Statt das relationale Modell in ein Objektmodell eins zu eins zu übertragen, wird ein Objektmodell eigenständig entworfen. Im Folgenden wird davon ausgegangen, dass die Entwicklung eines relationalen Datenbankmodells vorliegt. Zum Aufbau einer objektorientierten Datenbank müssen vier Schritte (vgl. Abbildung 6.6) durchgeführt werden. Zunächst sollte ein objektorientiertes Datenmodell entwickelt werden, das für die vorgesehene Anwendung optimiert ist, d. h. es werden nur relevante Daten aufgenommen, die Verkettung der Informationen erfolgt in der Richtung, wie sie später benötigt werden. Ein Beispiel aus der Lagerverwaltung verdeutlicht diesen Sachverhalt. Ein bestimmter Artikel kann in unterschiedlichen Mengen in verschiedenen Bereichen lagern. Es werden die Objekte *Artikel* und *Lagerort* in einer Datenbank verwaltet. Nun gibt es drei Möglichkeiten die Bestände zu verwalten. Erstens könnte jedem Artikel eine Liste mitgegeben werden, die Auskunft über die Mengen in den einzelnen Bereichen gibt. Eine zweite Möglichkeit besteht darin, jedem Lagerort eine Liste anzuhängen, welche Artikel dort lagern. Die dritte Alternative besteht in der Kombination der beiden ersten Möglichkeiten, wobei die Information natürlich nicht redundant abgespeichert sein darf. Der dritte Weg erlaubt sicherlich den komfortabelsten bzw. flexibelsten Zugriff auf die Informationen, ist aber am aufwendigsten. Falls keine Informationen über die zukünftigen Anwendungen vorliegen, ist dies der Königsweg. Falls der Modellbauer aber genau weiß, dass der Zugriff auf die Bestände immer über die Artikel erfolgt, sollte er auch die einfachere Modellierung wählen. Es ist nicht möglich diesen Schritt zu automatisieren, da wie obiges Beispiel zeigt, die Modellierung nur vor dem Hintergrund einer konkreten Problemstellung erfolgen kann. Eine automatische Generierung eines Objektmodells aus einem relationalem Modell würde die sehr flachen Strukturen des relationalen Ansatzes übernehmen und daher auf zentrale Vorteile der Objektorientierung verzichten.

Als nächster Schritt zur Datenportierung muss eine Schnittstelle zwischen der relationalen und der objektorientierten Datenbank geschaffen werden. Das relationale und das objektorientierte Datenmodell sind zunächst unabhängig voneinander modelliert worden, da aber die gleichen Daten verwaltet werden sollen, muss der Entwickler festlegen, wie die Daten aus der relationalen Datenbank in die objektorientierte Datenbank übertragen werden können. Letztendlich muss für jede Klasse des Objektmodells definiert werden, wie die Objekte mit Informationen versorgt werden können. Für jede Exemplarvariable eines Objektes des Objektmodells muss eine SQL-Anweisung hinterlegt werden, die den

Zugriff auf die relationale Datenbank sicherstellt. Die SQL-Anweisungen können sehr komplex sein, da es vorkommen kann, dass die Informationen aus vielen Relationen zusammengesucht werden müssen. Darüber hinaus müssen objektorientierte Strukturen erzeugt werden. Die grundsätzlichen Zugriffsmechanismen lassen sich standardisieren, so dass eine komfortable Lösung möglich ist.

Nach Definition der Schnittstellen können die Daten aus der relationalen Datenbank in die objektorientierte Datenbank portiert werden. Hierzu muss nur festgelegt werden, welche Datenbankmengen gefüllt werden sollen. Das System arbeitet die zugehörigen Portierungsmethoden ab. Die letzte Aufgabe besteht darin, den objektorientierten Datenbestand manuell um Daten zu ergänzen, die das relationale System nicht zur Verfügung stellt.

Von den hier vorgestellten vier Schritten zum Aufbau eines objektorientierten Datenbestandes bedarf die Schnittstellendefinition einer genaueren Erörterung. Die nachstehenden Abschnitte stellen ein mögliches Konzept zum Aufbau einer derartigen Schnittstelle dar. Im Einzelnen wird das Füllen:

- glatter Strukturen,
- Vererbungsstrukturen,
- Referenzen,
- Polymorphismus,
- Aggregationen und
- zusammengesetzter Aggregationen

erläutert. Diese Konstrukte reichen aus, um die Objektdatenbank mit Daten zu füllen.

Die Erläuterung erfolgt in den Teilschritten:

- ER-Diagramm und Objektmodell,
- zugehörige Relationen und Klassendefinitionen,
- Ablauf des Datentransfers und
- erweiterte Klassendefinitionen.

Jeder Teilschritt ist mit einer Abbildung unterlegt. Die erweiterte Klassendefinition bildet die Basis für den Datentransfer. Sie enthält alle wichtigen Informationen zur Erzeugung einer SQL-Anweisung, mit der die notwendigen Daten aus der relationalen Datenbank geholt und in die Struktur des Objektes eingefügt werden können.

6.5 Aufbau einer Schnittstelle

6.5.1 Glatte Strukturen

Glatte Strukturen meinen, dass die Objekte des Modells untereinander nicht in Beziehungen stehen. Die einfachen Strukturen des relationalen Ansatzes finden sich im Objektmodell wieder. Ein Beispiel wurde bereits im vorangegangen Abschnitt besprochen, wobei aber die Nachteile des Objektmodells für die vorliegende Situation aufgezeigt wurden. Es gibt aber durchaus Anwendungsbereiche, in denen das Objektmodell eine glatte Struktur analog zum Relationenmodell aufweist. Ein Planungsproblem zur Kapazitätsplanung erfordert die Anzahl der verfügbaren Maschinen, dabei kann eine Klasse *Maschine* unabhängig von allen anderen Klassen definiert werden. Es gibt zwar Verweise von anderen Objekten auf Maschinenobjekte, aber keine Verweise in der umgekehrten Richtung. Abbildung 6.7 enthält die Datenmodelle und Abbildung 6.8 die Relationen und Klassenbeschreibungen. An diesem sehr einfachen Beispiel kann die grundsätzliche Vorgehensweise gut dargestellt werden.

Abbildung 6.7: Transfer von glatten Strukturen – Modelle

In der relationalen Welt werden die Maschinen anhand einer Maschinennummer *MNR* identifiziert. Objekte müssen nicht identifiziert werden, da sie einmalig sind. Man benötigt aber einen Anfasser, um das richtige Objekt anzusprechen. Die Nummer *nr* dient hier als Anfasser. Auf weitere Attribute, wie z. B. Maschinenstatus oder Abschreibungssatz, wird verzichtet, da sich der Erkenntnisgewinn durch sie nicht erhöht.

```
Maschine (MNR, ...)

class: Maschine      superclass: Object
                     variables: nr(Number)
```

Abbildung 6.8: Transfer von glatten Strukturen – Relationen und Klassendefinition

Abbildung 6.9 gibt den Ablauf schematisch an, wie die Daten aus der relationalen Datenbank in die Objektdatenbank übertragen werden können. Für jede Zeile der Relation *MASCHINE* wird ein Objekt der Klasse Maschine generiert. Das Attribut *nr* der Maschinenobjekte erhält den Wert des Schlüsselattributes *MNR*.

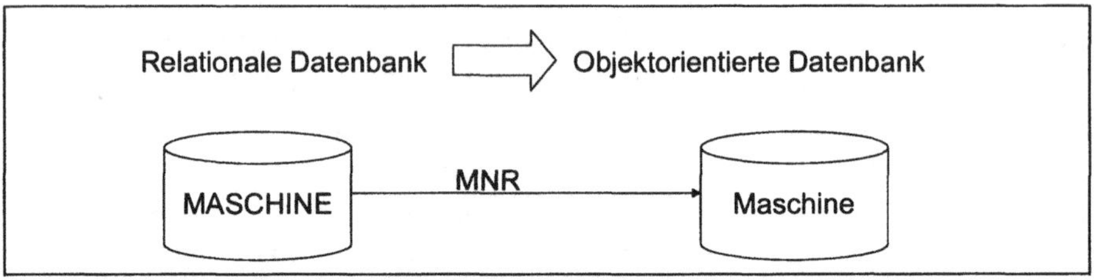

Abbildung 6.9: Transfer von glatten Strukturen - Ablauf

Die Definition der Klasse Maschine muss analog zu Abbildung 6.10 um den zugehörigen Relationen- bzw. Tabellennamen erweitert werden. Darüber hinaus muss beim Attribut *nr* hinterlegt werden, welche Spalte ausgelesen werden soll. Mit Hilfe des Tabellennamens und der Spaltenbezeichnung kann eine SQL-Anweisung erstellt werden, die als Ergebnis eine Menge aller Maschinen liefert. Mit Hilfe dieser Menge kann obiger Ablauf realisiert werden.

```
class: Maschine      superclass: Object
                     table: MASCHINE
                     variables:nr(number column:MNR)

DatabaseSystem addSetOf: Maschine
```

Abbildung 6.10: Transfer von glatten Strukturen – erweiterte Klassendefinition

6.5.2 Vererbung

Relationale Datenmodelle können Generalisierungen bzw. Spezialisierungen enthalten. Gemeinsamkeiten und Unterschiede von Entitytypen können auf diese Weise deutlich gemacht werden. Es wird eine hierarchische Struktur aufgebaut, die nicht ohne weiteres in ein Relationenmodell übertragen werden kann. Die hierarchischen Strukturen müssen geglättet werden. Die Modellierung von Eigen- und Fremdartikel greift z. B. auf das Generalisierungskonzept zurück. Es wird ein Entitytyp *Artikel* geschaffen, der die gemeinsame Eigenschaft (Artikelnummer - *ANR*) enthält. Spezifische Eigenschaften werden den Entitytypen *Ei-*

genartikel (Herstellkosten - *HK*) und *Fremdartikel* (Preis) zugewiesen. Ein Objektmodell würde diesen Sachverhalt ähnlich abbilden (vgl. Abbildung 6.11). Eigen- und Fremdartikel werden persistent verwaltet. Die Klasse *Artikel* ist abstrakt.

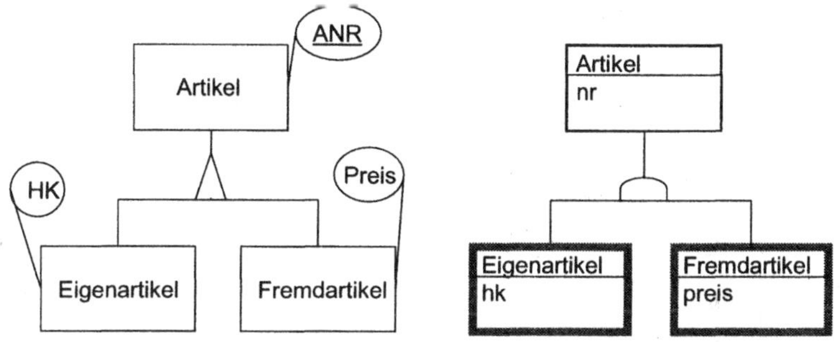

Abbildung 6.11: Transfer von Vererbungen – Modelle

Im Relationenmodell (vgl. Abbildung 6.12), das keine Generalisierung kennt, werden die Strukturen geglättet, indem für jeden Entitytyp eine Relation angelegt wird und untergeordnete Entitytypen die Schlüsselattribute der übergeordneten Entitytypen übernehmen. Der Nachteil dieser Modellierung liegt in den Redundanzen der Schlüsselattribute und in der Verteilung der Daten auf mehrere Relationen. Dagegen ermöglicht das Vererbungskonzept der objektorientierten Systeme eine exakte Abbildung des Objektmodells (vgl. Abbildung 6.12). Informationen werden zusammengehalten. Es entstehen keine Redundanzen.

```
Artikel          (ANR, ...)
Eigenartikel     (ANR(Artikel), HK, ...)
Fremdartikel     (ANR(Artikel), Preis...)

class: Artikel superclass: Object variables: nr (number)
class: Eigenartikel superclass: Artikel variables: hk (number)
class: Fremdartikel superclass: Artikel
                variables: preis (number)

DatabaseSystem addSetOf: Eigenartikel
DatabaseSystem addSetOf: Fremdartikel
```

Abbildung 6.12: Transfer von Vererbungen – Relationen und Klassendefinition

Die Übertragung der Daten soll am Beispiel der Eigenartikel verdeutlicht werden. Zunächst müssen die auf zwei Tabellen verteilten Daten anhand des Schlüsselattributes *ANR* verbunden werden (vgl. Abbildung 6.13). Als Ergebnis erhält man eine Tabelle mit den Spalten *ANR* und *HK*. Für jede Zeile dieser Tabelle wird nun ein Objekt der Klasse *Eigenartikel* erzeugt. Anschließend werden die Attributwerte zugewiesen.

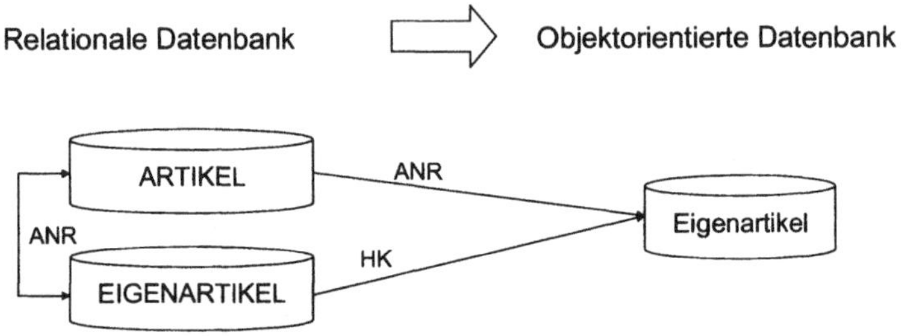

Abbildung 6.13: Transfer von Vererbungen – Ablauf

Die erweiterten Klassendefinitionen in Abbildung 6.14 zeigen nach dem Schlüsselwort *table* die benötigten Relationen und nach dem Schlüsselwort *join*, über welches Attribut die Relationen verbunden werden sollen. Die Attributdefinitionen werden um die zugehörigen Spaltenbezeichnungen der Tabellen ergänzt. Es können keine Objekte der Klasse *Artikel* generiert werden, weil eine entsprechende Tabellenangabe fehlt. Diese Einschränkung ist vernünftig, da es sich um eine abstrakte Klasse handelt. Nur persistente Klassen können aus der relationalen Datenbank gefüllt werden.

```
class: Artikel superclass: Object
               variables: nr (column: ANR)

class: Eigenartikel superclass: Artikel
                    table: ARTIKEL, EIGENARTIKEL
                    join: ANR
                    variables: hk (number column: HK)
```

Abbildung 6.14: Transfer von Vererbungen – erweiterte Klassendefinition

6.5.3 Referenzen

Referenzen sind Verweise auf persistente Objekte, d. h. auf Objekte, die in der Datenbank explizit verwaltet werden. So kann ein Bedarf oder ein Auftrag nur über einen Artikel angenommen werden, der auch tatsächlich existiert. Im ER-Diagramm kann der Bedarf als eine Beziehung zwischen dem Entitytyp *Zeit* und dem Entitytyp *Artikel* dargestellt werden. Ein Objekt der Klasse *Bedarf* verweist auf einen Artikel. In Abbildung 6.15 fällt auf, dass die Klasse Artikel nicht persistent ist. Die Objekte werden in den Unterklassen Eigenartikel und Fremdartikel administriert. Ein Verweis muss ggf. über einen Schalter verfügen, der über die Zulässigkeit der Auswahl von Unterklassenobjekten entscheidet[25].

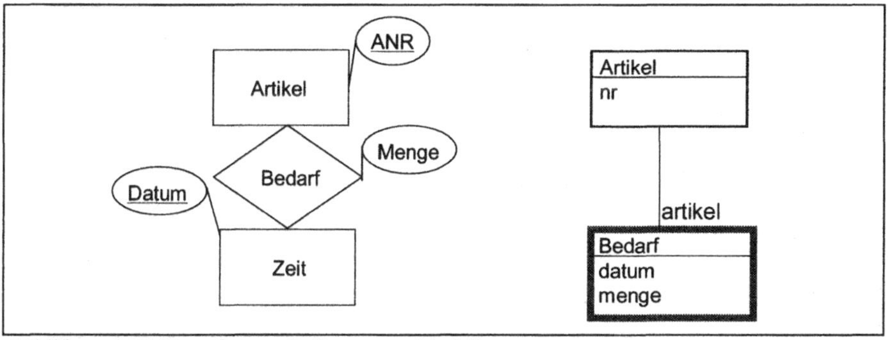

Abbildung 6.15: Transfer von Referenzen – Modelle

Die Ableitung der Relationen und Klassendefinitionen in Abbildung 6.16 bedarf keiner weiteren Erläuterung, da keine neuen Aspekte aufgeworfen werden.

```
Bedarf (ANR(Artikel), Datum, Menge,...)

class: Bedarf  superclass: Object
               variables:  nr (reference: Artikel),
                           datum (Date), menge (Number)

DatabaseSystem addSetOf: Bedarf
```

Abbildung 6.16: Transfer von Referenzen – Relationen und Klassdefinitionen

Der Ablauf des Datentransfers scheint auf den ersten Blick sehr einfach zu sein, da sowohl in der relationalen als auch in der objektorientierten Umgebung Men-

[25] Im Prototyp wird zwischen den Datenbanktypen *Reference* und *ReferenceWithSubclasses* unterschieden. Der Typ *Reference* schließt Unterklassen bei der Auswahl aus.

gen mit identischen Strukturen vorliegen. Der fundamentale Unterschied ist aber, dass die Relation nur die Nummer des Artikels enthält, Objekte aber einen Verweis auf den Artikel. Beim Auslesen der Tabelle *BEDARF* ist allerdings nur die Artikelnummer bekannt. Daher muss in der Objektdatenbank in der Menge *Artikel* ein Objekt mit der entsprechenden Nummer gesucht werden, auf die dann ein Objekt der Klasse *Bedarf* verweisen kann. Dieser Vorgang muss für alle Einträge der Relation *BEDARF* wiederholt werden. Abbildung 6.17 gibt an, dass bei der Initialisierung eines Objektes der Klasse *Bedarf* die Mengen- und Datumsangaben aus der relationalen Datenbank und der Artikelverweis aus der Objektdatenbank stammen.

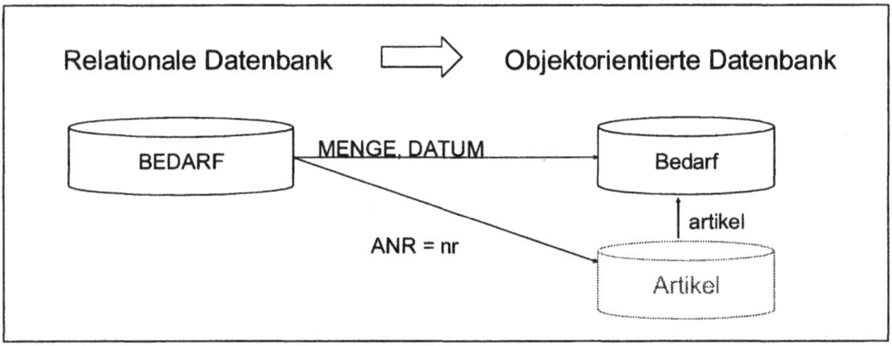

Abbildung 6.17: Transfer von Referenzen – Ablauf

Die erweiterte Klassendefinition muss neben dem Tabellennamen und den Spaltenbezeichnungen eine Beschreibung enthalten, wie der zugehörige Artikelverweis gefunden werden kann. Die Spezifikation der Referenz wird um die Schlüsselwörter *selector* und *column* ergänzt. Es wird ein Artikel aus der Artikelmenge ausgewählt, bei dem der Wert der Variable *nr* mit dem Wert des Attributs *ANR* des Entities der Tabelle *BEDARF* übereinstimmt (vgl. Abbildung 6.18).

```
class: Bedarf  superclass: Object
               table: BEDARF
               variables: nr (reference: Artikel
                                 selector: nr
                                 column: ANR)
                      datum (Date column: DATUM)
                      menge (Number column: MENGE)
```

Abbildung 6.18: Transfer von Referenzen – erweiterte Klassendefinitionen

6.5.4 Polymorphismus

Ein Polymorphismus[26] bezeichnet, dass innerhalb einer Vererbungshierarchie Methoden mehrfach implementiert, d. h. redefiniert, werden können. Auf diese Weise können auch Referenzen neu festgelegt werden. Ein Beispiel ist die gleichzeitige Modellierung von Bedarfen und Kundenaufträgen. Sowohl ein Bedarf als auch ein Kundenauftrag ist eine Beziehung zwischen der Zeit und einem Artikel, wobei sich der Kundenauftrag nur auf Eigenartikel bezieht. Im Objektmodell kann die Klasse *Kundenauftrag* als Unterklasse der Klasse *Bedarf* definiert werden. Kundenobjekte erhalten ein zusätzliches Attribut *kunde*. Das Attribut *artikel* wird als Verweis auf Eigenartikel redefiniert. Die objektorientierte Modellierung weicht hier also erheblich von dem ER-Diagramm ab (Abbildung 6.19). Dieser Umstand muss beim Datentransfer berücksichtigt werden. Die Definition der Relationen und Klassen erfolgt nicht explizit, da sie kanonisch ist.

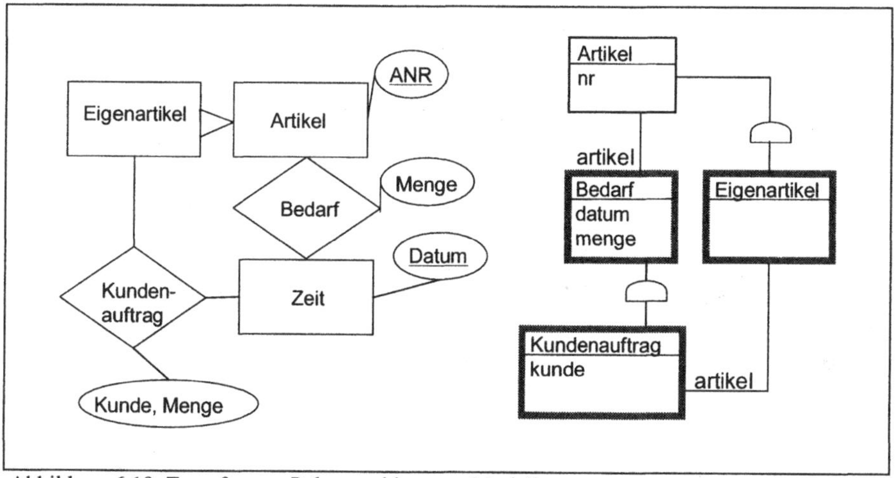

Abbildung 6.19: Transfer von Polymorphismen – Modelle

Der Ablauf des Datentransfers ist ähnlich zu den Schritten des Abschnitts 6.5.3. Für jeden Kundenauftrag wird ein Objekt erzeugt, wobei der zugehörige Artikel nicht in der Menge der Artikel, sondern in der Menge der Eigenartikel gesucht wird (vgl. Abbildung 6.17 und Abbildung 6.20).

---

[26] Vgl. **Pernul, G., Unland R.**: Datenbanken im Unternehmen, 2. Aufl., München et al. 2003, S. 513 ff.

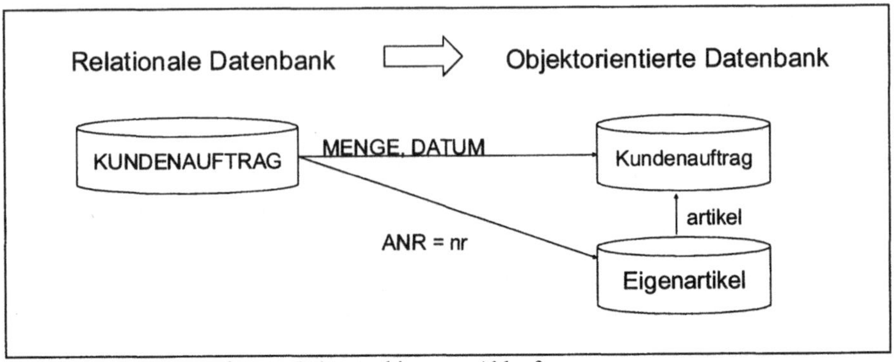

Abbildung 6.20: Transfer von Polymorphismen – Ablauf

Die Definition der Klassen muss beachten, dass die Klasse *Kundenauftrag* eine Unterklasse der Klasse *Bedarf* ist, in der die Artikelreferenz bereits ausformuliert wurde. Abbildung 6.21 gibt eine Lösungsmöglichkeit an. Da die Variable *nr* in der Klasse *Kundenauftrag* implementiert wird, bezieht sich die Artikelsuche auf die Menge der Eigenartikel. Weiterhin wird der Tabellenname *BEDARF* auf *KUNDENAUFTRAG* geändert, d. h. alle Spaltenangaben beziehen sich auf die Kundenauftragstabelle.

```
class: Bedarf  superclass: Object
               table: BEDARF
               variables: nr (reference: Artikel
                                 selector: nr
                                 column: ANR)
                          datum (Date column: DATUM)
                          menge (Number column: MENGE)

class: Kundenauftrag superclass: Bedarf
               table: KUNDENAUFTRAG
               variables: nr (reference: Eigenartikel
                                 selector: nr
                                 column: ANR)
```

Abbildung 6.21: Transfer von Polymorphismen – erweiterte Klassendefinitionen

6.5.5 Aggregation

Eine Aggregation modelliert eine Ganz-Teil-Beziehung zwischen zwei Objekten. Diese Beziehungsart kann nur in einem Objektmodel explizit ausformuliert werden. Jeder Eigenartikel erhält eine Menge von Objekten der Klasse *Bedarf*. Ein Bedarfsobjekt setzt sich dabei aus einer Menge und einem Artikel zusammen. Im ER-Diagramm wird stattdessen eine n-m-Beziehung zwischen Eigenartikel und Artikel definiert. Dabei wird ausgenutzt, dass nur Eigenartikel Artikelkomponenten besitzen. Das hier erläuterte Objektmodell (vgl. Abbildung 6.22) stellt gegenüber des Ansatzes aus Abbildung 6.4 eine problemorientiertere Vorgehensweise dar. Von jedem Artikel kann unmittelbar auf alle Komponenten der Stückliste zugegriffen werden. Eine Suche über mehrere Mengen bzw. Tabellen ist nicht notwendig. Diese Zugriffsmethode spielt immer dann eine wesentliche Rolle, wenn eine Stücklistenauflösung durchgeführt wird, wie z. B. bei der Materialbedarfsplanung.

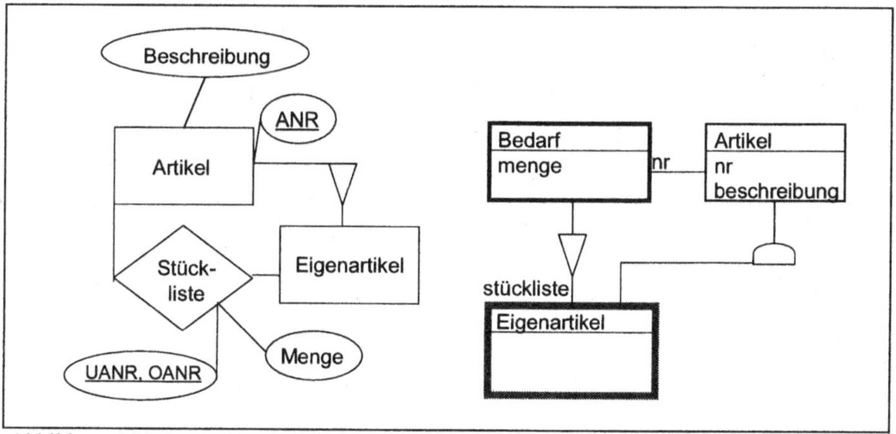

Abbildung 6.22: Transfer von Mengen – Modelle

Die Übertragung in ein Relationenmodell führt zu drei Tabellen, die alle über die Artikelnummern verknüpft sind. Neue Artikelnummern können nur innerhalb der Artikeltabelle vergeben werden. Die Klassenbeschreibung greift auf den Datenbanktyp *Reference* mit der Bezugsklasse *Artikel* und dem Datenbanktyp *SetOf* mit der Bezugsklasse *Bedarf* zurück. Alle Objekte der Klasse *Eigenartikel* sind persistent (vgl. Abbildung 6.23).

```
Artikel (ANR, Beschreibung, ...)
Eigenartikel(ANR(Artikel),...)
Stückliste(UANR(Artikel),OANR(Eigenartikel), Menge)

class: Bedarf  superclass: Object
               variables: nr (reference: Artikel
                          menge (Number)
class: Eigenartikel superclass: Artikel
               variables: stückliste (setOf: Bedarf)

DatabaseSystem addSetOf: Eigenartikel
```

Abbildung 6.23: Transfer von Mengen – Relationen und Klassendefinitionen

Beim Datentransfer müssen Daten, die in der relationalen Datenbank auf drei Tabellen verteilt sind, in Exemplaren der persistenten Klasse *Eigenartikel* vereinigt werden (vgl. Abbildung 6.24). Zunächst muss mit Hilfe eines Joins bzgl. der Artikelnummer *ANR* eine Verknüpfung der Tabellen *ARTIKEL* und *EIGENARTIKEL* erfolgen. Für jedes Entity dieses Verbundes wird ein Eigenartikelobjekt *EO* mit der Artikelnummer *ANR* erzeugt. Anschließend werden in der Stücklistentabelle alle zugehörigen Einträge gesucht. Für jeden gefundenen Eintrag wird die Komponentenliste des Objektes *EO* um ein Exemplar der Klasse *Bedarf* erweitert. Die Mengenangabe kann direkt übernommen werden. Für die Artikelnummer *UANR* muss der entsprechende Artikel gesucht werden, um eine Referenz anzulegen.

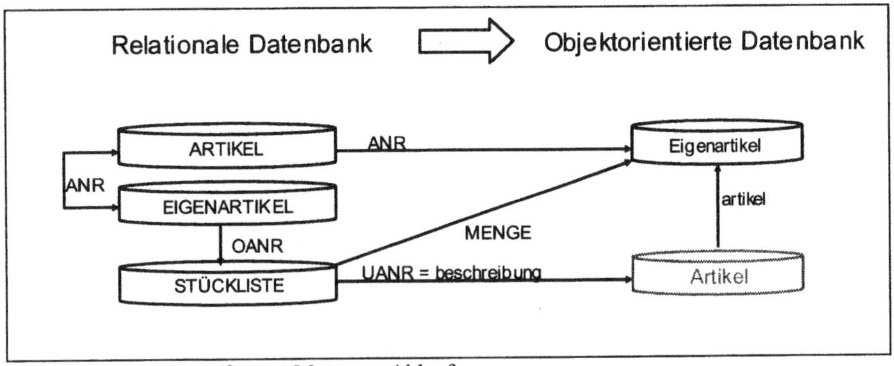

Abbildung 6.24: Transfer von Mengen - Ablauf

Die hier diskutierte Vorgehensweise hängt von mehreren Parametern ab, die den Klassendefinitionen zugefügt werden müssen (vgl. Abbildung 6.25). Die Definition der Klasse *Bedarf* greift auf bekannte Konstrukte zurück. Aus der Tabelle *STUECKLISTE* werden die Mengen (*MENGE*) und Artikelnummern (*UANR*) gelesen. Es wird ein Bedarfsobjekt generiert, wobei ein Artikelobjekt gesucht wird, dessen Wert der Variable *nr* mit *UANR* übereinstimmt.

```
class: Bedarf  superclass: Object
               table: STUECKLISTE
               variables: nr (reference: Artikel
                                     selector: nr
                                     column: UANR)
                          menge (column: MENGE)

class: Eigenartikel superclass: Artikel
           table: ARTIKEL, EIGENARTIKEL
           join: ANR
           variables: stückliste (setOf: Bedarf
                                         columnTable: STUECKLISTE
                                         column: OANR
                                         selector: nr)
```

Abbildung 6.25: Transfer von Mengen - erweiterte Klassendefinitionen

Für jedes Entity des Verbundes, der durch die über das Attribut *ANR* verknüpften Tabellen *ARTIKEL* und *EIGENARTIKEL* entstanden ist, wird ein Eigenartikel *EO* generiert. Die Artikelnummer ergibt sich aus der in Abbildung 6.14 angegebenen Klassendefinition. Außerdem erhält jeder Eigenartikel eine Menge von Bedarfsobjekten. Für jedes Entity der Tabelle *STUECKLISTE* (*columnTable*) erfolgt ein Eintrag, wenn das Attribut *OANR* mit der Variable *nr* identisch ist. Das Schlüsselwort *columnTable* erlaubt es, dass eine Variable sich auf eine andere Tabelle bezieht als die Klasse.

6.5.6 Zusammengesetzte Aggregationen

Die bis zu dieser Stelle diskutierten Erweiterungsmöglichkeiten der Klassendefinitionen sehen vor, das sich eine Klasse auf eine Tabelle (*table*) oder auch mehrere Tabellen (*table, join*) bezieht. Das Schlüsselwort *column* stellt den Bezug zur Tabellenspalte her. Referenzen werden mit Hilfe des Schlüsselwortes *selector* aufgebaut. Eine Objektvariable kann sich aber auch auf eine gesonderte Tabelle beziehen (*columnTable*), wobei die Beschränkung auf einer Tabelle liegt. Im Folgenden soll auch diese Restriktion fallen, d. h., eine Objektvariable kann sich auf mehrere Tabellen beziehen, die über einen Join verbunden werden. Immer wenn sich im Relationenmodell Daten auf mehrere Tabellen verteilen, muss beim Datentransfer in die Objektdatenbank eine Zusammenführung erfolgen. Die Modellierung von Arbeitsplänen soll hier als Beispiel dienen.

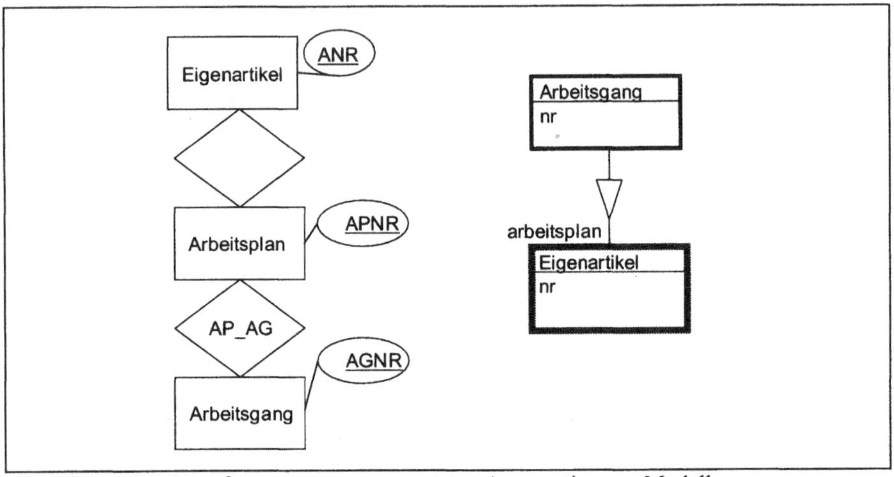

Abbildung 6.26: Transfer von zusammengesetzten Aggregationen – Modelle

Abbildung 6.26 zeigt ein typisches ER-Diagramm für Arbeitspläne. Jedem Eigenartikel wird ein Arbeitsplan zugeordnet, der aus einer Liste von Arbeitsgängen besteht. Den Arbeitsgängen können dann Maschinen, Werker etc. zugeordnet werden. Das Mittel der Aggregation erlaubt ein auf zwei Klassen beschränktes Objektmodell. Ein Eigenartikel besitzt eine Liste von Arbeitsgängen. Im Objektmodell können Arbeitspläne und -gänge nur in Verbindung mit Eigenartikeln existieren. Falls Arbeitsgänge für mehrere Eigenartikel verwendet werden sollen, können sie auch für sich alleine existieren. In diesem Fall muss eine andere Modellierungsform gewählt werden.

```
Eigenartikel (ANR,...)
Arbeitsplan (APNR, ANR, ...)
AP_AG (APNR, AGNR)
Arbeitsgang (AGNR, ...)

class: Arbeitsgang superclass: Object
                variables: nr (Number)
class: Eigenartikel superclass: Artikel
                variables: nr (Number)
                arbeitsplan (setOf: Arbeitsgang)

DatabaseSystem addSetOf: Eigenartikel
```

Abbildung 6.27: Transfer von zusammengesetzten Aggregationen – Relationen und Klassendefinitionen

Da es sich jeweils um n-m-Beziehungen handelt, leiten sich aus dem ER-Diagramm vier Relationen ab (vgl. Abbildung 6.27). Die Objektdatenbank verwaltet nur Objekte der Klasse *Eigenartikel*. Jeder Eigenartikel erhält eine Nummer und eine Liste mit der Bezugsklasse *Arbeitsgang*.

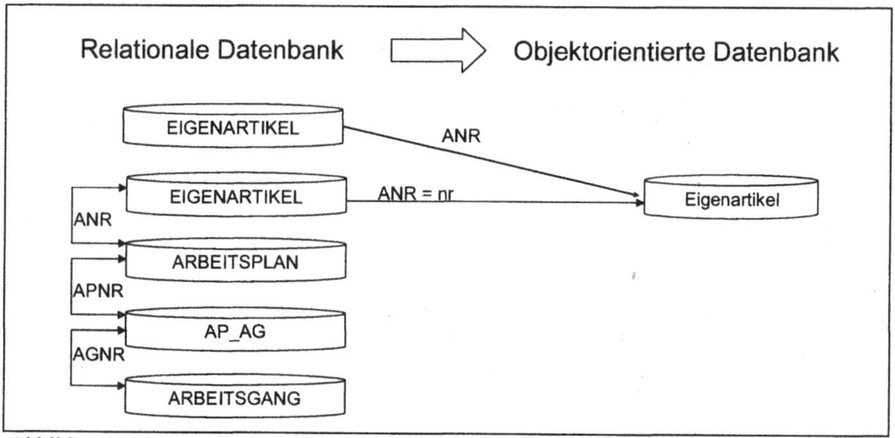

Abbildung 6.28: Transfer von zusammengesetzten Aggregationen – Modelle

Während des Datentransfers wird für jeden Eintrag der Tabelle *EIGENARTIKEL* ein zugehöriges Objekt *EO* mit der zugehörigen Artikelnummer *nr* generiert (vgl. Abbildung 6.28). Die Tabellen *EIGENARTIKEL*, *ARBEITSPLAN*, *AP_AG* und *ARBEITSPLAN* werden zusammengefügt. Aus diesem Verbund werden alle Entities gesucht, bei dem die Artikelnummer *ANR* mit *nr* identisch ist. Falls eine Übereinstimmung gefunden worden ist, erfolgt ein Eintrag in die Arbeitsgangliste des Eigenartikels *EO*. Die Tabelle EIGENARTIKEL ist in der Abbildung 6.28 gedoppelt worden, um die beiden Vorgänge der Erzeugung eines Artikels und das Füllen des Arbeitsplanes auseinander zu halten.

Die Ergänzung der Klassendefinition in Abbildung 6.29 führt das Schlüsselwort *columnJoin* ein. Die unter dem Schlüsselwort *columnTable* genannten Tabellen werden auf Basis dieser Attribute verbunden. Da es sich um insgesamt vier Tabellen handelt, müssen drei Attribute genannt werden. Die Tabellen *AP_AG* und *ARBEITSGANG* enthalten z. B. das Attribut *AGNR*.

```
class: Arbeitsgang superclass: Object
       table: ARBEITSGANG
       variables: nr (Number column: AGNR)

 class: Eigenartikel superclass: Artikel
       table: EIGENARTIKEL
       variables:
          nr (Number column: ANR)
          arbeitsplan
            (setOf: Arbeitsgang
             column: ANR
             columnTable: ARTIKEL ARBEITSPLAN AP_AG ARBEITSGANG
             columnJoin: ANR APNR AGNR
             selector: nr)
```

Abbildung 6.29: Transfer von zusammengesetzten Aggregationen – erweiterte Klassendefinitionen

Mit Hilfe der erläuterten Konzepte lassen sich für alle Objekte Bezüge zu einer relationalen Datenbank herstellen. Das Auslesen der Datenbank erfolgt mit Methoden, die nach den hier beschriebenen Abläufen funktionieren. Die in den Klassendefinitionen enthaltenen Angaben dienen zur Parametrisierung der Methoden. Daher ist für die Durchführung des Datentransfers keine weitere Programmierung notwendig. Der im Kapitel 8 vorgestellte Prototyp setzt das hier vorgestellte Konzept um.

7. Konzept zur Simultanplanung

7.1 Übersicht

In diesem Abschnitt wird das im sechsten Kapitel angerissene Planungskonzept weiter konkretisiert. Abbildung 6.2 hat den grundsätzlichen Datenaustausch zwischen einem relationalen Datenbank-, einem ERP- und dem Planungssystem OPA ausführlich beschrieben. Dieser Ansatz wird im Folgenden beibehalten, nur mit dem Unterschied, dass die Objektdatenbank als Teil des Planungssystems angesehen wird. Diese Sichtweise ist sachgerechter, da die Objektdatenbanken nur im Zusammenhang mit dem Planungssystem eine Existenzberechtigung haben. Abbildung 7.1 zeigt die einzelnen Komponenten des Gesamtkonzeptes OPMAS[1]. Dem Konzept liegt die Realität zugrunde. Relevante Daten werden in der relationalen Datenbank, relevante Prozesse im ERP-System gespeichert. Die einzelnen Bestandteile des Planungssystems OPA ergeben sich aus den Anforderungen an die Anwendung:

- Geschäftsprozessmodul (GPM),
- Bewertungsmodul (BWM),
- Darstellungs- bzw. Animationsmodul (AM) sowie
- Verbesserungsmodul (VBM).

Das Werkzeug soll universell einsetzbar sein, d. h. auf allen Planungsbereichen und -ebenen. Die simultane Lösung von lang- und kurzfristigen Problemen wird ermöglicht. Dafür ist eine allgemeingültige Beschreibung der Prozesse notwendig. In der Literatur und in der Praxis haben sich Geschäftsprozessmodelle als universale Beschreibungsmöglichkeit herauskristallisiert. Der bekannteste Vertreter ist ARIS[2]. Dieser Modellierungsansatz wird teilweise übernommen. Konkret soll das Teilmodul <u>G</u>eschäfts<u>p</u>rozess<u>m</u>odellierung (GPM) diesen Part übernehmen. Die Prozessmodelle können sich auf Anwendungsfelder der Aufbau- und Ablauforganisation beziehen. Ein wesentlicher Teilbereich der Produktionsplanung besteht in der Gestaltung der Prozesse und der Festlegung von Parame-

---

[1] Vgl. Kapitel 6.1. Als ERP-System wird hier das System OMA gewählt, das aber durch beliebige andere Systeme ersetzt werden könnte. Der Name OPMAS für das Gesamtkonzept spielt für die folgende Diskussion ebenso keine Rolle. Der grundsätzliche Datenaustausch zwischen den Modulen außerhalb von OPA ist bereits ausreichend erläutert worden und bedarf keiner weiteren Erörterung.

[2] Vgl. **Scheer, A.-W.**: ARIS - Modellierungsmethoden, Metamodelle, Anwendungen, a. a. O.

tern. Daher müssen die Modellierung und die Bewertung von Alternativen möglich sein. Letztendlich kann auch die Auswahl von unterschiedlichen Prozessen über die Verwendung von Schaltern bzw. Parametern gesteuert werden. Das System muss eine unscharfe Beschreibung der Vorgänge zulassen. Für bestimmte Parameter, wie Melde-, Kapazitäts- und Auftragsmengen, werden keine festen Werte, sondern Unter- und Obergrenzen festgelegt. Die Entscheidung zwischen einer verbrauchs- und programmgesteuerten Disposition kann z. B. mit Hilfe eines binären Parameters modelliert werden. Die einzelnen Alternativen müssen bewertet werden, um eine Auswahl zu ermöglichen. Alle Parameter der Planungssituation, die nicht exakt festgelegt werden, bilden eine Parametermenge. Eine Planungsalternative weist jedem Parameter dieser Menge einen konkreten Wert zu.

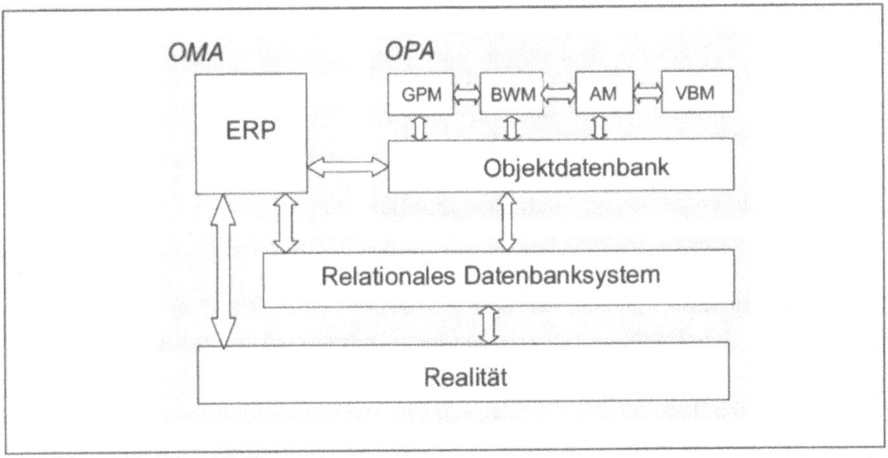

Abbildung 7.1: OPMAS-Konzept

Das Bewertungsmodul (BWM) vergleicht Alternativen. Es liefert eine Aussage darüber, welche Alternative die bessere ist. Für die Entscheidung muss definiert werden, was *besser* heißt. Zunächst müssen die Ziele der Planung festgelegt werden. Das produktionswirtschaftliche Zielsystem[3] enthält viele Ziele, die gegenläufig sind. Ein bekanntes Beispiel ist das Dilemma der Ablaufplanung. Im Rahmen der Reihenfolgeplanung kann entweder die Kapazitätsauslastung maximiert oder die Durchlaufzeit minimiert werden. Aber auch soziale und umweltbezogene Ziele stehen häufig im Gegensatz zur Gewinnmaximierung. Eine Lösung muss alle relevanten Aspekte des Problembereichs umfassen. Daher

3 Vgl. Kapitel 2.

muss ein ganzheitlicher Lösungsansatz gewählt werden. Am einfachsten behilft man sich damit, die vielschichtigen Ziele auf eine eindimensionale Zielgröße zu reduzieren, wie etwa den Gewinn oder die Kosten. Im Prinzip ist diese Vorgehensweise sehr effektiv und effizient. Kosten weisen eine Mengen- und eine Wertkomponente auf. Typische Beispiele sind die Materialeinzelkosten, die sich aus der Verbrauchsmenge und den Einkaufspreisen berechnen. Alternativ können Mengen- durch Zeitangaben ersetzt werden, wie z. B. bei den Fertigungseinzelkosten, die sich aus der Bearbeitungszeit und dem Stundensatz ergeben. Auch das Dilemma der Ablaufplanung könnte auf diese Weise ganzheitlich gelöst werden. Die Kapazitätskosten berechnen sich aus der Belegungszeit der Maschinen. Durchlaufzeiten setzen sich aus Warte-, Rüst-, Bearbeitungs- und Transportzeiten zusammen. Bei Vernachlässigung von reihenfolgeabhängigen Rüstzeiten können nur die ablaufbedingten Wartezeiten durch die Planung verändert werden. Wartezeiten verursachen Kapitalbindungskosten, die sich aus dem Materialwert, der Wartezeit und dem kalkulatorischen Zinssatz berechnen. Das Ziel der Reihenfolgeplanung muss demnach sein, die Summe aus Kapazitäts- und Kapitalbindungskosten zu minimieren. Mengen- und Zeitverbräuche können in der Regel zuverlässig bestimmt werden. Anders sieht es mit Kostengrößen aus. Erweitert man das Reihenfolgeproblem um nicht eingehaltene Liefertermine, ist eine Reduktion auf eine Kostengröße nicht möglich. Die Kosten, die durch verspätete Aufträge entstehen, sind nicht einfach anzugeben. Falls Konventionalstrafen gegenüber dem Kunden bei Lieferverzögerungen vereinbart worden sind, existiert zumindest noch ein Ansatzpunkt für die Festlegung von so genannten Fehlmengenkostensätzen, die die Dimension Geldeinheiten pro Zeit- und Mengeneinheit besitzen. Einen fundierten Bewertungsansatz für die Verärgerung von Kunden sowie die Unterbrechung der Montage aufgrund Materialmangels zu finden, ist unmöglich. Trotzdem wird in der Literatur häufig ein derartiger Kostensatz verwendet. Zahlreiche Modelle des Operations Researchs zur Produktionsplanung beruhen auf derartigen Kostensätzen[4].

Falls man nicht auf derartige Kostensätze zurückgreifen kann, muss ein mehrdimensionaler Ansatz entwickelt werden. Die Güte einer Planungsalternative ist dann ein Vektor, dessen Komponenten jeweils ein eindimensionales Zielkriterium enthalten. Ein Zielvektor könnte z. B. eine Kostengröße in Geldeinheiten und die Summe der Lieferverzögerungen in Tagen enthalten. Der Vergleich von

[4] Vgl. **Zhen, Yu-Sheng, Federgruen, A.**: Finding optimal (s,S)-Policies is about as simple as Evaluating a single Policy, Operations Research 4. 1991, S. 654 - 665.

Planungsalternativen muss sich auf jede Komponente beziehen. Ein Zielvektor *C* ist nur dann besser als der Zielvektor *A*, wenn sowohl die Kostensituation als auch die Liefertermineinhaltung besser ist. Der Vektor *A* wird dann vom Vektor *C* dominiert. Abbildung 7.2 veranschaulicht diesen Sachverhalt. Die Alternative *A* würde auf keinen Fall realisiert werden. Die Entscheidung zwischen den Situationen *B* und *C* kann nicht endgültig gefällt werden, weil *B* in Bezug auf die Kosten und *C* in Bezug auf die Liefertermineinhaltung besser ist. Das weitere Vorgehen muss demnach die verbliebenen Alternativen *B* und *C* berücksichtigen[5].

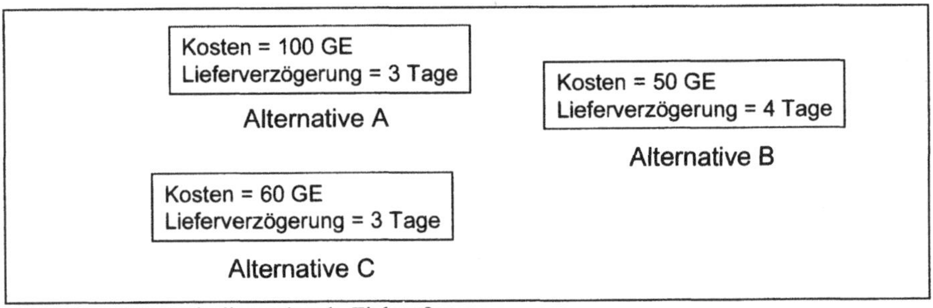

Abbildung 7.2: Mehrdimensionale Zielgrößen

Neben der Festlegung der Ziele und dem Vergleich von Alternativen muss das Bewertungsmodul für eine Planungsalternative die Zielerreichung messen. Hierfür wird ein Simulationsansatz ausgewählt. Auf Basis der Geschäftsprozessbeschreibungen und der Planungsparameter wird ein Simulationsmodell generiert. Anschließend können mit Hilfe eines Simulationslaufes die Zielgrößen bestimmt werden.

Das Animationsmodul (AM) stellt den modellierten Geschäftsprozess mit seinen Parametern grafisch dar. Dieses Modul dient auf der einen Seite zur Modellvalidierung, auf der anderen Seite zur Akzeptanzsteigerung der Ergebnisse. Simulationsmodelle sind in der Regel hoch komplex und daher wenig transparent. Die Gefahr unendeckter Modellierungsfehler ist sehr hoch. Die Animation stellt ein hervorragendes Mittel dar, um derartige Fehler aufzudecken. Ein Animationsmodell bildet im Einzelnen alle Strukturen und Abläufe in einer Art Kinofilm ab. Dieser Kinofilm wird aus dem Simulationsmodell erzeugt. So wird sichergestellt, dass auch tatsächlich die simulierten Modellbestandteile dargestellt wer-

5 Vgl. **Garen, J.:** SGMGA: Self-guided Multi-Objective Genetic Algorithm, in: Proceedings: The Fifth metaheuristics International Conference, Kyoto 2003.

den. Wenn der Kinofilm unplausibel ist oder nicht mit der Realität übereinstimmt, liegen eindeutige Fehler im Simulationsmodell oder im zu Grunde liegenden Geschäftsprozessmodell vor. Außerdem steigert die Visualisierung das Vertrauen in die erstellten Lösungen, da die Planer vertraute Abläufe am Bildschirm wieder erkennen[6].

Der Planungsansatz OPA hat zum Ziel, Vorschläge für die Produktionsplanung zu erstellen. Daher muss das hier vorgestellte Konzept um ein Verbesserungsmodul (VBM) ergänzt werden. Dieses Modul sucht eine günstige Parameterkonstellation für die modellierten Geschäftsprozesse. Dabei nutzt der Verbesserungsalgorithmus das Modul BWM zur Bewertung einzelner Alternativen. Der Planer gibt nur den Rahmen vor, in dem sich die Lösung befinden kann.

In den nächsten Abschnitten werden die Modellierungsideen, die hinter dem Geschäftsprozess-, Bewertungs- und Verbesserungsmodul stehen, erläutert. Die Erläuterung des Bewertungsmoduls beschränkt sich auf die Simulation, da die Auswahl von Zielgrößen nur problemabhängig erfolgen kann. Das Animationsmodul wird nicht näher erläutert, da für die Planung keine weiteren Erkenntnisse zu erwarten sind.

7.2 Geschäftsprozessmodul

Ein Geschäftsprozess besteht aus einer Folge von Tätigkeiten, die zur Erfüllung einer betrieblichen Aufgabe notwendig sind[7]. Im Unterschied zum Projekt läuft er routinemäßig ab. Die betrieblichen Aufgaben können sich auf der strategischen, taktischen und operativen Ebene befinden. Es werden Primär- und Sekundärprozesse unterschieden[8]. Primärprozesse dienen unmittelbar zur Wertschöpfung, wie beschaffen, produzieren und verkaufen. Sekundärprozesse haben eine unterstützende Funktion. Sie umfassen z. B. die Personalwirtschaft, das Finanzwesen und die EDV. Jeder Geschäftsprozess hat einen eindeutig definierten Anfang und ein eindeutig definiertes Ende. Für die Überwachung bzw. Ausfüh-

---

[6] Vgl. **Otte, H.**: Grundlagen einer objektorientierten Animation mit OooSim, in: Proceedings zum 7. Symposium: Simulation als betriebliche Entscheidungshilfe: Neuere Werkzeuge und Anwendungen aus der Praxis, hrsg. v. Biethahn, J., Göttingen 2000, S. 15 - 24.

[7] Vgl. **Scheer, A.-W.**: ARIS – Modellierungsmethoden, Metamodelle, Anwendungen, a. a. O., S. 3. Erste Ansätze sind bei **Nordsiek, F.**: Betriebsorganisation, Lehre und Technik, 1934, Neue Aufl., Stuttgart 1972 zu finden.

[8] Vgl. **Porter, M.**: Wettbewerbsvorteile, a. a. O., S. 62.

rung der Tätigkeiten stehen Produktionsfaktoren zur Verfügung. Produktionsfaktoren können nach GUTENBERG[9] dispositiver oder elementarer Art sein.

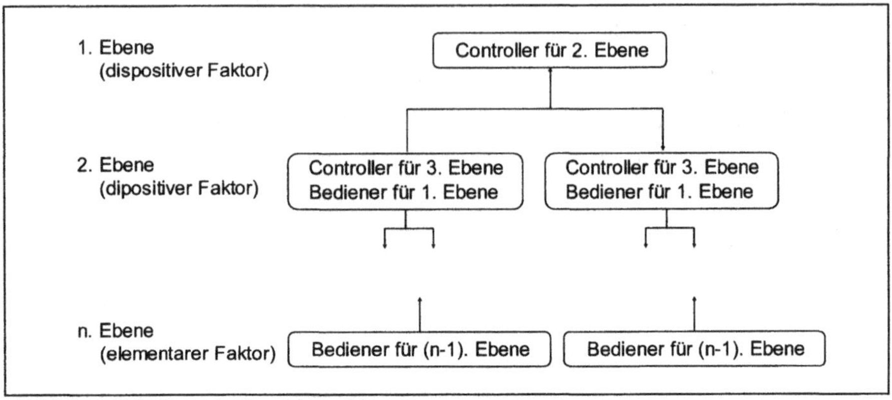

Abbildung 7.3: Organisationshierarchie

Die dispositiven Faktoren setzen sich ausschließlich aus menschlicher Arbeitsleistung zusammen. Darüber hinaus zählt die objektbezogene Arbeitsleistung, wie das Bedienen von Maschinen oder die Materialverwaltung zum Aufgabenbereich von Personen[10]. Die menschliche Arbeitsleistung kann in der Regel in eine Organisationshierarchie gebracht werden. Jede Person bzw. Organisationseinheit findet sich in einem Geflecht von Vorgesetzten und Unterstellten wieder. Eine Organisationseinheit übernimmt demnach Entscheidungs- und Bedienaufgaben. Dabei meint der Begriff Entscheidungsfunktion das Treffen von Entscheidungen, das Verteilen und Kontrollieren von Aufgaben. Die Bedienfunktion umfasst das Ausführen von Aufgaben, die von einer übergeordneten Instanz verteilt worden sind. Die oberste Organisationseinheit ist keiner weiteren Einheit zur Aufgabenerledigung verpflichtet und hat demnach nur Kontrollfunktionen. Die untersten Instanzen haben keine dispositiven bzw. kontrollierenden Aufgaben. Sie führen nur objektbezogene Arbeitsleistung aus, d. h., die Leistung zählt zu den elementaren Faktoren. Abbildung 7.3 fasst den geschilderten Sachverhalt zusammen.

---

9 Vgl. **Gutenberg, E.**: a. a. O., S. 1 ff.

10 Vgl. **Rosenkranz, F.**: Geschäftsprozesse - Modell- und computergestützte Planung, a. a. O., S. 3.

Neben der menschlichen Arbeitsleistung zählen Betriebsmittel, Werkstoffe und Informationen zu den Produktionsfaktoren[11]. Die Verwaltungen der Betriebsmittel und der Werkstoffe hängen unmittelbar mit der objektbezogenen Arbeit zusammen. Für jede Maschine und jeden Werkstoff ist auf der untersten Ebene der Organisationshierarchie eine Instanz bzw. ein Bediener angelegt. Bei der Beschreibung von Geschäftsprozessen kann auf die explizite Nennung von Maschinen und Material verzichtet werden, falls entsprechende Organisationseinheiten definiert worden sind.

Maschinen sind Potential- und Werkstoffe Repetierfaktoren. Beide stellen letztendlich Ressourcen dar, die entweder für einen Zeitraum belegt oder verbraucht werden. Dieser Gedanke kann auf alle Organisationseinheiten übertragen werden. Jede Organisationseinheit stellt eine Ressource mit einer bestimmten Kapazität dar. Dabei kann die Kapazität wie folgt interpretiert werden:

- als Anzahl der Personen, die für eine Organisationseinheit tätig sind,
- als Anzahl von identischen Maschinen oder
- als Anzahl von identischen Materialien.

Da auch ein Disponent nicht beliebig viele Aufgaben parallel erledigen kann, ist dieser Ansatz sinnvoll. Die Kombination von Tätigkeitsfolgen, Organisationseinheiten und Informationen bzw. Daten beschreiben hier einen Geschäftsprozess[12]. Für eine betriebliche Aufgabe kann immer ein Auftrag definiert werden. Dieser Auftrag kann z. B. ein Kunden-, Werkstatt-, Beschaffungs-, Materialentnahme-, Maschinenbelegungs- oder Projektauftrag sein. Es muss eine Tätigkeitsfolge festgelegt werden, wobei für jede Tätigkeit eine zuständige Organisationseinheit und benötigte Daten angegeben werden. In der Literatur werden unterschiedliche Möglichkeiten beschrieben, Geschäftsprozesse zu modellieren. Ereignisgesteuerte-Prozess-Ketten (EPK)[13] sind am weitesten verbreitet. Obwohl die Geschäftsprozessmodellierung sowohl in der Theorie als auch in der Praxis seit mehr als 10 Jahren viele Bereiche durchdrungen hat, hat sich noch

---

[11] Vgl. **Rieper, B., Witte, Th.**: Grundwissen Produktion, a. a. O., S. 41.

[12] Vgl. Aus den oben genannten Gründen wird hier auf die explizite Modellierung von Ressourcen verzichtet. Das ARIS-Konzept geht hier z. B. einen anderen Weg. Vgl. **Scheer, A.-W.**: ARIS Business Process Modeling, 3. Aufl., Berlin 2000.

[13] Vgl. **Krallmann, H., Frank, H., Gronau, N.**: Systemanalyse im Unternehmen, 4. Aufl., München et al. 2002, S. 276 ff. und **Staud, J.**: Geschäftsprozessanalyse, 2. Aufl., Berlin et al. 2001.

kein einheitlicher Standard herausgebildet[14]. Den EPKs wird häufig vorgeworfen, dass sie zu komplex sind. Es gibt daher viele Anwendungen, für die sie nicht geeignet sind. Der Aufbau einer Produktionsplanung erfordert aber teilweise eine sehr detaillierte Beschreibung der Vorgänge, so dass im Folgenden eine an EPKs angelehnte Modellierungsform gewählt wird. Zunächst wird eine sehr abstrakte Beschreibung eines Geschäftsprozesses bzw. einer Tätigkeitsfolge zur Auftragsbearbeitung als Basis gewählt.

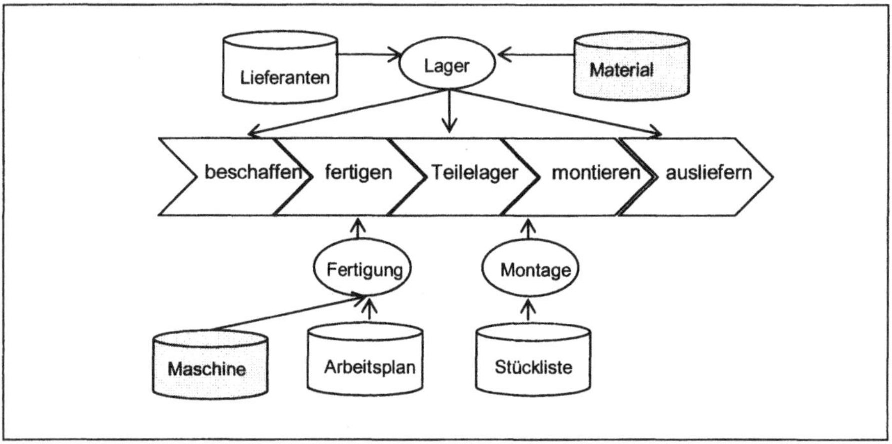

Abbildung 7.4: Geschäftsprozessbeschreibung - Beispiel

Abbildung 7.4 zeigt die Schritte zur Abarbeitung eines Kundenauftrages. Nach Beschaffung des Materials erfolgen die Teilefertigung, die Teileeinlagerung und die Montage des gewünschten Produktes. Am Ende steht die Auslieferung. Die beteiligten Organisationseinheiten sind in Ellipsen dargestellt. Jeder Teilschritt der Bearbeitungsfolge wird von einer Organisationsinstanz ausgeführt. Dafür stehen Informationen, wie z. B. Stücklisten zur Verfügung. Die Grafik stellt die Organisationseinheiten noch nicht in einen hierarchischen Zusammenhang. Außerdem sind die bedienenden Instanzen nicht direkt erkennbar. Grauhinterlegte Datenbanksymbole deuten auf bedienende Organisationseinheiten hin. Dem Fertigungsbereich sind die Maschinen zugeordnet. Für jede in der Datenbank verwaltete Maschine wird eine Organisationseinheit erstellt und dem Fertigungsbereich untergeordnet. Im Lagerbereich wird für jede Materialart eine Material-

[14] Die neue Qualitätsnorm ISO 9000ff in der 2000er Revision verfolgt einen prozessorientierten Ansatz, vgl. **Wächter, H., Vedder, G.**: Qualitätsmanagement in Organisationen. DIN ISO 9000 und TQM auf dem Prüfstand, Wiesbaden 2001.

verwaltung erzeugt. Die hier gewählte Beschreibung stellt eine kompakte Form dar, weil sie eine explizite Ausformulierung der Bedieninstanzen vermeidet. Die Aktivitätenfolge ist gegenüber einem EPK sehr vereinfacht, da nur ein linearer Prozess aufgeführt ist. Um eine problemadäquate Modellierung zu erreichen, muss eine komplexere Beschreibung möglich sein.

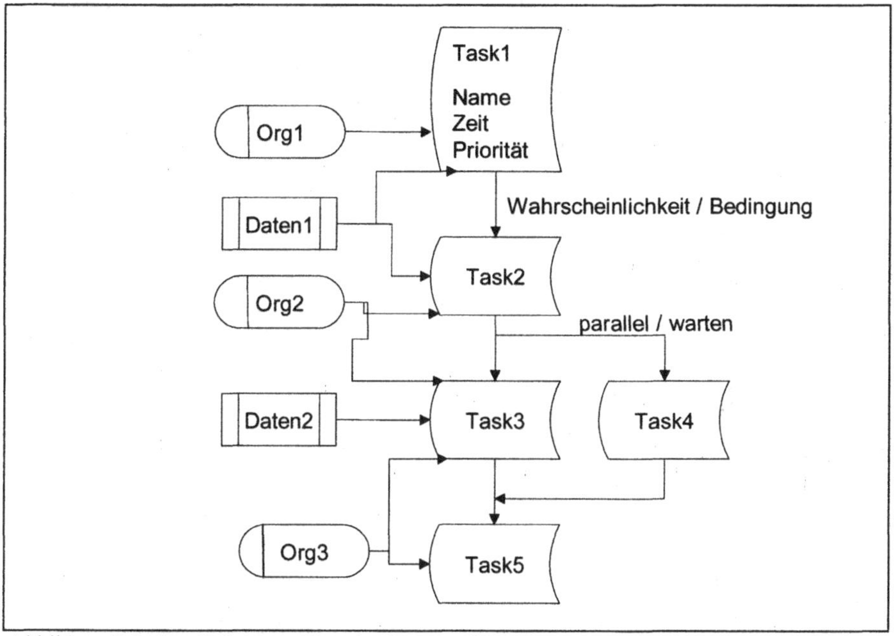

Abbildung 7.5: Geschäftsprozessbeschreibung - allgemein

Abbildung 7.5 spiegelt einen allgemeinen Ansatz zur Formulierung von Prozessketten wider. Der Prozess setzt sich aus mehreren Teilaufgaben bzw. Tasks zusammen, denen Daten und Organisationseinheiten zugeordnet sind. Neben dem Namen verfügt eine Task über eine Zeit- und Prioritätsangabe. Für die Bearbeitung einer Aufgabe, wie einer Materialbedarfsplanung, wird Zeit verbraucht. Außerdem erlaubt die Prioritätskennziffer eine nach Dringlichkeit gestufte Aufgabenerledigung. Da jede Organisationseinheit auch eine Ressource ist, können also alle planerischen bzw. dispositiven Aufgaben mit Zeitverbräuchen versehen werden[15].

[15] Auf diese Weise werden die dispositiven Faktoren in einer Produktionsfunktion bei der Modellierung berücksichtigt.

Die Pfeile zwischen den Tasks geben die Abarbeitungsfolge an. Auf eine Unterscheidung von Ereignissen und Funktionen wird verzichtet, da jede Task grundsätzlich mit einem Fertigstellungsereignis endet. Eine Verzweigung, wie hinter *Task2*, bedeutet, dass sich die Ausführung von mehreren Aufgaben anschließt. Eine Zusammenführung, wie vor *Task5*, erfordert den Abschluss von mehreren Aufgaben. Die bei EPKs verwendeten Konnektoren, wie OR und AND, werden nicht benötigt. Trennen sich Pfeile, ist grundsätzlich eine UND-Verknüpfung gemeint. Falls eine Auswahl von Folgeaufgaben besteht, muss durch Nennung einer Wahrscheinlichkeit oder einer Bedingung die Vorgehensweise näher bestimmt werden. Die Entscheidung fällt der Organisationseinheit zu, die der Verzweigung vorangestellten Aufgabe zugeordnet ist. Treffen Pfeile aufeinander, ist grundsätzlich eine OR-Verknüpfung gemeint. Eine UND-Verknüpfung muss innerhalb der nachgeordneten Task[16] oder über das Schlüsselwort *waiting* sichergestellt werden.

Aufgaben können exklusiv oder neben weiteren Aufgaben von einer Organisationseinheit bearbeitet werden. Eine Maschine kann sicherlich zu einem Zeitpunkt nur einen Auftrag erledigen. Ein Disponent beschäftigt sich aktiv nur mit einer Planungsaufgabe. Wenn ein Disponent aber mehrere Bestellungen ausgelöst hat, ist er natürlich in der Lage alle Vorgänge gleichzeitig zu überwachen. Nach Auslösung der Bestellung kann er sich anderen Aufgaben widmen. Falls eine Bestellung eintrifft, steht er für die Bearbeitung des Bestellvorganges wieder exklusiv zur Verfügung, vorausgesetzt: er ist nicht mit anderen, wichtigeren, Aufgaben beschäftigt. Ebenso können alle Organisationseinheiten parallel arbeiten, d. h., falls ein Disponent einem anderen Disponenten eine Aufgabe zuweist, kann er parallel zur Ausführung andere Tasks übernehmen. Das Schlüsselwort *parallel* an einem Pfeil der Prozessbeschreibung erlaubt die gleichzeitige Ausführung von Aufgaben. Die zusätzliche Angabe des Schlüsselwortes *waiting* weist daraufhin, dass die Bearbeitungsreihenfolge erst nach Abschluss der Aufgabe fortgeführt werden kann.

[16] Das Bewertungsmodul erzeugt aus dem Geschäftsprozessmodell ein Simulationsmodell. Die Funktionen können dann mit Hilfe einer Programmiersprache spezifiziert werden.

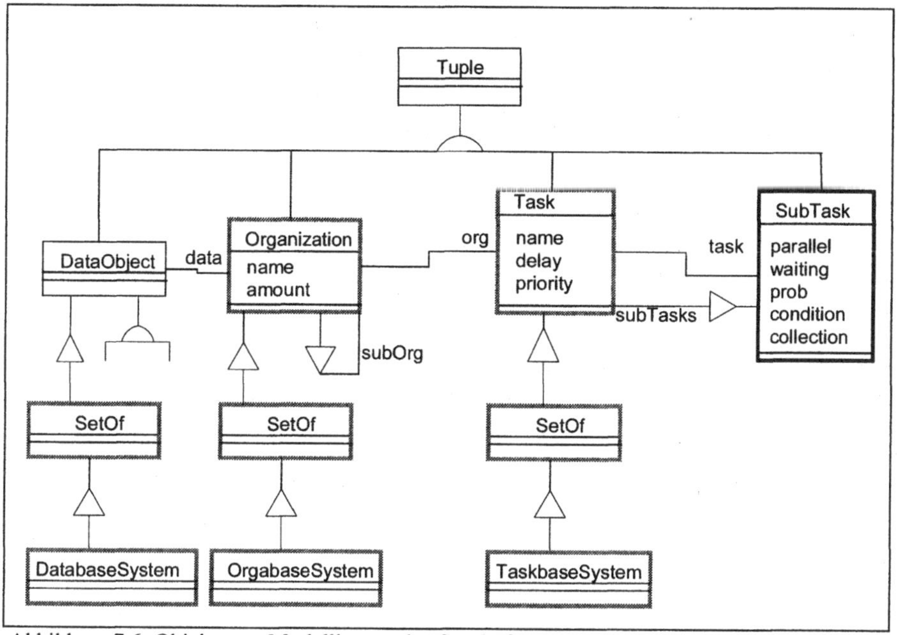

Abbildung 7.6: Objekte zur Modellierung der Geschäftsprozesse

Die hier beschriebenen Bestandteile einer Geschäftsprozessmodellierung sollen in der Objektdatenbank von OPA verwaltet werden. Abbildung 7.6 zeigt das zugehörige Objektmodell. Alle Objekte in der Datenbank haben eine grundsätzliche Funktionalität in Bezug auf die Darstellbarkeit auf dem Bildschirm, dem Ausdruck und dem Edieren. Diese Funktionalität wird bei einer Klasse *Tuple* implementiert, so dass alle Unterklassen diese Eigenschaften erben. Die Strukturen der Daten eines Geschäftsprozesses sind sehr unterschiedlich. Daher werden alle Daten als Unterklasse der Klasse *DataObject* definiert. Der Aufbau der Organisationseinheiten und der Aufgaben ist immer identisch, so dass Exemplare der Klassen *Organization* und *Task* direkt in der Objektdatenbank verwaltet werden. Die drei grundsätzlichen Bestandteile werden in getrennten Datenbankbereichen *DatabaseSystem*, *OrgabaseSystem* und *TaskbaseSystem*[17] verwaltet, wofür eine Mengenstruktur *SetOf* zur Verfügung gestellt wird. Einem Organisationsobjekt werden ein Name, eine Kapazität und Daten zugewiesen. Über das Attribut *subOrg* können Organisationshierarchien abgebildet werden. Ein Name,

[17] Wenn mehrere Geschäftsprozessmodelle definiert werden sollen, können zusammengehörende Elemente in Untermengen verwaltet werden.

eine Organisationseinheit, ein Zeitbedarf, eine Priorität und eine Menge von Unteraufgaben kennzeichnen ein Taskobjekt. Eine Unteraufgabe *SubTask* erhält die Parameter, die zur Abbildung einer Prozessfolge notwendig sind, d. h. den Verweis zur Aufgabe, ggf. eine Wahrscheinlichkeit (*prob*) oder eine Bedingung (*condition*) sowie ggf. die Schlüsselwörter *parallel* und *waiting*. Jede Aufgabe wird in der Regel ein einziges Mal ausgeführt. Wenn aber der Parameter *collection* eine Liste von Objekten enthält, wird die Aufgabe für jedes Objekt dieser Liste ausgeführt.

Mit Hilfe der im vorangegangenen Kapitel beschriebenen Mechanismen können teilweise Daten aus einem relationalen Datenbanksystem transferiert werden. So ist z. B. denkbar, dass die Organisationsstruktur bereits angelegt ist, weil sie für Aufgaben innerhalb eines ERP-Systems benötigt werden. Im nächsten Abschnitt wird der Aufbau eines Simulationsmodells aus dem Geschäftsprozessmodell beschrieben.

7.3 Simulation

7.3.1 Motivation

Bevor ein Simulationsmodell erstellt wird, müssen die Unterschiede zwischen einem Simulations- und Prozessmodell abgeklärt werden. Der wesentlichste Unterschied liegt in der Zielsetzung. Die Geschäftsprozessmodellierung dient der Dokumentation der Vorgänge in einem Unternehmen. Prozesse sollen für Außenstehende transparent und nachvollziehbar sein. Neue Mitarbeiter können sich so in unbekannte Sachverhalte einarbeiten, Kunden können die Arbeitsweisen einsehen. Die ISO-Norm 9000ff in der 2000er Revision erfordert z. B. eine lückenlose Dokumentation der Abläufe. Falls ein Unternehmen keine Dokumentation vorliegen hat, wird das von den Kunden oft geforderte Zertifikat nicht erteilt. Neben der Beschreibung ist die Verbesserung von Abläufen von hoher Relevanz. Geschäftsprozesse sollen sich in Bezug auf die Erfolgsfaktoren Zeit, Qualität und Kosten verbessern. Daneben wirken sich analog zum produktionswirtschaftlichen Zielsystem Umwelt- und Sozialaspekte aus. Ziel einer Umstrukturierung ist, einen Prozess mit möglichst geringem Zeit-, Kapazitäts- und Kostenbedarf zu finden.

Zunächst müssen in einem Unternehmen die relevanten Prozesse identifiziert und selektiert werden, die einer weiteren Betrachtung unterzogen werden sollen.

Prozesse, die viele Ressourcen binden, einen großen Beitrag zur Wertschöpfung leisten oder hohe Kosten verursachen, sollten einer weiteren Untersuchung unterzogen werden. Prozesse, die nur selten bzw. gar nur einmalig durchgeführt werden oder die sehr komplex sind, werden nicht in einem ersten Anlauf analysiert. Die nach den Kriterien ausgewählten Prozesse werden beschrieben und hinsichtlich der Zielstellung untersucht. Grafische Methoden können hier einen schnellen Überblick verschaffen. Prozesse, die Zyklen enthalten, weisen auf einen hohen Umstrukturierungsbedarf hin. Die Durchlaufzeit der Prozesse hängt stark von den durchlaufenen Organisationseinheiten ab. Wird eine Organisationseinheit mehrmals angesprochen, liegt ein Zyklus vor, der durch eine andere Tätigkeitsfolge oder durch Zusammenfassungen von Tätigkeiten aufgelöst werden kann. Ein Prozess bestehe z. B. aus den Schritten *A*, *B*, *C* und *D*. Falls ein Disponent für die Schritte *A* und *C* zuständig ist, muss der mit dem Prozess zusammenhängende Auftrag zweimal auf die Zuteilung des Disponenten warten. Der Disponent wird nur ein einziges Mal benötigt, wenn der Schritt *C* vorgezogen wird. Vergleichbar mit den Fertigungsaufträgen setzt sich die Durchlaufzeit von Geschäftsprozessen aus Bearbeitungs-, Transport- und ablaufbedingten Wartezeiten zusammen. Ablaufbedingte Wartezeiten treten immer bei der Anforderung einer Ressource auf. Daher muss das Ziel einer Geschäftsprozessverbesserung sein, die Anzahl der Ressourcenanforderungen zu minimieren.

Das Reengineering von Geschäftsprozessen erfordert die Möglichkeit, die Durchlaufzeiten von Prozessen zu ermitteln. Ähnliches wird von Simulationen gefordert, wobei bei der Geschäftsprozessanalyse in der Regel von Durchschnittswerten und bei Simulationsstudien von tatsächlichen Begebenheiten ausgegangen wird. In einer Simulationsstudie hängt z. B. die Wartezeit eines Auftrags vor einer Maschine von der eigenen Priorität und den anderen wartenden Aufträgen ab. Weiterhin dienen Simulationsstudien zur Dimensionierung von Kapazitäten, der Festlegung von Prioritäten und der Mengenbestimmung. Für diese Arten der Fragestellungen ist eine weitaus detailliertere Modellierung notwendig. Als Quintessenz lässt sich festhalten, dass ein Simulationsmodell ein verfeinertes Geschäftsprozessmodell ist. Daher ist es sinnvoll ein Geschäftsprozessmodell als Basis für Simulationsstudien zu wählen. Das Simulationsmodell erscheint transparenter und ein großer Schritt in Richtung Modellerstellung ist bereits geleistet, da, wie oben bereits erwähnt, die Geschäftsprozessmodelle in vielen Unternehmen bereits vorliegen. Diese Modelle können dann in die Objektdatenbank transferiert werden und in einem zweiten Schritt um simulationsspezifische Besonderheiten bzw. Erfordernisse ergänzt werden. Dies wird genau der Inhalt der nächsten Abschnitte sein. Darüber hinaus wird gezeigt, dass die Elemente der Geschäftsprozessmodellierung sich in einem Simulationsmodell mit erweiterter Bedeutung wieder finden.

7.3.2 Erstellung eines Simulationsmodells aus der Prozessbeschreibung

7.3.2.1 Überblick

Die Elemente der Geschäftsprozessmodellierung sind die Daten, die Organisationseinheiten, und die Aufgaben, einschließlich deren Abfolge. Eine wichtige Erkenntnis aus Abschnitt 7.2 war die Einheit von Organisationseinheit und Ressource. Frühe Simulationssysteme beruhten in der Regel auf der Modellierung von Bedienstationen[18]. Maschinen wurden von Aufträgen belegt, die Simulationszeit um die Bearbeitungszeit erhöht und die Maschine wieder freigegeben. Die Zeitfortschreibung erfolgte ereignis- oder aktivitätsorientiert[19]. Zunächst standen für die Modellierung nur ereignisorientierte Werkzeuge zur Verfügung. Später konnte der Modellierungskomfort durch prozessorientierte Sprachen erhöht werden. Parallel dazu wurden blockorientierte Simulationssprachen entwickelt[20], die für Standardanwendungen eine leichte Modellierung ermöglichten. Dem Anwender wurden Simulationsbausteine bereitgestellt, die nur noch parametrisiert werden brauchten. Für komplexe Anwendungen reichten die Bausteine oft nicht aus und mussten dann durch komplizierte Skriptsprachen ergänzt werden.

Seit den neunziger Jahren haben sich objektorientierte Simulationssysteme in vielen Bereichen durchgesetzt, weil sie eine realitätsnahe Modellentwicklung erlauben[21]. Eine zeitgleiche Entwicklung bedeutete die datengetriebene Simula-

[18] Vgl. **Witte, Th.:** Simulationstheorie und ihre Anwendung auf betriebliche Systeme, Wiesbaden 1973, **Franta, W. R.:** The process View of Simulation, New York 1977, **Law, A. M., Kelton, W. D.:** Simulation Modeling and Analysis, New York et al. 1982 und **Pritsker, A. A. B.:** Introduction to Simulation and SLAM II, 3. Aufl., 1986.

[19] Vgl. **Witte, Th., Claus, T., Helling, K.:** Simulation von Produktionssystemen mit SLAM, Bonn 1994, S. 18ff.

[20] Vgl. **Haarmann, C.:** Kosteninformationen durch Simulation, Frankfurt a. M 1994.

[21] Vgl. **Witte, Th**.: Object Oriented Simulation and relational Databases, in: Modeling and Simulation, hrsg. v. Schmidt, B., Ghent 1990, S. 70 -74 und **Brockhage, J.:** Produktionsplanung und –steuerung in einer Großreparaturwerkstatt mit objektorientierter datengetriebener Simulation, Frankfurt a. M. 1993

tion[22], die durch den konsequenten Rückgriff auf bereits im Unternehmen gespeicherte Informationen bei der Modellerstellung gekennzeichnet ist. Ende der Neunziger Jahre wurde bei vielen Systemen der Zusammenhang zwischen Geschäftsprozessen und Simulationsansätzen ausgenutzt, um den Aufwand bei der Modellerstellung erheblich zu reduzieren[23]. Auf diesen Entwicklungen setzt das in dieser Arbeit vorgestellte Simulationskonzept auf. Es lässt sich mit den Attributen:

- ereignisorientiert,
- prozessorientiert,
- datengetrieben,
- objektorientiert und
- geschäftsprozessorientiert

charakterisieren. Geschäftsprozesse dienen als Basis für die Modellerstellung, dabei wird das Prozessmodell in ein objektorientiertes Simulationsmodell übertragen. Während eines Simulationslaufes werden die in einer Datenbank gespeicherten Informationen verarbeitet. Das Simulationsmodell selbst enthält nur ein grobes Raster, wie bestimmte Tätigkeiten ablaufen. Dieses Raster wird mit Hilfe der Daten parametrisiert. Es wird z. B. nur festgelegt, wie ein Arbeitsgang abzuarbeiten ist. Die Informationen über die Maschinen, das verwendete Material und die benötigten Zeiten werden über die Datenbank in das System geladen[24]. Die Zeitfortschreibung greift auf ereignisorientierte Konzepte zurück. Zur zeitlichen und inhaltlichen Koordination von Teilaufgaben dienen prozessorientierte Konzepte, wie Semaphore.

7.3.2.2 Objektorientierung

In Simulationsmodellen wird ein Systemzustand in Form von Variablen abgebildet[25]. Objektorientierte[26] Simulationsmodelle fassen diese Variable zu Objek-

---

[22] Vgl. **Lindner, K.-U.**: Datengetriebene Simulation in der Fertigung, Frankfurt a. M. 1994 und

[23] Vgl. **Claus, T.**: Modellierung von Geschäftsprozessen mit OooSim, in: Proceedings zum 6. Symposium: Simulation als betriebliche Entscheidungshilfe: Neuere Werkzeuge und Anwendungen aus der Praxis, hrsg. v. Biethahn, J., Göttingen 2000, S. 3 -14.

[24] Vgl. **Claus, T.**: The Simulation of the Organizing Process, in: Proceedings 7th European Simulation Symposium 95, hrsg. v. Cin, M.-D., Herzog, U., Bolch, G. et al., Istanbul 1995, S. 753 - 756.

[25] Vgl. **Witte, Th.**: Simulation und Simulationsverfahren, in: Handwörterbuch der Betriebswirtschaft, hrsg. v. Wittmann, W. et al., 5. Aufl, Stuttgart 1993, Sp. 3837 - 3849.

ten zusammen. Objekte verstehen Nachrichten zur Veränderung der Variablen bzw. des Systemzustandes. Die Nachrichtenfolge in einem Simulationsmodell entspricht der Tätigkeitsfolge in einem Geschäftsprozess. Methoden sind die Implementation der Nachrichten. Die Abläufe innerhalb einer Methode sind wiederum prozessorientiert.

Nachdem die Eigenschaften des Simulationsmodells feststehen, kann die Übertragung des Prozessmodells erfolgen. Im Einzelnen müssen die Organisations- und Aufgabenobjekte in das Simulationsmodell übersetzt werden. Die Datenobjekte können beibehalten werden, da sie keinen aktiven Part übernehmen. Das hier vorgestellte Simulationskonzept ist eine konsequente Weiterentwicklung der Ideen der Simulationssysteme GenSim[27] und OooSim[28]. Datenobjekte sind passiv[29]. Sie stellen Ihre Informationen für andere Objekte bereit. Die Änderung der Informationen wird von anderen Objekten veranlasst. Die Objekte übernehmen in dem Modell einen aktiven Part. Sie werden daher als aktive Objekte oder Simulationsobjekte bezeichnet. Ein Simulationsmodell setzt sich also aus mehreren Simulationsobjekten zusammen, die die Datenobjekte nutzen und verwalten. Hierfür wird eine persistente Klasse *Simulation* geschaffen, die als Variable neben einem Modellnamen (*id*) eine Menge zur Verwaltung der Simulationsobjekte (*simulationObjects*) erhält. Die Simulationsklasse ermöglicht auch die Zeitverwaltung und die Auswertung eines Simulationsmodells. Aufgrund der ereignisorientierten Zeitfortschreibung wird ein Ereigniskalender (*processQueue*) mit den zugehörigen Methoden implementiert. Darüber hinaus werden Listen zur Aufnahme von Trace-Läufen und Statistiken vorgehalten.

7.3.2.3 Geschäftsprozessorientierung

In einem Geschäftsprozessmodell werden die Tätigkeiten in der Verantwortung der Organisationseinheiten durchgeführt. Demnach liegt es nahe, für jede Orga-

---

[26] Vgl. **Forbig, P.**: Objektorientierte Softwareentwicklung mit UML, a. a. O.

[27] Vgl. **Claus, T.**: Genetische Simulation, in: Fortschritte in der Simulationstechnik: Simulation als betriebliche Entscheidungshilfe, Bd. 8, hrsg. v. Biethahn et. al., Braunschweig et al. 1994, S. 140 - 152.

[28] Vgl. **Witte, Th.**: Datenbankgetriebene objektorientierte Simulation - Grundkonzepte und betriebliche Anwendungen, in: Beiträge des Fachbereichs Wirtschaftswissenschaften der Universität Osnabrück, Beitrag Nr. 9615, 1996.

[29] In dem System OooSim werden Datenobjekte daher auch als passive Objekte bezeichnet.

nisationseinheit ein Simulationsobjekt zu definieren. Es wird zunächst eine abstrakte Klasse *SimulationObject* geschaffen. Bei der Übertragung der Geschäftsmodelle wird für jede Organisationseinheit eine Unterklasse der Klasse *SimulationObject* definiert. Die Verweise auf die Datenbankobjekte werden übernommen.

Simulationsobjekte stellen Ressourcen dar. Die Kapazität wird durch die Mengenangaben der Organisationsobjekte (*amount*) bestimmt. Da Ressourcen Engpässe darstellen, muss ein Simulationsobjekt eine Warteschlange (*pending*) für die Aufnahme wartender Aufträge erhalten. Darüber hinaus muss das Simulationssystem Mechanismen zur Anforderung (*acquire*) und Freigabe (*release*) der Ressource sowie eine Zeitfortschreibung (*delay*) anbieten.

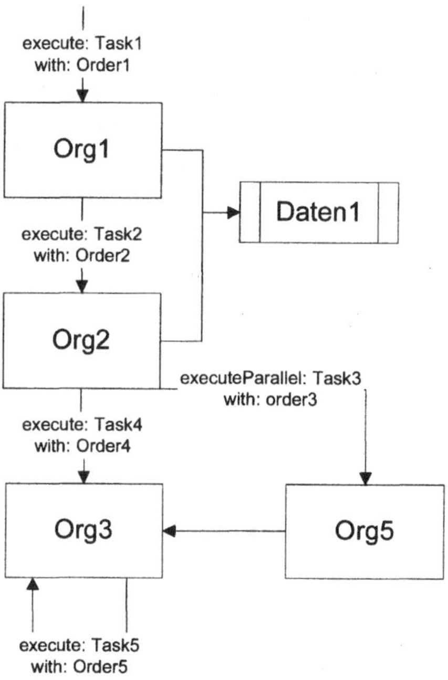

Abbildung 7.7: Überführung des Geschäftsprozessmodells in ein Simulationsmodell

Nach der Definition der Simulationsobjekte müssen die Aufgaben zugewiesen werden. Für jede Aufgabe einer Organisationseinheit wird eine Nachricht bzw. Methode beim zugehörigen Simulationsobjekt definiert. Die Abfolge der Tätigkeiten spiegelt sich in den Methoden wider. In den Methoden werden andere

Simulationsobjekte benachrichtigt, d. h., andere Organisationseinheiten werden angewiesen, Aufgaben zu erfüllen. Bevor eine Aufgabe bzw. Methode ausgeführt werden kann, muss das Simulationsobjekt exklusiv für die Ausführung zur Verfügung stehen. Zu Beginn wird also die zugehörige Ressource mit der in der Aufgabe definierten Priorität angefordert. Bei Zuweisung einer freien Kapazitätseinheit kann die Methode ausgeführt werden, wobei parallel ein Zeitverzug entsprechend der Zeitangabe der Aufgabe erfolgt. Nach Ablauf der Zeit wird die Ressource freigegeben.

Abbildung 7.7 enthält die Struktur des Simulationsmodells, das sich aus dem Geschäftsprozessmodell der Abbildung 7.5 ergibt. Die Organisationseinheiten rücken in den Mittelpunkt. Sie verteilen die Aufgaben und kontrollieren den Prozess. Dagegen dominiert die Tätigkeitsabfolge das Geschäftsprozessmodell. Die Rolle der Daten bleibt in beiden Modellansätzen nahezu unverändert. Die Methoden der Simulationsobjekte übernehmen die Restriktionen, unter denen die Tasks ausgeführt werden. In Abhängigkeit von Wahrscheinlichkeiten und Bedingungen werden andere Simulationsobjekte aktiviert. Die Methoden erhalten als Parameter die Aufgabenbeschreibung (*task*) und einen Auftrag (*order*). Die Aufgabenbeschreibungen ermöglichen den Zugriff auf die Prioritäten und Bearbeitungszeiten. Der Auftrag stellt ein allgemeines Hilfsmittel dar, um den beteiligten Simulationsobjekten weitere Informationen zu übermitteln. Er ist vergleichbar mit den Auftragspapieren, die einen Geschäftsprozess durchlaufen. Wie bereits oben erwähnt, kann jeder Geschäftsprozess als eine allgemeine Auftragsbearbeitung aufgefasst werden[30].

Der Aufbau des Simulationsmodells entspricht der klassischen Organisationstheorie. Zunächst wird eine Gesamtaufgabe in Teilaufgaben zerlegt. Hierfür werden dann Organisationseinheiten geschaffen. Konkrete Arbeitsabläufe müssen mit den bestehenden Strukturen bearbeitet werden. Bei der Geschäftsprozessorganisation ist die Vorgehensweise eine andere. Die Trennung von Funktionen und Daten wird aufgehoben. Es wird zunächst eine vernünftige Tätigkeitsfolge zur Bearbeitung einer betrieblichen Aufgabe festgelegt. Darauf aufbauend wird eine Organisationsstruktur entwickelt. Um die Organisationsstrukturen nicht zu manifestieren, ist die hier vorgeschlagene Modellierungsreihenfolge

[30] Vgl. die Ausführungen zum Workflow Management bei **Biethahn, J., Mucksch, H., Ruf, W.**: Ganzheitliches Informationsmanagement, Bd. 2: Entwicklungsmanagement, a. a. O., S. 491 ff.

angeraten, d. h., die Basis des Simulationsmodells sollte ein Geschäftsprozessmodell sein.

7.3.3 Prozessorientierung

Die vorangegangenen Ausführungen haben gezeigt, dass sich der grundsätzliche Aufbau eines Simulationsmodells aus einem Geschäftsprozessmodell ableiten lässt.

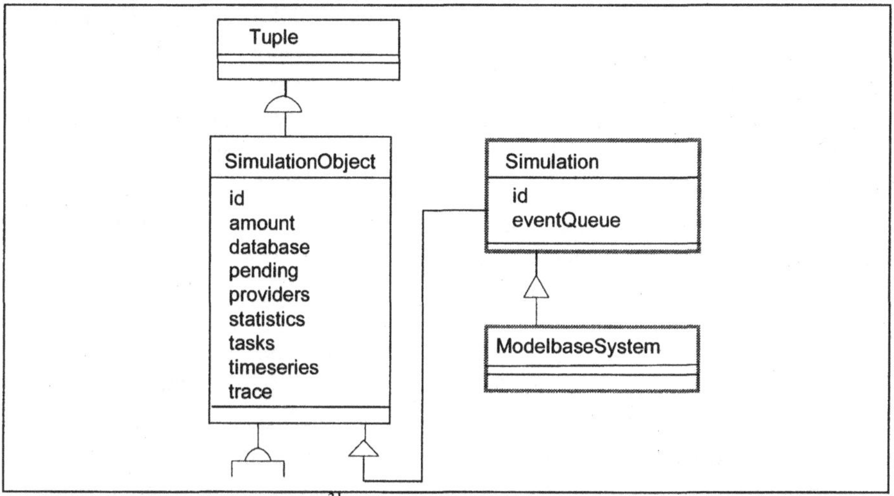

Abbildung 7.8: Simulationsmodell[31]

Abbildung 7.8 spiegelt das zugehörige Objektmodell wider. In einem *ModelbaseSystem* werden die Simulationsmodelle, d. h. Objekte der Klasse - *Simulation*, gespeichert. Diesem Modell sind mehrere Simulationsobjekte zugeordnet, die als Unterklasse der Klasse *SimulationObject* definiert werden, die wiederum die Anzeige- und Verwaltungseigenschaften von der Klasse *Tuple* erben. Das Attribut *amount* gibt die Kapazität und *pending* die Warteschlange bezüglich der Ressourceneigenschaft an. In der Variable *database* sind die Zugriffe auf die Datenobjekte gespeichert. Die vier letzten Attribute dienen zur Auswertung einer Simulationsstudie.

[31] Vgl. **Claus, T.**: Geschäftsprozeß-Simulation - Die Modellierung von zeitverbrauchenden Aufgaben, in: Simulation als betriebliche Entscheidungshilfe, hrsg. v. Biethahn, J., Hummeltenberg, W., Schmidt, B. et al., Heidelberg 1999, S. 126 - 148.

Eine besondere Bedeutung fällt der Variable *providers* zu. Im Rahmen der Geschäftsprozessmodellierung ist auf die hierarchische Beziehungen zwischen den Organisationseinheiten hingewiesen worden[32]. Da die Tätigkeitsfolge in den Methoden implementiert worden ist, kann eine Vernetzung der Organisationsstrukturen entfallen. Falls ein Vorgesetzter seinem Mitarbeiter einen Auftrag erteilen möchte, enthält eine Methode die entsprechende Anweisung. Auf der untersten Organisationshierarchie befinden sich nur bedienende Organisationseinheiten. Sie verteilen keine Aufgaben, sie führen nur erteilte Anweisungen aus. Reine Bediener werden auf die Ressourceneigenschaft von Organisationseinheiten reduziert. Die Aktionsmöglichkeiten beschränken sich auf Kapazitätsanforderungen und -freigaben. Solche bedienende Elemente sind Maschinen- und Materialverwaltungen. In einem Unternehmen existieren sehr viele Maschinen und Materialarten, so dass es unsinnig ist, für jede Verwaltung ein Simulationsobjekt zu generieren. Aus diesem Grund können Organisationseinheiten über das Attribut *providers* Elemente mitgeteilt werden, für die einfache Bediener erzeugt werden. Der Zugriff erfolgt ausschließlich über diese Organisationseinheit. So kann z. B. ein Werkstattdisponent für alle Maschinen und ein Lagerdisponent für alle Materialarten zuständig sein.

Der höhere Detaillierungsgrad von Simulations- gegenüber Geschäftsprozessmodellen wird durch die Vervollständigung der generierten Methoden erreicht. Abbildung 7.9 enthält zwei Methoden *erledigeAuftrag* und *ausfuehreArbeitsplan* einer Klasse *WerkstattDisponent*. Die Methodennamen ergeben sich aus den Aufgabenbeschreibungen, wobei jede Methode grundsätzlich mit einem Parameter *auftrag* bzw. *order* aufgerufen wird, mit dem Auftragsinformationen weitergegeben werden. Fett gedruckte Zeilen sind dem Programmcode vom Anwender hinzugefügt worden. Als Programmiersprache wurde SMALLTALK[33] verwendet. Die erste Methode verteilt nacheinander die Aufgaben *Artikel_bereitstellen*, *Arbeitsplan_ausführen* und *Auftragsbearbeitung_beenden*, wobei der Werkstatt-

---

[32] Vgl. auch **Witte, Th.**: Geschäftsprozeß-Simulation – Simulationsobjekte und Organisationseinheiten, in: Biethahn, J. (Hrsg.): Proceedings zum 6. Symposium: Simulation als betriebliche Entscheidungshilfe, Göttingen 1997, S. 3 - 14.

[33] Vgl. **Goldberg, A., Robson, D.**: SMALLTALK-80, The Language, Reading, Massachusetts, 1989. Die Standardprogrammiersprache ist um simulationsspezifische Sprachelemente ergänzt worden. Eine detaillierte Beschreibung findet sich bei **Claus, T.**: Objektorientierte Simulation und Genetische Algorithmen zur Produktionsplanung und -steuerung, a. a. O., S. 107 ff. und **Witte, Th, Claus, T.**: GESCHÄFTSPROZESS-SIMULATION, in: Beiträge des Fachbereichs Wirtschaftswissenschaften der Universität Osnabrück, Beitrag Nr. 9702, Osnabrück 1997.

disponent die Aufgaben selbst ausführt. Die Methode *ausfuehreArbeitsplan* arbeitet sequentiell die Arbeitsgänge eines Arbeitsplanes ab. Der Auftrag enthält die Informationen über den zu fertigenden Artikel, die Auftragsmenge und den zugehörigen Arbeitsplan. Jeder Arbeitsgang informiert über die benötigte Maschine und die Bearbeitungszeit. Zunächst wird mit Hilfe der Nachricht *object* die zur Maschine gehörende Organisationseinheit gesucht. Anschließend wird versucht, eine Einheit der Ressource zu belegen. Die Belegungszeit der Maschine setzt sich aus der Bearbeitungszeit pro Stück multipliziert mit der Auftragsmenge zusammen. Zum Ende wird eine Kapazitätseinheit der Maschine wieder freigegeben.

```
CLASS:    WerkstattDisponent

METHODS
erledigeAuftrag: auftrag
     self executeTask: 'bereitstelleArtikel' with: auftrag
     self executeTask: 'ausfuehreArbeitsplan' with: auftrag
     self executeTask: 'beendeAuftrag' with: auftrag


ausfuehreArbeitsplan: auftrag
     auftrag artikel arbeitsplan do: [:arbeitsgang |
          maschine:= self object: arbeitsgang maschine.
          maschine acquire: 1
          self delay: arbeitsgang zeit * auftrag menge.
          maschine release]
```

Abbildung 7.9: Ergänzung eines Simulationsmodells

Die hier gezeigte Methode macht noch einmal die Unterschiede zwischen einem Simulationsmodell und der Geschäftsprozesssimulation deutlich. Für die Ausführungszeit des Arbeitsplanes wird kein deterministischer oder stochastischer Wert unterstellt. Die Zeit hängt vielmehr von der Anzahl vor der Maschine wartenden Aufträgen ab. Eine realitätskonforme Modellierung aller Elemente, wie Aufträge, Maschinen und Artikel, ist notwendig, um der Produktionsplanung Empfehlungen zu geben.

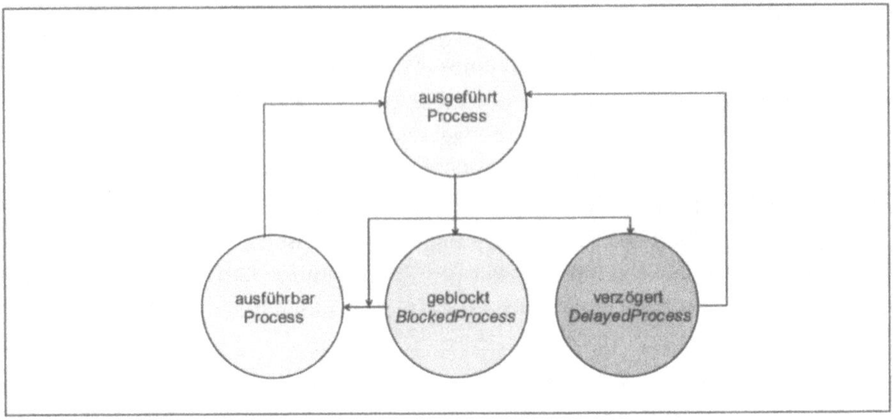

Abbildung 7.10: Prozessstatus

Im Folgenden soll das der Simulation zu Grunde liegende Prozesskonzept näher erläutert werden[34]. Alle am Simulationsmodell beteiligten Simulationsobjekte sind mit einer Tätigkeit beschäftigt, wobei das Warten auf eine Aufgabe auch als Tätigkeit angesehen werden kann. Für die Ausführung einer Tätigkeit wird ein Prozess definiert. Die Verwendung des Schlüsselwortes *parallel* bei der Geschäftsprozessbeschreibung erzeugt während der Simulation einen neuen Prozess, der parallel zum alten Prozess abläuft. Da das Simulationssystem in der Regel auf einem Ein-Prozessorsystem abläuft, muss ein Mechanismus gefunden werden, der in der Realität gleichzeitig stattfindende Prozesse im Rechner sequentiell abarbeitet. Zunächst kann jedem Prozess ein Status zugeordnet werden. Abbildung 7.10 gibt die unterschiedlichen Status-Möglichkeiten und deren Übergänge an. Der Prozess, der aktuell ausgeführt wird, erhält den Status *ausgeführt*. Alle Prozesse, die grundsätzlich ausgeführt werden könnten, erhalten den Modus *ausführbar*. Das Betriebssystem stellt eine Warteschlange zur Verfügung, in der diese Prozesse verwaltet werden können[35]. Wenn ein Prozess für einen Zeitraum unterbrochen werden soll, wie z. B. bei der Bearbeitung einer Maschine, erhält er den Status *delayed*. Hier setzt die Zeitverwaltung der ereignisorientierten Simulation ein. Der mit Hilfe eines Semaphors gestoppte Prozess wird in den Ereigniskalender (*processQueue*) der Klasse *Simulation* eingestellt. Falls die Simulationszeit entsprechend fortgeschritten ist, kann der Prozess wie-

[34] Vgl. **Franta, W. R.**: The process View of Simulation, New York 1977.

[35] SMALLTALK, insbesondere VISUALWORKS sieht eine Klasse Processor für die Prozessverwaltung vor. Die Variable *activeProcess* gibt den geraden aktiven Prozess an. Die Liste *quiescentProcessLists* enthält alle ausführbaren Prozesse.

der aktiviert werden. Auch wenn eine bestimmte Ressource nicht zur Verfügung steht, muss der Prozess unterbrochen bzw. mit Hilfe eines Semaphors gestoppt werden.

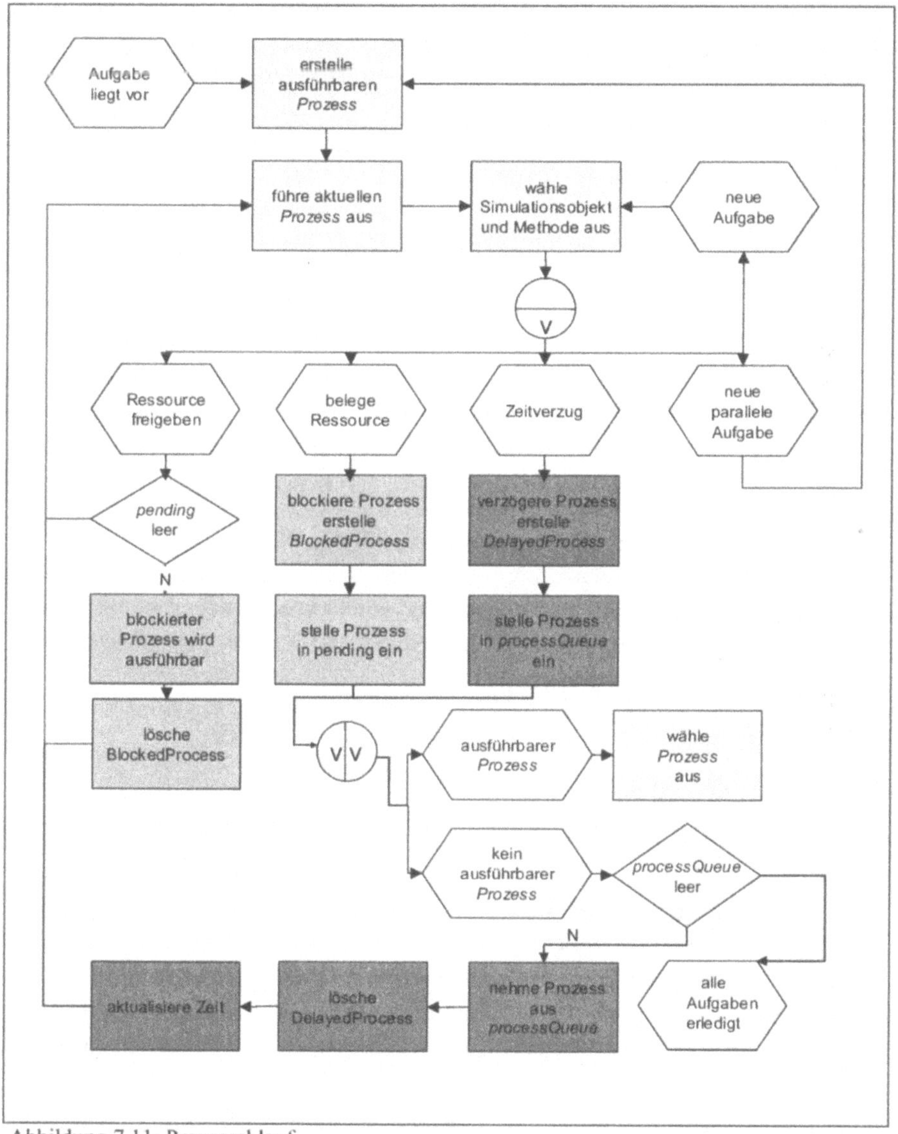

Abbildung 7.11: Prozessablauf

Zu Beginn der Unterbrechung kann noch nicht abgeschätzt werden, wann der Prozess fortgesetzt werden kann. Immer wenn eine Ressourceneinheit freigegeben wird, muss eine entsprechende Überprüfung stattfinden. Der Prozess erhält den Status *blocked*. Weil diese Prozesse auf die Freigabe einer bestimmten Ressource warten, werden sie auch dezentral verwaltet. Hierfür ist die Warteschlange (*pending*) der Simulationsobjekte vorgesehen. Der beschriebene Statuswechsel während eines Simulationslaufes wird in Abbildung 7.11 in Form eines EPKs dargestellt. Die Grauabstufungen der Funktionen beziehen sich auf den Prozessmodus aus Abbildung 7.10.

Grundsätzlich muss zwischen inhaltlichen und technischen Prozessen unterschieden werden. Ein inhaltlicher Prozess bezieht sich auf eine Abfolge von Tätigkeiten zur Lösung einer betrieblichen Aufgabe. Technische Prozesse erlauben die sequentielle Abarbeitung von in der Realität zeitgleichen Vorgängen. Die prozessorientierte Simulation bildet die inhaltlichen Prozesse mit Hilfe technischer Prozesse ab, so dass die gesamte Funktionalität eines Betriebssystems für die Modellierung und die Ausführung von Simulationsexperimenten zur Verfügung steht.

In diesem Abschnitt lag der Fokus auf der Prozessorientierung. Es ist wenig über den prinzipiellen Ablauf der Simulation, insbesondere der Konzepte zur Zeitfortschreibung, diskutiert worden. Hier unterscheidet sich das diskutierte Konzept aber nicht wesentlich von anderen in der Literatur erläuterten Ansätzen[36].

7.4 Verbesserungsmodul

Über die Verbesserung von Geschäftsprozessen ist schon gesprochen worden. Durch eine Neustrukturierung[37] der einzelnen Tätigkeiten, können Zyklen erkannt, die Kosten gesenkt, die Qualität gesteigert und die Durchlaufzeiten reduziert werden. Eine übersichtliche Darstellung und Dokumentation der Prozesse führt hier schon häufig zu einem brauchbaren Ergebnis. Eine Simulation auf Basis der Beschreibungen der Geschäftsprozesse kann die Vorteilhaftigkeit einer neuen Struktur gegenüber der alten fundiert belegen. Genauere Untersuchungen

---

[36] Vgl. **Law, A. M., Kelton, W. D.**: Simulation Modeling and Analysis, a. a. O., S. 7 ff.

[37] Vgl. **Hohmann, P.**: Geschäftsprozesse und integrierte Anwendungssysteme, Köln 1999 und **Töpfer, A.**: Geschäftsprozesse: analysiert & optimiert, Berlin 1996.

sind oft nicht notwendig. Gute Lösungen werden durch Erfahrung der beteiligten Organisationseinheiten und nicht durch hoch komplexe Optimierungsverfahren gefunden. Auf der Ebene der Simulationsmodelle sieht die Sache anders aus.

Simulationsmodelle hängen in der Regel von einer Vielzahl von Parametern ab. Im Rahmen von umfangreichen Simulationsstudien wird versucht, die Parameter derart zu besetzen, dass das System hinsichtlich der produktionswirtschaftlichen Zielstellung verbessert wird. Als erster Schritt muss die genaue Zielstellung und geeignete Kennzahlen vereinbart werden. Später wird ein detaillierter Experimentierplan[38] erarbeitet. Er legt fest, welche Parameter in den einzelnen Simulationsläufen verändert werden. Insgesamt ein sehr mühsames Geschäft. Der Lösungsraum ist sehr groß und es ist kaum möglich, alle sinnvollen Parameterkombinationen manuell auszutesten. Schon frühzeitig ist die Idee geboren, Simulationsmodelle mit Optimierungsalgorithmen zu kombinieren[39]. Meistens handelt es sich um sehr allgemein aufgestellte Suchverfahren. Beginnend bei einer reinen zufallsgesteuerten Suche, bis zu evolutionären Algorithmen, neuronalen Netzen oder Simulated Annealing-Ansätzen[40]. Für spezielle mit Simulationsansätzen untersuchte Probleme existieren teilweise zuverlässige Lösungsmethoden, wie das Gradientenverfahren. Da das Planungsinstrument Simulation aber sehr breit eingesetzt werden kann, muss ein Instrument gefunden werden, das nicht auf die Struktur des Planungsproblems zurückgreift.

---

[38] Vgl. **Witte, Th., Claus, T., Helling, K.**: Simulation von Produktionssystemen mit SLAM, a. a. O., S. 218 ff.

[39] Vgl. **Witte, Th.**: Simulationstheorie und ihre Anwendung auf betriebliche Systeme, a. a. O., **Davis, L.**: Genetic Algorithms and Simulated Annealing, London 1987 und **Biethahn J., Lackner, A., Range, M.**: Optimierung und Simulation, München et al. 2004.

[40] Vgl. **Davis, L.**: Genetic Algorithms and Simulated Annealing, London 1987.

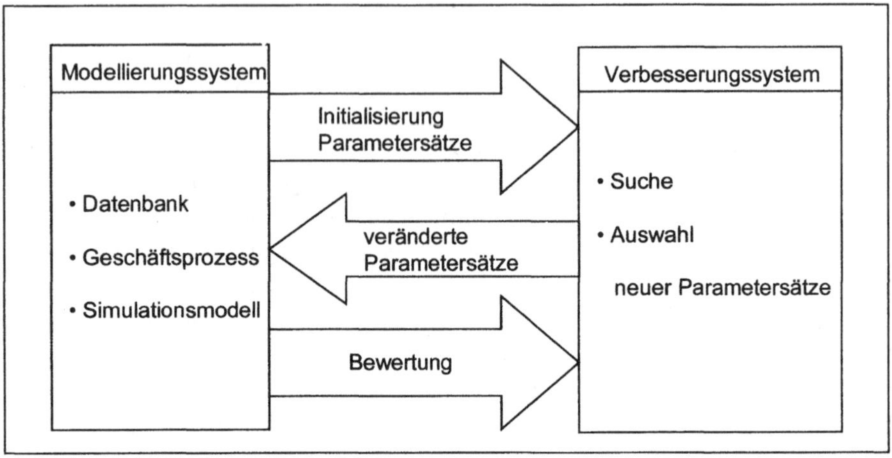

Abbildung 7.12: Verbesserungsmodul

Abbildung 7.12 stellt eine Kombination aus einem Modellierungs- und einem Verbesserungssystem vor. Im Modellierungssystem erfolgt die Abbildung der Realität in Datenbanken, Geschäftsprozessen und Simulationsmodellen. Die Modelle hängen von nicht genau spezifizierten Parametern ab. Die zu Parametersätzen oder -mengen zusammengefassten Parameter dienen zur Initialisierung des Verbesserungssystems. Es wird eine Schablone angelegt, die die Struktur von möglichen Lösungen vorgibt. Ein konkreter Parametersatz füllt eine derartige Schablone. Mit Hilfe des Simulationsmodells werden nun Kennzahlen erzeugt, die eine Aussage über die Güte eines Parametersatzes erlauben. Das Verbesserungssystem arbeitet mit mehreren Parametersätzen. Es erzeugt auf Basis der vorhandenen Parametersätze neue. Auf Basis der Gütebeurteilung werden Parametersätze verworfen. Ein eindimensionales Zielkriterium vereinfacht die Beurteilung der Güte. Bei mehrdimensionalen Zielen kann nur im Falle der Dominanz ein eindeutiges Urteil gefällt werden. Das Ende der Parametersuche kann durch das Überschreiten der Suchzeit oder dem Erreichen einer bestimmten Güte herbeigeführt werden. Dem Anwender können dann die vorhandenen Lösungen mit ihren Beurteilungen dargelegt werden. Bei eindimensionalen Zielgrößen wird es nur ein Parametersatz sein, sonst mehrere.

Ein derartiges Verbesserungsmodul kann relativ effizient auf Basis von Genetischen Algorithmen[41] realisiert werden. Dabei werden neue Parametersätze durch

[41] Vgl. **Darwin, C.**: On the origin of species by Means of Natural Selection, London 1859, **Holland, J. H.**: Adaption in natural and artificial systems, Ann Arbor 1975, **Goldberg, D.**

Rekombination und Mutation erzeugt. Für die Auswahl der Väter und Mütter stehen zahlreiche Algorithmen zur Verfügung, die die Güte bzw. Fitness der Parametersätze berücksichtigen[42].

In diesem Kapitel sind Konzepte erläutert worden, wie die Architektur eines Planungssystems aussehen könnte. Bevor im neunten Kapitel eine Fallstudie behandelt wird, stellt das nächste Kapitel einen Prototypen vor, der die Ideen weitestgehend umsetzt.

E.: Genetic algorithms in search, optimization and machine learning, Reading, Massachusetts, 1989, **Davis, L.**: A Genetic Algorithms Tutorial, in: Handbook of genetic Algorithms, hrsg. v. Davis, L., New York 1991, S. 1 - 101, **Koza, J. R.**: Genetic Programming, Cambridge 1992 und **Nissen, V.**: Einführung in Evolutionäre Algorithmen: Optimierung nach dem Vorbild der Evolution, Braunschweig et al. 1997.

[42] Vgl. **Nissen, V.**: Evolutionäre Algorithmen, Wiesbaden 1994, **Claus, T.**: Objektorientierte Simulation und evolutionäre Parameteroptimierung, in: Proceedings zum 5. Symposium: Simulation als betriebliche Entscheidungshilfe: Neuere Werkzeuge und Anwendungen aus der Praxis, hrsg. v. Biethahn, J., Göttingen 1995, S. 87 - 96 und **Hafner, S. (Hrsg.)**: Industrielle Anwendungen Evolutionärer Algorithmen, München et al. 1998.

8. OPA-Prototyp

8.1 Übersicht

In diesem Kapitel wird der Aufbau und die Funktionsweise des prototypischen Planungssystems OPA[1] vorgestellt. Es soll gezeigt werden, dass die diskutierten Konzepte umsetzbar sind und das Zusammenspiel der einzelnen Komponenten funktioniert.

OPA basiert auf der objektorientierten Entwicklungsumgebung VISUAL-WORKS[2]. Die Ursprünge des Systems sind auf SMALLTALK-80[3] zurückzuführen. Smalltalk ist aufgrund des durchgängigen objektorientierten Ansatzes ausgewählt worden. Der Interpreter erlaubt eine sehr effiziente und effektive Entwicklung von Prototypen. Änderungen am Programm lassen sich sehr schnell realisieren und austesten. Ein weiterer großer Vorteil ist, dass sich sehr große Datenmengen im Hauptspeicher hinterlegen lassen. Nach Verlassen des Systems werden diese Daten auf einem externen Medium gespeichert. Das Datenvolumen ist nur durch die Größe des Hauptspeichers begrenzt. Die Hauptspeichergröße gängiger PCs ist daher ausreichend. Die hier beschriebene Funktionalität ist eine zwingende Voraussetzung für die Realisierung der Objektdatenbank als Teil des Planungssystems. Alle für die Planung relevanten Daten müssen aus einem relationalen Datenbanksystem in den Hauptspeicher geladen werden[4].

Im betrieblichen Alltag ist das Planungssystem in eine Umgebung eines ERP-Systems und einer relationalen Datenbank eingebunden. Eine direkte Kommunikation zwischen dem ERP- und dem Planungssystem ist nicht notwendig. Nur wenn die Planung abgeschlossen ist, werden die verbesserten Planungsparameter dem ERP-System übermittelt. Im Einzelfall kann dies aber auch manuell erfolgen. Bei größeren Datenmengen können die Daten in die relationale Datenbank eingetragen werden. Demnach benötigt OPA kein ERP-System, aber die Anbindung an eine relationale Datenbank. VISUALWORKS verfügt über eine komfortable Schnittstelle zu dem relationalen Datenbanksystem ORACLE. Da

---

[1] Vgl. In dem 6. und 7. Kapitel bezeichnete OPA das Konzept eines Planungssystems. Der entwickelte Prototyp hat den gleichen Namen erhalten.

[2] Vgl. **N. N.**: VisualWorks – Object Reference, Cincom Systems 2001.

[3] Vgl. **Goldberg, A.**: SMALLTALK-80, The Interactive programming Environment, Reading, Massachusetts, 1984.

[4] Vgl. Abschnitt 6.2.

ORACLE einen großen Marktanteil an Datenbanken hat und alle Anforderungen erfüllt, wird in Bezug auf den Datenaustausch nur eine Verbindung zwischen OPA und ORACLE realisiert.

OPA verwendet Elemente der Simulationssysteme GenSim und OooSim[5]. Die Erweiterungen liegen in der Anbindung an eine relationale Datenbank, der Geschäftsprozessorientierung, der Modellierung und in den Anwendungsbereichen. Übernommen wurden im Kern die Zeitfortschreibungskonzepte der Simulation, die Implementierung der Genetischen Algorithmen sowie die Darstellung und Verwaltung der Objekte.

Abbildung 8.1 zeigt den OPA-Launcher, d. h. das Hauptmenü. Die Standardfunktionen von VISUALWORKS sind aus dem Launcher ausgeblendet worden. Der Menüpunkt *File* ist für das Setzen von Systemparametern, das Speichern aller Daten und den Zugriff auf alle VISUALWORKS-Funktionen vorgesehen.

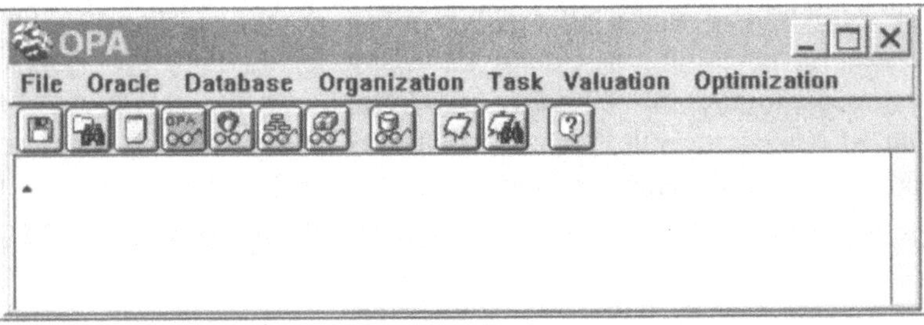

Abbildung 8.1: OPA – Launcher

Die Bezeichnung und die Reihenfolge der übrigen Hauptmenüpunkte entsprechen dem Planungskonzept. Das Menü *Oracle* ermöglicht einen direkten Zugriff auf die Daten des relationalen Datenbanksystems. OPA fungiert hier nur als Benutzerschnittstelle. Es können Daten innerhalb von ORACLE verändert werden. Eine Übernahme der Daten in das Planungssystem erfolgt nicht. In der Rubrik Database werden der Aufbau der Objektdatenbank und die Schnittstelle zu ORACLE definiert und die Objektdaten verwaltet. Unter den Menüpunkten *Organization* und *Task* können Organisationseinheiten und Aufgaben erfasst werden. Mit Hilfe des *Valuation*-Moduls lässt sich ein Simulationsmodell erzeugen und erweitern. Ebenso lassen sich Simulationsstudien durchführen. Gemäß dem Gesamtkonzept werden hier die Bewertung eines Geschäftsprozesses

[5] Vgl. Abschnitt 7.3.2.2.

und seiner Planungsparameter durchgeführt. Das letzte Modul dient zur Suche einer guten Lösung.

Im Folgenden werden die einzelnen OPA-Bestandteile näher erläutert, ohne sich zu sehr ins Detail zu verlieren. Dieses Kapitel soll kein Handbuch ersetzen, nur den prinzipiellen Ablauf erläutern und das Verständnis der Konzepte erhöhen.

8.2 Beschreibung der Geschäftsprozesse

8.2.1 Objektdatenbank

Die Modellierung der Geschäftsprozesse erstreckt sich über Daten, Organisationseinheiten und Aufgaben. Neben den Elementen müssen auch die Beziehungen zwischen ihnen festgelegt werden. Als Erstes wird der Aufbau der Datenbank beschrieben.

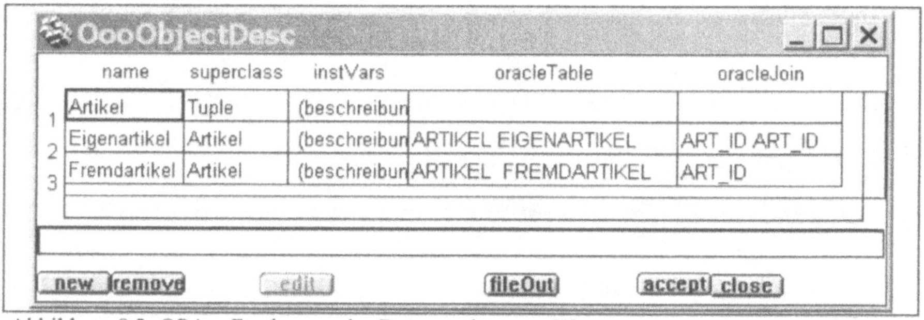

Abbildung 8.2: OPA – Festlegung der Datenstrukturen - Klassen

Bevor konkrete Datensätze angelegt werden können, müssen die Strukturen bzw. die Objektmodelle definiert werden. Eine Klasse wird zunächst durch den Namen, eine Oberklasse (*superclass*) und eine Menge von Exemplarvariablen (*instVars*) definiert (vgl. Abbildung 8.2). Für die Anbindung an die relationale Datenbank ist noch die Nennung von Tabellennamen (*oracleTable*) notwendig, die durch die angegebenen Spaltennamen (*oracleJoin*) verbunden werden können. Alle Klassenbeschreibungsparameter, die mit dem Schlüsselwort *oracle* beginnen, ergeben sich aus den im Kapitel 6 gemachten Ausführungen.

Für die Definition von Klassen und die Datenverwaltung verwendet OPA grundsätzlich eine an Spreadsheets angelehnte Methode. Auf den Entwurf von Formularen wurde weitestgehend aus Effizienzgründen verzichtet. Eine derartige Tabelle stellt den Inhalt einer Datenmenge (*setOf*) dar. In jeder Zeile steht ein Exemplar einer Klasse. Die Spaltennamen ergeben sich aus den Variablen der Klasse. Unter der Tabelle werden verschiedene Buttons zur Eingabe bereitgestellt. Falls Klassen angelegt werden, wird durch Drücken der Schaltfläche *accept* das System entsprechend erweitert. Objektorientierte Datenbanken arbeiten nicht mit Schlüsseln, sondern direkt mit den Objektadressen. Beim Aufbau der Datenbestände müssen diese Adressen eingetragen werden. Der Anwender bekommt bei der Eingabe daher immer eine Liste, aus der er das entsprechende Objekt auswählen kann. Nur die Eingabe von einfachen Datentypen, wie *Number* und *String*, erfolgt über eine Extraeingabezeile am unteren Rand der Tabelle. Das Löschen von Objekten kann weit reichende Konsequenzen haben, da nicht nur das eigentliche Objekt, sondern auch alle Verweise auf dieses Objekt gelöscht werden.

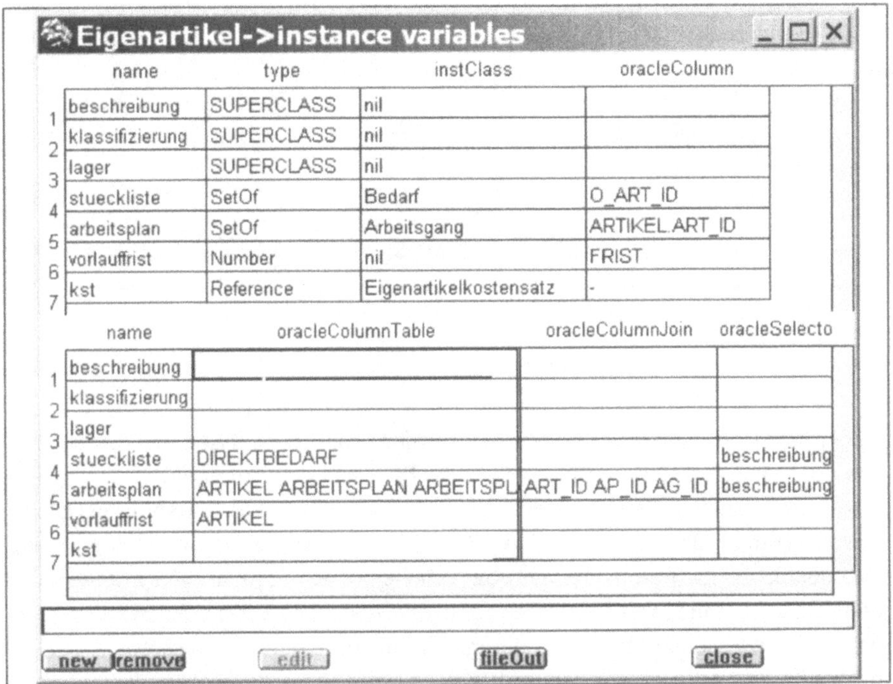

Abbildung 8.3: OPA – Festlegung der Datenstrukturen - Exemplarvariable

Die Spezifizierung der Exemplarvariablen passiert in einem weiteren Fenster (vgl. Abbildung 8.3). Jede Variable ist zunächst durch einen frei wählbaren Namen und einen Datentyp festgelegt. Einige Datentypen erfordern eine Bezugs-

klasse. Die Variable *arbeitsplan* ist z. B. eine Menge von Exemplaren der Klasse *Arbeitsgang* und die Variable *kst* verweist auf ein bereits existierendes Objekt der Klasse *Eigenartikelkostensatz*. In der Tabelle werden vollständigerweise auch die Variablen der Oberklassen aufgeführt. Der Pseudotyp *SUPERCLASS* sagt aus, dass die Datentypen an anderer Stelle festgelegt worden sind. Die Schnittstelle zum relationalen Datenbanksystem ORACLE verlangt gemäß Kapitel 6 die Nennung der Datenquellen. Die Parameter *oracleColumn*, *oracleColumnTable*, *oracleColumnJoin* und *oracleSelector* regeln die Details. Aus ihnen werden SQL-Anweisungen generiert, die den Zugriff auf ORACLE ermöglichen.

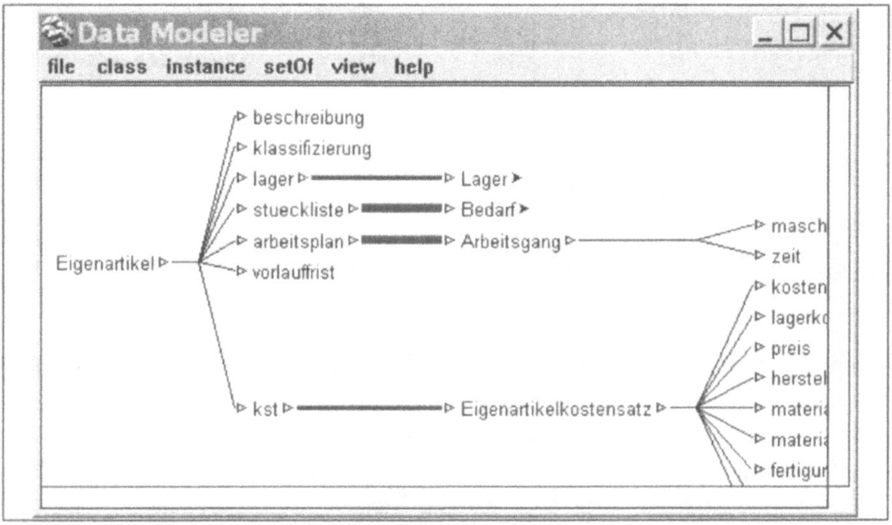

Abbildung 8.4: OPA – graphische Klassenstruktur

OPA besitzt kein grafisches Werkzeug für die Modellierung der Klassen. Eine Beschreibung ist nur über die Tabellen möglich. Da Objektmodelle im Gegensatz zu relationalen Modellen verschachtelte Strukturen haben, erscheint es für die Erhaltung des Überblicks sinnvoll, die zahlreichen Beziehungen zwischen den Objekten grafisch darzustellen. Abbildung 8.4 zeigt die Beziehungen, die von einem Objekt der Klasse *Eigenartikel* ausgehen. Zunächst sind alle Variablen aufgeführt. Ein kleines schwarz gefülltes Dreieck deutet auf eine nähere Spezifizierung hin, die bei den einfachen Datentypen, wie *Number* und *String*, entfällt. Durch Anklicken des Dreiecks wird die Beziehung zu einem anderen Objekt visualisiert. Die Verbindung wird durch eine farbige Linie dargestellt,

dabei beschreiben die Farbe und die Linienstärke den Datentyp. Die dünne farbige Linie der Variable *lager* sagt aus, dass hier ein Verweis auf ein bereits existierendes Objekt der Klasse *Lager* vorliegt. Während der Eingabe eines Eigenartikels wird dann ein Objekt aus der Datenbankmenge *Lager* ausgewählt. Die dicke rote Linie der Variable *arbeitsplan* gibt an, dass sich ein Arbeitsplan aus einer Menge von Objekten der Klasse Arbeitsgang zusammensetzt. Ein Arbeitsgang besitzt wiederum die Variablen *maschine* und *zeit*.

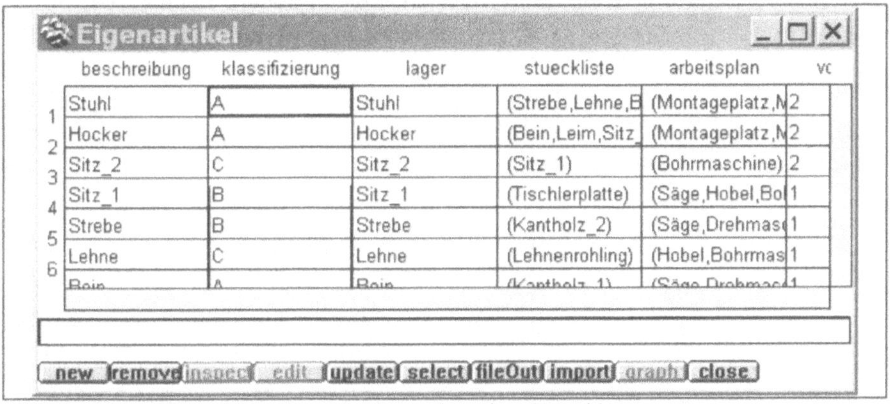

Abbildung 8.5: OPA – Verwaltung der Exemplare einer Datenklasse

Nach dem Aufbau der anwendungsbezogenen Klassenhierarchie können die Daten in die bereits bekannte Umgebung eingegeben werden (vgl. Abbildung 8.5). Durch Anklicken einer Zelle der Spalte *stueckliste* oder *arbeitsplan* und der Schaltfläche *edit* öffnet sich ein neues Fenster, in dem die Stücklisten- bzw. Arbeitsplankomponenten verwaltet werden. Diese Eingabemöglichkeit hat der Nutzer durch den Datentyp *SetOf* selbst festgelegt.

Die Schaltfläche *import* importiert die Daten aus ORACLE, wobei die Beziehungen zu anderen Objekten automatisch in OPA hergestellt werden. Die Variable *lager* ist z. B. ein Verweis auf ein Lagerobjekt. Beim Import wird nun eine entsprechende Referenz ausgewiesen, vorausgesetzt, die Lagerobjekte sind schon importiert worden. Um einen vollständigen Aufbau der Objektdatenbank zu gewährleisten, ist eine bestimmte Reihenfolge einzuhalten. Weil der Nutzer diese im Einzelfall nicht erkennen kann, steht im Hauptmenü unter *Database*

noch eine Importfunktion zur Verfügung, die alle Daten aus ORACLE gemäß den Klassendefinitionen importiert und alle Bezüge aufbaut[6].

8.2.2 Organisation

Der nächste Modellierungsschritt besteht aus der Angabe der Organisationseinheiten. Die Struktur der Organisationsobjekte wurde im siebten Kapitel erläutert. Neben dem Namen muss die Kapazitätsmenge, vergleichbar mit zugeordneten Personen, eingetragen werden. In einer Variable *database* werden alle Datenbankmengen verwaltet, auf die die Organisationseinheit Zugriff haben soll. Jede Instanz hat sozusagen eine private Sicht auf die Daten. Für das Simulationsmodell ist es häufig nötig, dass die Organisationseinheiten weitere Informationen verwalten. Dies können temporäre Daten für Planung, wie z. B. Bruttobedarfe, oder Planungsparameter sein, die nicht in der Datenbank verwaltet werden. Außerdem eröffnet dieser private Datenspeicher die Möglichkeit, bei kleinen Simulationsmodellen ohne die Datenbankkomponente zu arbeiten. Eine Variable *privatDatabase* übernimmt diese Funktion.

Ein Attribut *subOrganization* enthält alle direkt unterstellten Organisationseinheiten. Beim Aufbau der Organisationshierarchie muss also von oben nach unten vorgegangen werden. Die letzte Organisationsebene umfasst die so genannten Provider oder Bediener, die eine Sonderrolle besitzen. Aufgrund der hohen Anzahl der Einheiten auf dieser Ebene wird ein datengetriebener Modellierungsansatz gewählt. Hierzu wird eine Organisationseinheit als Stellvertreter für alle definiert. Dieser Stellvertreter wird über ein Attribut *providers* als Bediener gekennzeichnet. Zusätzlich wird aus der Datenbank eine Menge angegeben, die der Stellvertreteraufgabe dient. Eine entsprechend gekennzeichnete Organisationseinheit *Maschinenverwaltung*, die über eine Liste aller Maschinen verfügt, wäre ein Platzhalter für Organisationseinheiten, die jeweils eine Maschine steuern. Abbildung 8.6 zeigt in grafischer Form den Aufbau einer Organisationshierarchie. Der Leitung *root* sind ein Kalkulator, ein Vertriebs-, Einkaufs-, Maschinen- und Lagerdisponent unterstellt. Der Maschinendisponent hat Zugriff auf alle Maschinen und der Lagerdisponent auf alle Artikel. Der grafische Editor dient wiederum nur zur Visualisierung. Die Eingabe erfolgt über Tabellen.

---

[6] Da es nicht möglich ist, eine Reihenfolge der zu importierenden Klassen festzulegen, werden die Daten einfach zweimal importiert. Beim zweiten Durchlauf existieren alle Objekte. Doppelungen werden selbstverständlich vermieden.

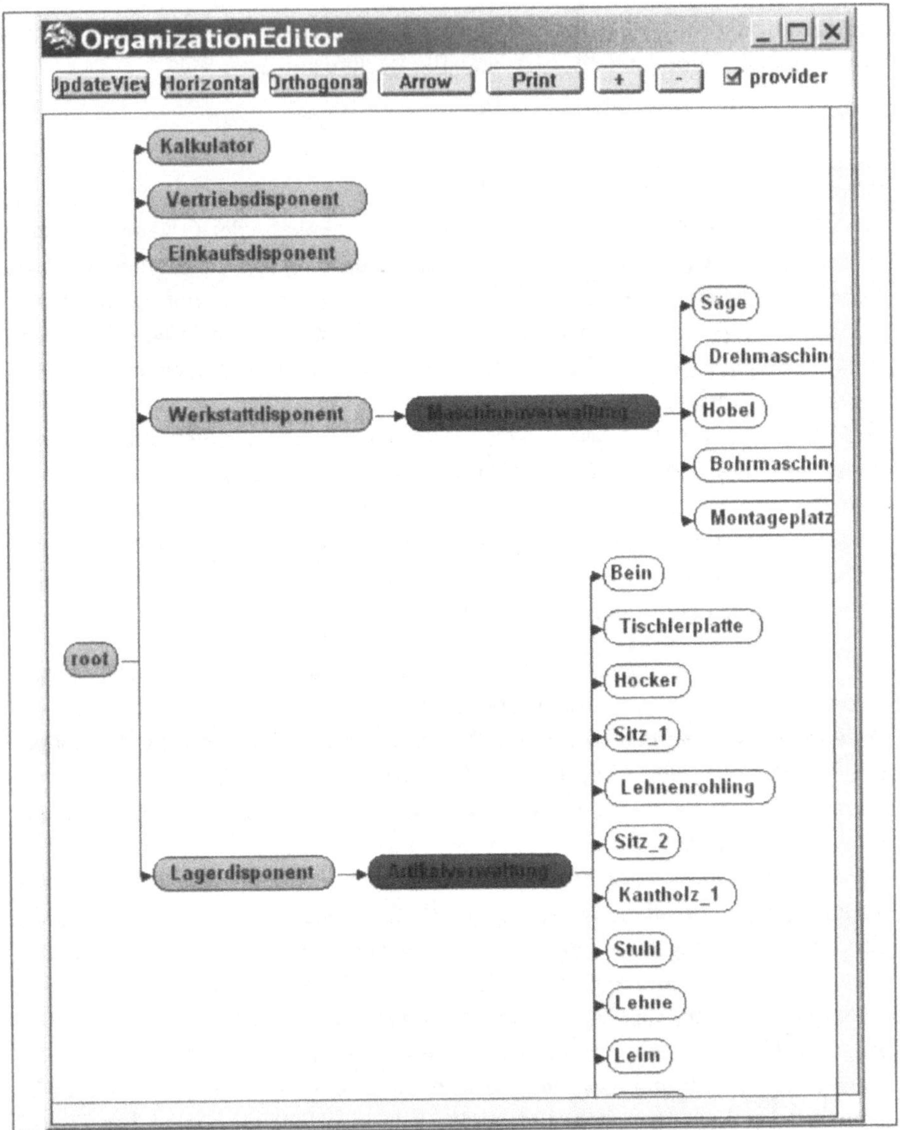

Abbildung 8.6: OPA – graphische Darstellung der Organisationsstruktur

8.2.3 Aufgaben

In der Modellierungskette erfolgt die Beschreibung der Aufgaben als dritter Schritt. Die Beschreibung orientiert sich exakt am Konzept. Die Aufgaben mit den Variablen Kennzeichnung (*id*), zugeordneter Organisationseinheit (*organization*), Zeitbedarf (*delay*) und Priorität (*priority*) werden zu Beginn definiert. Nach Beschreibung aller Teilaufgaben eines Geschäftsprozesses (vgl. Abbildung 8.7) erfolgt die Festlegung der Abfolge. Die direkten Nachfolger einer Aufgabe werden in einer Liste verwaltet (*subTasks*).

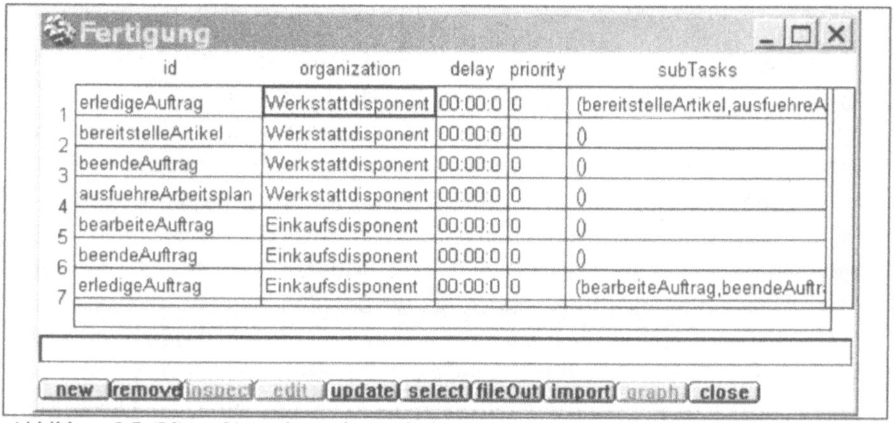

Abbildung 8.7: OPA – Verwaltung der Aufgaben

Die Einbindung der Unteraufgaben einschließlich der Restriktionen, unter denen die Unteraufgaben ablaufen, geschieht in einem gesonderten Fenster. Die Aufgaben werden in der angegebenen Reihenfolge ausgeführt. Der Parameter *parallel* ermöglicht die gleichzeitige Ausführung von Aufgaben. Falls der Parameter *waiting* zusätzlich gesetzt ist, kann die Bearbeitungsreihenfolge erst nach Abschluss dieser Task fortgesetzt werden. Der Parameter *prob* gibt die Wahrscheinlichkeit an, mit der eine Aufgabe erledigt wird. Ebenso kann die Durchführung einer Aufgabe von einer Bedingung *condition* abhängen. Falls der Parameter *collection* eine Liste von Objekten enthält, wird die Methode für jedes Objekt ausgeführt. Eine Methode *bereitstelleArtikel* könnte z. B. um eine Stückliste ergänzt werden. Im Resultat würde dann für jeden Artikel der Stückliste eine Bereitstellung erfolgen. Alle Bereitstellungsvorgänge würden parallel ablaufen. Das Setzen des Parameters *waiting* stellt sicher, dass mit der Abarbeitung der folgenden Methode erst begonnen wird, wenn alle Materialen zur Verfügung stehen.

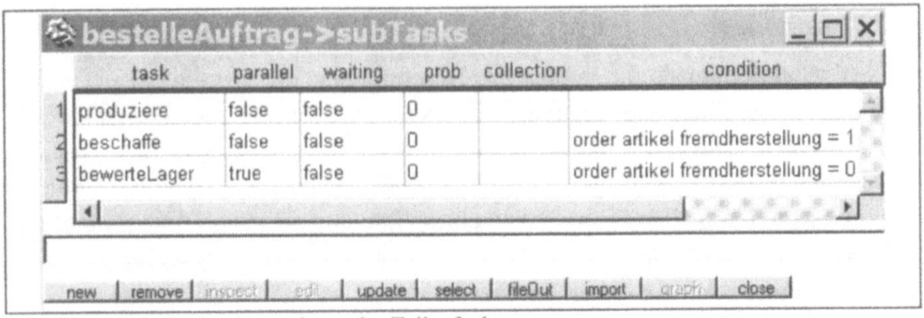

Abbildung 8.8: OPA – Verwaltung der Teilaufgaben

Für die Provider, wie z. B. der Maschinen- und Artikelverwaltung aus dem vorangegangenen Abschnitt, können keine Aufgaben definiert werden. Es stehen aber standardmäßig vier Teilaufgaben zur Verfügung: *acquire*, *delay*, *produce* und *release*. Diese Aufgaben können in die Liste der *subTasks* integriert werden. Die Aufgabe *acquire* reduziert die freien Ressourceneineinheiten eines Providers. Falls keine freien Einheiten vorhanden sind, wird der Prozess während der Simulation in eine Warteschlange eingestellt. Mit den Aufgaben *produce* und *release* können die freien Einheiten erhöht werden. Ein *delay*-Prozess verzögert die Zeit, dabei handelt es sich streng genommen um keine Aufgabe, da keine Organisationseinheit zugeordnet werden kann. Physische Vorgänge, wie das Bearbeiten eines Artikels, können durch einen *delay*-Prozess auf einem hohen Abstraktionsniveau abgebildet werden. Beispielhaft kann die Belegung einer Maschine durch die Aufgabenkombination *acquire-delay-release* modelliert werden.

Bevor OPA mit der Durchführung einer Aufgabe beginnt, muss eine Ressourceneinheit der zugehörigen Organisationseinheit verfügbar sein. Die Einheit wird entsprechend der Zeitangabe bei der Aufgabenbeschreibung belegt. Die Standardaufgaben stellen hier eine Ausnahme dar. Der Prozess *acquire* besetzt dagegen eine Ressource auf unbestimmte Zeit. Erst durch einen Prozess *release* kann die Ressource wieder freigegeben werden. Dementsprechend existieren drei Möglichkeiten eines Zeitverzuges in einem Geschäftsprozessmodell:

- Verzögerung auf bestimmte Zeit durch einen *delay*-Prozess,
- Verzögerung auf bestimmte Zeit durch eine beliebige Aufgabe und
- Verzögerung auf unbestimmte Zeit durch Anforderung einer Ressource.

8.3 Simulation

OPA fasst eine Menge von Organisationseinheiten zu einem Organisationsmodell und eine Menge von Aufgaben zu einem Aufgabenmodell zusammen. Wobei beide Modelle nicht unabhängig voneinander sind, da Aufgaben von Organisationseinheiten ausgeführt werden. Zum Aufbau eines Simulationsmodells muss ein Organisations- und ein Aufgabenmodell ausgewählt werden. Abbildung 8.9 zeigt das Koordinierungsfenster zur Modellbewertung bzw. zur Simulation. Alle drei Teilmodelle (*sim*, *org*, *task*) haben im Beispiel den Namen Fertigung. Die Schaltfläche *build* erstellt das Gerüst des Simulationsmodells. Mit Hilfe des Browsers können nun die Methoden der generierten Simulationsklassen ergänzt werden. Der Datenspeicher der Simulationsobjekte kann über die Schaltfläche *data* eingesehen werden. Eine Simulation wird mit dem Knopf *run* gestartet. Der Button *reset* setzt das Modell auf den Ursprungszustand zurück. Die dritte Schaltflächenleiste dient zur Erstellung von Ergebnisauswertungen.

Simulationsmodelle verfügen über eine Methodenbank. Für jede Simulationsklasse werden zwei Protokolle *life_cycle* und *_life_cycle* angelegt. Ein Protokoll ist eine Sammlung von Methoden. Das erst genannte Protokoll enthält alle aktiven Methoden. Dieses Protokoll ist mit einem Lebensplan oder mit aktuellen Fähigkeiten vergleichbar. Während eines Simulationslaufes werden nur Aufgaben abgearbeitet, die eine entsprechende Methode in diesem Protokoll besitzen. Teilweise müssen die Aufgaben in den Methoden sehr detailliert mit Hilfe einer Programmiersprache ergänzt werden. Da bestimmte Aufgaben der Produktionsplanung in den unterschiedlichsten Kontexten bzw. Geschäftsprozessen auftauchen können, ist es sinnvoll, einmal entwickelte Methoden in einem zweiten Protokoll *_life_cycle* vor dem Verlust bzw. vor dem Überschreiben zu sichern. Wenn der Anwender ein Simulationsmodell automatisch aus der Aufgabenbeschreibung generiert, wird in der Methodendatenbank (*_life_cycle*) nach einer entsprechenden Methode gesucht. Nur in dem Fall, dass die Suche fehlschlägt, wird eine neue Methode generiert. Die Modellentwicklung kann also durch zweimaliges Betätigen der Schaltfläche *build* nicht verloren gehen.

Die formale Schnittstelle der Methoden ist sehr leicht zu gewährleisten. Jede Methode enthält neben dem Namen einen Parameter *order* bzw. *auftrag*. Dieser Parameter enthält alle Informationen des Auftrags, der durch den Geschäftsprozess bearbeitet wird, wie z. B. den Artikel, Auftragsmengen und Termine. Letztendlich enthält dieser Auftrag alle dynamischen Informationen, über die die Organisationseinheit nicht ständig über ihre Datenbank verfügt. Es wurde bereits erwähnt, dass jede Folge von Tätigkeiten in einem Unternehmen mit einem Auftrag verbunden ist. Eine inhaltliche Kompatibilität der Methoden lässt sich nur durch eine ausreichende Dokumentation der Methoden sicherstellen. Um ein Auffinden von geeigneten Methoden zu erleichtern, ist eine Verwendung von Standardbegriffen der Produktionsplanung sinnvoll. So könnte z. B. eine Organisationseinheit *Produktionsplaner* die Methoden *materialbedarfsplanung:*, *terminplanung*: und *kapazitätsplanung*: besitzen.

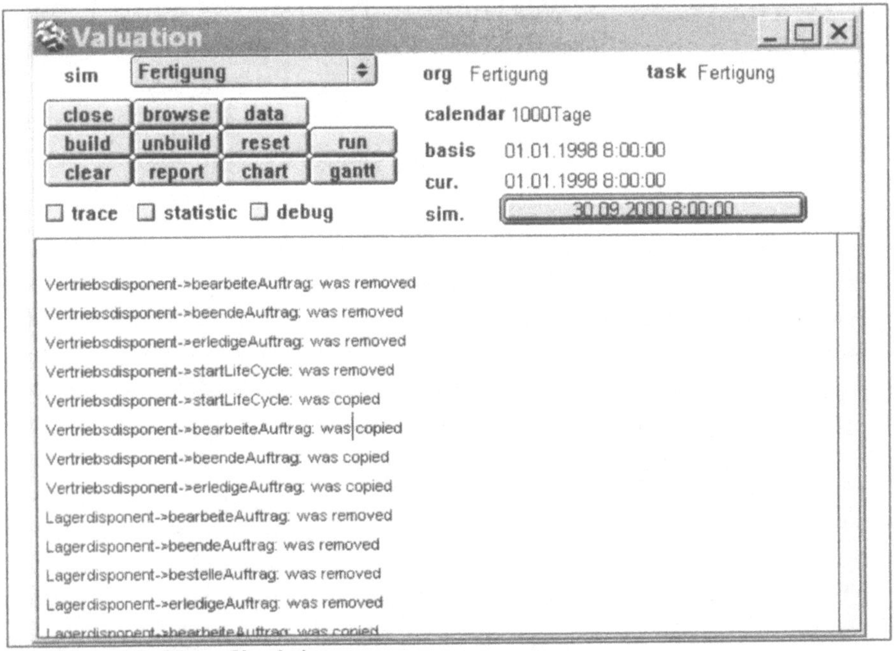

Abbildung 8.9: OPA – Simulation

Der untere Teil des Koordinierungsfensters enthält das Ablaufprotokoll der Simulation. Statistische Auswertungen und TRACE-Läufe unterstützen den Entwickler und Anwender. Beim Aufbau der Simulation wird gemeldet, ob eine Methode aus der Methodenbank geholt oder neu generiert wird. Auf diese Weise wird sichtbar, ob auf eine bereits vorhandene Methode zugegriffen wird.

Abbildung 8.10 spiegelt das Modellierungsfenster der Simulation wider. In dem viergeteilten Fenster sind ganz links alle Organisationseinheiten bzw. Simulationsobjekte zu erkennen. Über das mittlere Fenster kann ein Protokoll ausgewählt werden. Das Protokoll *life_cycle*[7] des Werkstattdisponenten enthält z. B. die Aufgaben bzw. Methoden *ausfuehreArbeitsplan:*, *bereitstelleArtikel:* und *erledigeAuftrag:*. Der untere Teil des Modellierungsfensters zeigt den Inhalt der Methode *erledigeAuftrag:*. Der Programmcode ist komplett aus der Geschäftsprozessbeschreibung erzeugt worden. Es werden drei Aufgaben aufgerufen, wobei die ersten beiden Aufgaben vom Werkstattdisponenten ausgeführt werden. Die letzte Aufgabe kann parallel zum Werkstattdisponenten vom Kalkulator getätigt werden. Eine manuelle Ergänzung der Methoden ist nicht erforderlich[8].

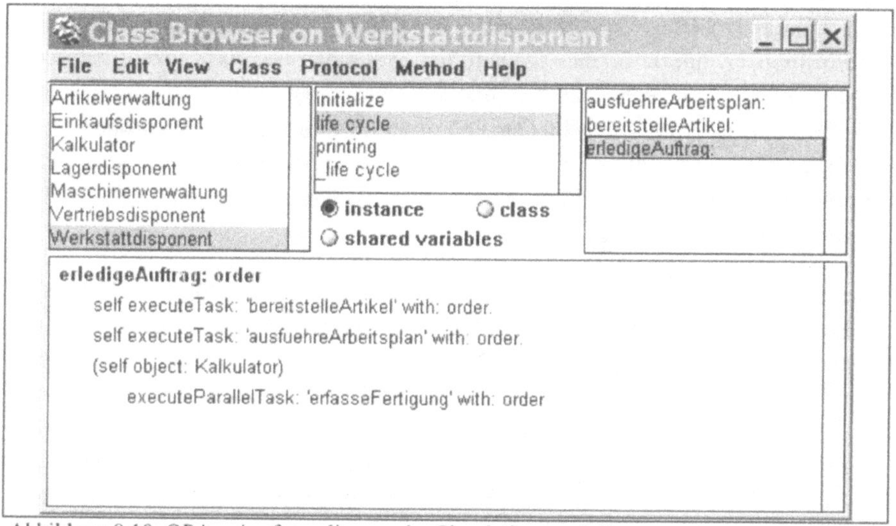

Abbildung 8.10: OPA – Ausformulierung des Simulationsmodells

Aus den Simulationsstudien sollen konkrete Handlungsempfehlungen abgeleitet werden. Daher ist es erforderlich, dass die Geschäftsprozesse zeitlich korrekt eingeordnet werden. OPA stellt hierfür Betriebskalender zur Verfügung, der ta-

7 Das Protokoll ist mit einem Lebensplan vergleichbar. Es werden alle Fähigkeiten verwaltet. Die Aktivierung kann von außen oder über ein Methode *startLifeCycle* erfolgen. Vgl. **Birtwistle, G. M.**: A System for discrete Event Modeling on SIMULA, London 1979, S. 69 und **Witte, Th, Claus, T.**: Object-oriented Simulation, in: Proceedings 7th European Simulation Symposium 95, hrsg. v. Cin, M.-D., Herzog, U., Bolch, G. et al., Istanbul 1995, S. 748 - 752.

8 Um detaillierte Aussagen durch ein Simulationsmodell zu erhalten, müssen die Methoden häufig ergänzt werden. Vgl. hierzu Abschnitt 7.3.3., beachte auch die dort angegebene Literatur zur Simulationssprache.

gesbezogen detailliert über Arbeitszeiten Auskunft erteilt. Dem Simulationsmodell muss ein derartiger Kalender zugeordnet werden.

8.4 Genetische Algorithmen

Für die Verbesserung der Modellparameter wird ein Genetischer Algorithmus eingesetzt. Die Mechanismen des Algorithmus sind Mutation, Rekombination und Selektion. Für alle drei Verfahren existieren unterschiedliche Methoden, die von mehreren Stellgrößen abhängen. Abbildung 8.11 enthält das zugehörige Kontrollfenster, mit dem eine Auswahl der Methoden und das Setzen der Parameter möglich sind. Das Simulationsmodell gibt die Parameter dem Genetischen Algorithmus vor[9], der versucht den Parametersatz im Sinne einer produktionswirtschaftlichen Zielstellung zu verändern. Dafür müssen während eines Simulationslaufes die entsprechenden Kennzahlen erfasst und an den Genetischen Algorithmus weitergeleitet werden.

Die Auswahl des Genetischen Algorithmus für die Verbesserung liegt in dessen Einfachheit der Implementierung und der möglichen Mehrdimensionalität begründet. Der Algorithmus arbeitet auf Basis mehrerer Parametersätze, so dass nicht immer eine Lösung zu Gunsten einer anderen verworfen werden muss. Mehrdimensionale Zielstellungen können auf diese Weise sehr einfach bei der Verbesserung berücksichtigt werden. Nur eindeutig dominierte Lösungen werden als schlechte Lösungen identifiziert und eliminiert. Neue Parametersätze werden durch Veränderung und Rekombination von vorhandenen Parametersätzen generiert. Hierbei spielt die Selektion der so genannten Eltern eine Rolle. Viele Selektionsverfahren, wie das Roulette-Wheel-Verfahren, erfordern eine eindeutige, d. h. eindimensionale Bewertung eines Individuums. Bei einem mehrdimensionalen Einsatz kann es also nicht eingesetzt werden. Eine Alternative besteht in der reinen zufallsgesteuerten Auswahl oder einem Roulette-Wheel-Verfahren mit wechselnder Fitnessgröße. Bei diesem Verfahren hängt die Wahrscheinlichkeit der Auswahl von der Fitness bzw. der Zielgröße ab. Da während eines Verbesserungsschritts bzw. Generationswechsels mehrere Individuen ausgewählt werden müssen, kann für jede Auswahl eine eigene Zielgröße herangezogen werden. Dieses Verfahren funktioniert nur unter der Vorausset-

[9] Zusammengehörende Parameter werden zu einem Chromosom zusammengefasst. Mehrere Chromosomen bilden ein Individuum. Eine Generation setzt sich aus mehreren Individuen zusammen. Die Güte eines Individuums wird als Fitness bezeichnet.

zung, dass die Anzahl der Zielgrößen kleiner als die Individuenanzahl ist. Auf der sicheren Seite bewegt man sich, wenn die Individuenanzahl ein Vielfaches der Zielgrößenanzahl ist.

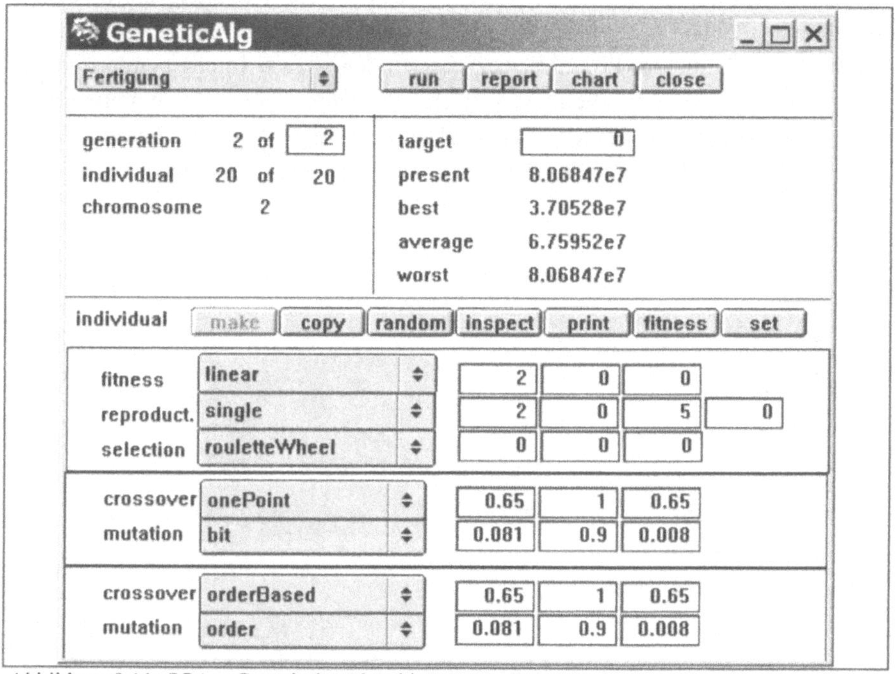

Abbildung 8.11: OPA – Genetische Algorithmen

Ein kleines Beispiel soll diesen Vorschlag verdeutlichen. Das Ziel eines Planungsproblems liege in der Minimierung der Durchlaufzeit und der Maximierung der Kapazitätsauslastung. Ein Individuum A stehe für eine Durchlaufzeit von 50 Zeiteinheiten und eine Auslastung von 100 %. Ein Individuum B stehe für eine Durchlaufzeit von 100 Zeiteinheiten und eine Auslastung von 50 %. Keine Lösung dominiert die andere. Ein modifiziertes Roulette-Wheel-Verfahren berücksichtigt die beiden Zielgrößen alternierend. Bei der 1., 3., 5., … Auswahl wird A mit einer Wahrscheinlichkeit von 66,6 % und B mit einer Wahrscheinlichkeit von 33,3 % ausgewählt. Sonst sind die Auswahlwahrscheinlichkeiten zugunsten von B verteilt.

OPA erlaubt zurzeit nur die Verwendung eindimensionaler Zielgrößen. Eine Realisierung des mehrdimensionalen Ansatzes wäre aber sehr einfach in einem objektorientierten System umzusetzen. Die Fitness dürfte nicht als Skalar, sondern als Vektor implementiert werden.

In diesem Kapitel ist der Prototyp OPA kurz vorgestellt worden, der eine sehr allgemeine Behandlung von produktionswirtschaftlichen Fragestellungen erlaubt. Teilprobleme der Produktion, zwischen denen zwar Interdependenzen bestehen, die aber isoliert voneinander behandelt werden, können nun gemeinsam, d. h. simultan, gelöst werden. Das nächste Kapitel soll einen Einblick in die Anwendungsmöglichkeiten des Ansatzes bzw. des Prototypen geben.

9. Simultanplanung mit OPA

9.1 Aufgabenstellung

In diesem Kapitel soll an einem konkreten Beispiel aufgezeigt werden, wie mit Hilfe des Planungswerkzeuges OPA Aufgaben des Produktionsmanagements auf unterschiedlichen Planungsebenen simultan gelöst werden können. Ein Tischlereibetrieb stellt in einem dreistufigen Produktionsprozess zwei Produkte her[1]. Es können Hocker mit vier oder mit drei Beinen aus Kanthölzern und Tischlerplatten hergestellt werden. Für die Produktion der Teile und Produkte stehen fünf Werkstätten zur Verfügung, die unterschiedliche Tätigkeiten ausführen: sägen, bohren, hobeln, drehen und montieren. Jede Werkstatt setzt sich aus zwei Arbeitsplätzen zusammen, wobei ein Arbeitsplatz eine Maschine und deren Bediener umfasst.

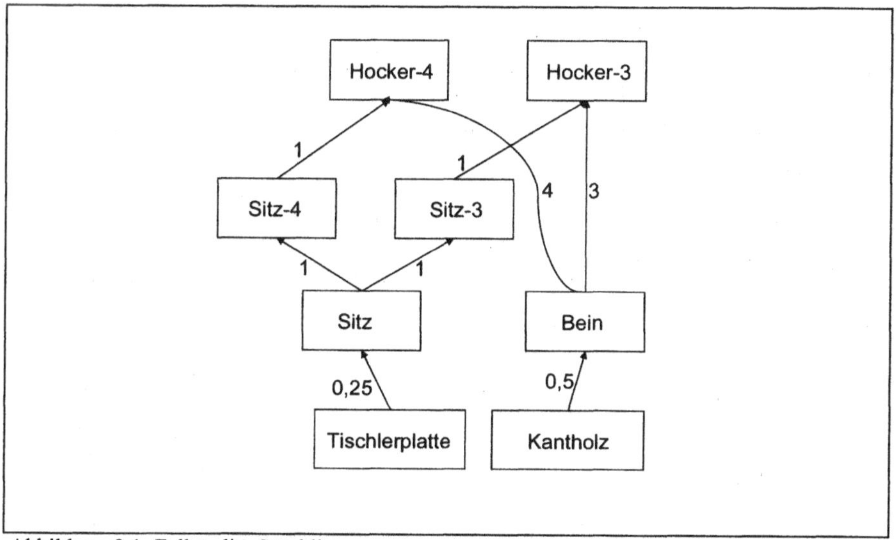

Abbildung 9.1: Fallstudie: Stücklisten

Abbildung 9.1 zeigt die verwendeten Stücklisten und Abbildung 9.2 die zugehörigen Arbeitspläne. Im Rohstofflager werden Kanthölzer und Tischlerplatten gelagert. An einer Säge werden Kanthölzer halbiert. Jede Hälfte wird an der Drehmaschine zu einem Bein transformiert und im Anschluss zwischengelagert. Aus einer Tischlerplatte können vier Sitze hergestellt werden, wofür im Sägebe-

[1] Angelehnt an **Rieper, B., Witte, Th.**: Grundwissen Produktion, 4. Aufl., a. a. O., S. 60 ff.

reich die notwendigen Schnitte durchgeführt und in der Hobelwerkstatt die Kanten abgerundet werden. Die zwischengelagerten Sitze dienen zur Fertigung der Sitze mit drei bzw. vier Löchern. In der Endmontage werden aus vier bzw. drei Beinen und dem zugehörigen Sitzteil die Endprodukte montiert.

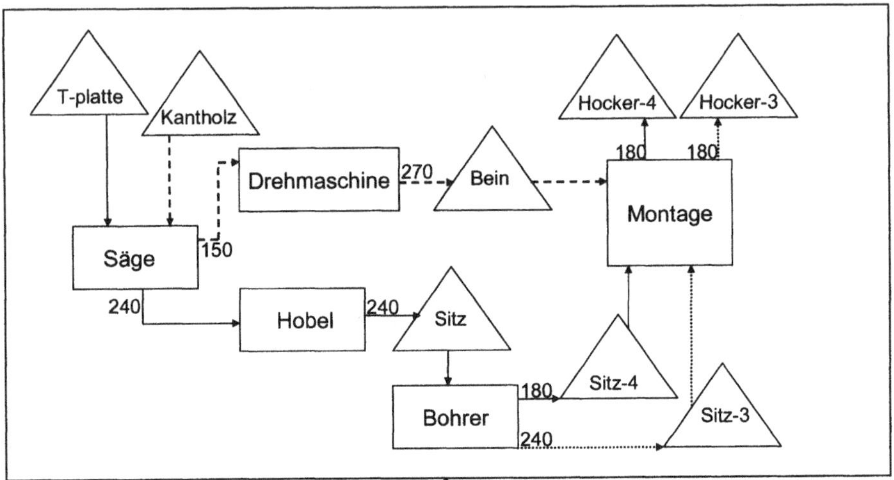

Abbildung 9.2: Fallstudie: Produktionsprozess[2]

Das Unternehmen möchte seine Produktion an einen anderen Standort verlagern. Der neue Standort soll derart aufgebaut werden, dass eine Maximierung im Sinne des produktionswirtschaftlichen Zielsystems erfolgt. Alle bereits in der Vergangenheit gefällten Entscheidungen sollen überprüft werden. Das Unternehmen ist in der guten Position, dass es über sehr zuverlässige Prognosen für den Absatz der nächsten Jahre verfügt. Daher können alle Planungsaufgaben vor dem Hintergrund dieser prognostizierten Absätze vorgenommen werden. Gemäß Kapitel 2 müssen folgende Aufgaben des Produktionsmanagements gelöst werden:

- strategische, taktische und operative Programmplanung,
- Prozessplanung, insbesondere Reihenfolge- und Auftragsgrößenplanung, sowie
- Faktorplanung.

[2] Dreiecke deuten auf Lager und Rechtecke auf Werkstätten hin. Die Zahlen an den ausgehenden Pfeilen benennen die Bearbeitungszeiten der Artikel in den vorausgehenden Werkstätten.

Im Rahmen der Programmplanung muss das Unternehmen entscheiden, ob am neuen Standort beide oder nur ein Produkt produziert werden soll. Die völlige Einstellung der Produktion ist keine Alternative, die in Erwägung gezogen wird. Es handelt sich hier um eine taktische Entscheidung, die kurzfristig nicht revidiert werden kann. Eine weitere Frage der taktischen Programmplanung ist die Festlegung der Fertigungstiefe. Auf alle Fälle soll die Montage in Eigenregie durchgeführt werden. Die Entscheidung über die Fertigung der drei Sitztypen und der Beine ist dagegen noch offen. Dem Unternehmen liegen nicht nur Einkaufspreise für die Kanthölzer und Tischlerplatten vor, sondern auch für die Sitze und Beine. Potentielle Lieferanten sind ausgemacht und stehen nicht zur Disposition.

Zum Aufgabenbereich der Faktorplanung gehört in Bezug auf die Beispielsituation die Entscheidung über die Dimensionierung der Werkstätten. Im Einzelnen muss geklärt werden, welche Werkstätten überhaupt benötigt werden und wie viele identische Arbeitsplätze in einer Werkstatt platziert werden sollen. Die Abbildungen 10.1 und 10.2 stellen demnach nur die maximale Ausbaustufe des neues Standortes dar, da bei Fremdbezug der drei- und vierbeinigen Sitze und der Beine die Stückliste zusammenschrumpft und die Fertigung nur aus der Montage besteht.

Die Entscheidung zwischen einer Lager- und Auftragsfertigung ist bereits gefallen. Aufgrund der geringfügigen Werte der Endprodukte wird nur auf Lager disponiert. Die Anpassung der Produktion an die Nachfrage passiert über Meldemengenpolitiken. Konkret wird jeder Artikel nach einer (s, q)-Politik[3] disponiert. Wobei die Auftragsgrößenplanung noch die Aufgabe hat, die Parameter zu bestimmen. Das Unternehmen möchte eine bestimmte Leistungskraft sicherstellen. So sollen mindestens 95%[4] der Aufträge pünktlich, d. h. innerhalb der Lieferfrist, erledigt werden. Darüber hinaus dürfen die zu spät ausgelieferten Mengen nur einen Anteil von zwei Prozent[5] an der Nachfrage ausmachen.

3 Der Parameter s gibt die Meldemenge und der Parameter q die Auftragsmenge an.

4 TEMPLEMEIER bezeichnet diese Kenzahl als α-Servicegrad, vgl. **Tempelmeier, H.**: Material-Logistik, Modelle und Algorithmen für die Produktionsplanung, a. a. O., S. 368 ff.

5 Diese Angabe entspricht nach TEMPELMEIER einem β-Servicegrad in Höhe von 98 %, vgl. **Tempelmeier, H.**: Material-Logistik, Modelle und Algorithmen für die Produktionsplanung, a. a. O., S. 370 ff.

9.2 Auswahl eines Planungsansatzes

Traditionell würde das Unternehmen die einzelnen Planungsaufgaben sukzessiv durchführen, da die Gesamtaufgabe sehr komplex ist. Es ist unmöglich ein abgeschlossenes formales Modell zu erstellen, das alle Abhängigkeiten der Modellkomponenten und alle entscheidungsrelevanten Informationen enthält. Der Entscheidung über die Produktpalette schließt sich die Festlegung des Fremdbezuges und die Dimensionierung der Kapazitäten an. Innerhalb einer Jahresfrist werden die Melde- und Auftragsmengen sowie die Auftragsreihenfolgen bestimmt. Als Ergebnis erhält das Unternehmen einen Gesamtplan, der auf der einen Seite realisierbar ist und auf der anderen Seite auch zu einem positiven Deckungsbeitrag führt. Über die Güte der Lösung kann keine Aussage getroffen werden. Ist der Plan noch verbesserbar? Eine isolierte Betrachtung der Teilprobleme trifft viele Annahmen, die im Produktionsverlauf nicht haltbar sind. Viele Annahmen betreffen Entscheidungen, die erst später im Rahmen der Sukzessivplanung getroffen werden. Im Folgenden werden einige Beispiele für derartige Annahmen diskutiert.

Eine Programmplanung legt die zu fertigenden Produkte, Baugruppen und Teile unter Berücksichtigung der Absatz-, Beschaffungs- und Kapazitätsrestriktionen fest. Es versteht sich von selbst, dass die Kapazitätsrestriktionen erst nach Abschluss der Kapazitätsplanung zuverlässig angegeben werden können. Als Zielfunktion der Programmplanung dient in der Regel der Deckungsbeitrag. Der Deckungsbeitrag hängt aber von den Herstellkosten des Produktes ab, die wiederum durch die vorhandenen Kapazitäten determiniert werden. Hoch ausgelastete Kapazitäten reduzieren einerseits die Fertigungsgemeinkosten, andererseits kann es zu kurzfristigen Engpässen kommen, die zu ablaufbedingten Wartezeiten und damit zu hohen Materialgemeinkosten führen. Falls Beine und Sitze gefertigt werden, können bei Wahl hoher Auftragsgrößen lange Wartezeiten vor der Säge entstehen. Durch die Anschaffung weiterer Sägen können diese Wartezeiten bis auf null reduziert werden. Dem stehen aber hohe Abschreibungen entgegen. Lohnt der Kauf weiterer Maschinen? Eine verbesserte Ablaufsteuerung kann ebenfalls Wartezeiten verringern. Eine Aussage über ablaufbedingte Wartezeiten kann aber erst die Produktionssteuerung machen. Schätzungen bewegen sich hier auf sehr dünnem Eis. Eine fundierte Programmplanung ist demnach erst nach Abschluss der Kapazitäts- und Ablaufplanung möglich.

Eine Überlegung um diesem Dilemma zu entkommen, wäre die Kapazitätsplanung vor der Festsetzung des Produktionsprogramms durchzuführen. Die Bestimmung der Anzahlen der Arbeitsplätze setzt ein bekanntes Produktspektrum voraus. Falls die Beine fremdbezogen werden, sind Drehmaschinen überflüssig. Es liegt ein Planungszyklus vor, der über keinen Anfang verfügt. Eine pragmatische Lösung ist, im Rahmen der Programmplanung plausible Annahmen bezüglich der vorhandenen Kapazitäten und der Höhe der Deckungsbeiträge zu machen. Die Kapazitätsplanung hat dann so viele Kapazitäten bereit zu stellen, dass das Produktionsprogramm umsetzbar ist.

Die Abhängigkeiten zur Auftragsgrößenplanung sind ebenfalls nicht unerheblich. Bei geringwertigen Gütern ist es häufig ökonomisch sinnvoll, sehr hohe Losgrößen zu wählen, da die Kapitalbindungskosten gegenüber den Rüstkosten kaum ins Gewicht fallen. Diese Aussage stimmt aber nur bedingt. Im Tischlereibetrieb werden an der Säge Kanthölzer und Tischlerplatten zerlegt. Der Wert der beiden Artikel ist sehr unterschiedlich. Hohe Losgrößen der Beine führen zwar zu geringen Lagerkosten der fertig gestellten Beine im nachgeordneten Lager, aber im Rohstofflager können unter Umständen Tischlerplatten sehr lange auf ihre Bearbeitung warten. Dieses Problem könnte mit Hilfe einer simultanen Losgrößenplanung, die auf einer (t, S_{Bein}, S_{Sitz})-Politik[6] basiert, gelöst werden. Problematisch bei diesem Ansatz ist die Festlegung, welche Artikel gemeinsam geplant werden sollen. Abhängigkeiten entstehen durch die gemeinsame Nutzung von Ressourcen. Daher müssten in der vorliegenden Situation die Beine mit den Tischlerplatten, die dreibeinigen mit den vierbeinigen Sitzen und die beiden Endprodukte gemeinsam disponiert werden. Bei vernetzten Fertigungsstrukturen ist eine derartige Aufteilung aber nicht immer möglich. Wenn der Arbeitsplan der Hocker um einen Arbeitsgang am Hobel erweitert wird, müssen die Losgrößen der Hocker und der Sitze aufeinander abgestimmt werden. Aufgrund der Interdependenzen an der Bohrmaschine muss auch die Beinfertigung in die Planung integriert werden. In letzter Konsequenz würde in einer Werkstatt zu einem Zeitpunkt immer nur ein Produkt produziert werden. Das Prinzip der Werkstattfertigung wäre ad absurdum geführt. Innerhalb der Auftragsgrößenplanung gibt es demnach Abhängigkeiten, die mit den herkömmlichen Ansätzen nicht lösbar sind. Eine Integration der Kapazitätsplanung in die Auftragsgrößenplanung könnte das Problem der gemeinsamen Disposition ent-

6 Alle t Zeiteinheiten wird ein Beinlos in der Höhe: Planbestand der Beine - S_{Bein}, aufgelegt. Nach Fertigstellung der Beine wird ein Sitz-Los in der Höhe: Planbestand der Sitze - S_{Sitz}, produziert; vgl. **Witte, Th.**: Die Lernfabrik II, Diskussionsbeiträge des Fachbereichs Wirtschaftswissenschaften der Universität Osnabrück, Nr. 9516, Osnabrück 1995.

schärfen. Immer wenn mehrere Artikel eine Ressource gemeinsam nutzen, könnten die Abhängigkeiten durch Doppellung der Kapazitäten entschärft werden. Für jeden Artikel stände eine eigene Kapazitätseinheit zur Verfügung. Die Tischlerei setzt sich demnach aus mindestens zwei Sägen, einem Hobel, einer Drehmaschine, zwei Bohrern und zwei Montagebereichen zusammen.

Die Ausführungen haben verdeutlicht, inwiefern die Kapazitäts- und die Auftragsgrößenplanung sich beeinflussen. Im Weiteren wird der Einfluss der Reihenfolgeplanung auf die anderen Planungsaufgaben erörtert. Reihenfolgeprobleme treten insbesondere an dem Bohrer, der Säge und der Montage auf. Wenn an diesen Arbeitsplätzen nur Aufträge mit kleinen Losgrößen bearbeitet werden, ist die Reihenfolgeplanung bedeutungslos. Wenn sich die Bearbeitungszeiten der Aufträge in der Größenordnung von wenigen Stunden bewegen, muss ein anderer Auftrag nur kurz warten. Bei großen Losen sieht es entsprechend anders aus. Dann müssen die Auftragsprioritäten derart gewählt werden, dass die Liefertermine der Endprodukte eingehalten werden. Bei einer isolierten Betrachtung der Losgrößenplanung wird nur auf die entscheidungsrelevanten Kosten geachtet, d. h. auf Rüst- bzw. Bestellkosten auf der einen und Lagerkosten auf der anderen Seite. Im Gesamtzusammenhang des Produktionsmanagements muss aber auch noch die Einhaltung der Liefertermine berücksichtigt werden. Große Lose können nur dann umgesetzt werden, wenn die Reihenfolgeplanung in der Lage ist, Auftragsreihenfolgen festzulegen, die eine Einhaltung der Liefertermine der Kundenaufträge gewährleistet. Die Kapazitätsplanung spielt auch hier wieder eine wichtige Rolle. Durch Vervielfachung der Kapazitäten kann den Reihenfolgeproblemen aus dem Weg gegangen werden. Gleiches gilt für die Programmplanung. Falls in der Tischlerei nur vierbeinige Hocker aus fremdbezogenen Beinen und eigenerstellten Sitzen montiert werden, existiert kein Reihenfolgeproblem. Darüber hinaus können die Losgrößen isoliert berechnet werden.

Dem Unternehmen ist bewusst, dass die Programm-, Kapazitäts-, Auftragsgrößen- und die Reihenfolgeplanung in einem engen Zusammenhang stehen. Eine zielsetzungsgerechte Ausgestaltung der Produktion ist nur mit Hilfe eines simultanen Planungsansatzes möglich. In einem einzigen Planungsmodell sollen die Entscheidungen über das Sortiment, die Fertigungstiefe, die Anzahl der Maschinen, die Bestellmengen, die Losgrößen und die Auftragsprioritäten getroffen werden. Für die Durchführung der Planung soll das Werkzeug OPA verwendet werden. OPA sucht aus unterschiedlichen Planungsalternativen eine brauchbare

Lösung heraus. Für den Vergleich von zwei Alternativen ist die Definition einer Bewertungs- bzw. Zielfunktion notwendig. Im Anschluss werden die Planungsprozesse modelliert.

9.3 Gestaltung einer Zielfunktion

Die Variablen des Planungsmodells sind bereits im vorangegangen Abschnitt aufgezählt worden. Abbildung 9.3 ordnet in einer Übersichtsdarstellung den einzelnen Teilplänen die Variablen zu, deren Werte sie bestimmen. Auftragsprioritäten sind z. B. das Ergebnis der Ablaufplanung. In der Grafik sind nur die direkten Beziehungen zwischen Planung und Variable aufgeführt. Darüber hinaus existieren aber noch einige indirekte Beziehungen. So legt die Programmplanung indirekt auch die Anzahl der Arbeitsplätze fest. Falls z. B. die Beine von einem Lieferanten bezogen werden, benötigt der Betrieb keine Drehmaschinen. Die Sortimentsplanung bezieht sich nur auf die Endprodukte. Durch die Reduktion der Fertigungstiefe können aber Baugruppen und Teile aus dem Sortiment entfernt werden. Wenn sich das Unternehmen auf Montagetätigkeiten beschränkt, werden keine Sitze, Kanthölzer und Tischlerplatten im Sortiment sein.

Im zweiten bzw. rechten Teil der Grafik werden die Kostengrößen aufgeführt, die durch die Variablen beeinflusst werden. Eine Zielfunktion muss diese Kostengrößen erfassen und bewerten. Daher sollen in diesem Abschnitt die Auswirkungen der Variablen diskutiert und in eine Zielfunktion überführt werden[7].

Das Unternehmen möchte einen sehr guten Lieferservice leisten, der aber auch das Überleben sichert. Da ein hundertprozentiger Service nur durch redundante Kapazitäten und sehr hohe Bestände realisiert werden kann, wird von diesem Ziel abgewichen, d. h. der Lieferservice soll bezahlbar sein. Planungssysteme erzeugen Mengengrößen, die mit Hilfe von Kostensätzen zu einer Kostengröße zusammengefasst werden können. Weil sich das Unternehmen nicht in der Lage sieht, für Lieferverzögerungen Kostensätze anzugeben, wird hier ein anderer Weg gewählt. Die angestrebten Servicegrade von 95% (α) und 98% (β) müssen zwingend eingehalten werden. Servicegrade, die über diese Werte hinausgehen, werden begrüßt, sind aber uninteressant. Das Planungswerkzeug muss also Lösungen suchen, die diese Werte einhalten. Mit einem kleinen Trick lässt sich diese Forderung in eine Kostenfunktion integrieren. Es werden so genannte

[7] Vgl. zum Produktionscontrolling **Weber, J.**: Logistik- und Produktionscontrolling, hrsg. v. Eversheim, W., Schuh, G., Berlin et al. 1999, S. 18-1 - 18-88.

Strafkostensätze in astronomischer Höhe festgelegt. Falls eine Lösung die Kriterien nicht erfüllt, werden diese imaginären Strafkosten fällig. In der Realität werden diese Kosten sicherlich nicht in dieser Höhe anfallen. Aber diese Dummy-Kosten stellen sicher, dass OPA eine Lösung findet, die die gewünschten Servicegrade einhält. Die Strafkosten können keiner Variablen direkt zugeordnet werden, da sich ihre Höhe erst durch das Zusammenspiel aller Variablen ergibt. Ähnliches gilt für die Kapitalbindungs- und Bestellkosten.

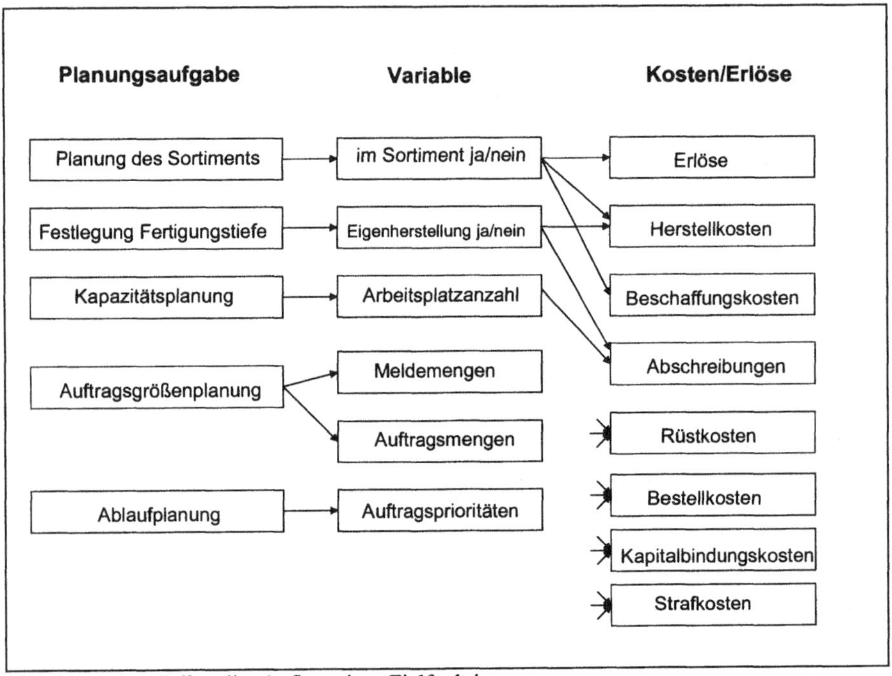

Abbildung 9.3: Fallstudie: Aufbau einer Zielfunktion

Kapitalbindungskosten können durch folgende Entscheidungen reduziert werden:

- Artikel aus dem Sortiment nehmen,
- Anzahl der Arbeitsplätze erhöhen,
- Auftragsmengen reduzieren,
- Meldemengen reduzieren und
- die Auftragsprioritäten derart wählen, dass die Durchlaufzeiten der Aufträge reduziert werden.

Bestellkosten bzw. Rüstkosten verhalten sich in der Regel gegenläufig zu den Kapitalbindungskosten. Oben aufgeführte Entscheidungen beeinflussen demnach auch die Bestell- und Rüstkosten. Folgende Entscheidungen erhöhen diese Kosten:

- Artikel ins Sortiment aufnehmen,
- Anzahl der Arbeitsplätze verringern,
- Auftragsmengen und
- Meldemengen erhöhen.

Straf-, Bestell-, Rüst- und Kapitalbindungskosten können durch komplexe Planungsläufe erfasst werden. Die übrigen Kostengrößen der Abbildung 9.3 können nach Festlegung der Variablen einfach berechnet werden. Die Anzahl der Maschinen legt die Höhe der Abschreibungen im Planungszeitraum fest. Da das Unternehmen das Auftragsvolumen kennt, können die Erlöse durch Multiplikation der Auftragsmengen mit den Verkaufspreisen berechnet werden. Herstell- und Beschaffungskosten werden auf ähnliche Weise bestimmt. Für die Berechnung verfügt das Unternehmen über die Einkaufspreise und die Herstellkostensätze, die alle Kosten außer den Materialeinzel- und Fertigungsgemeinkosten enthalten. Aus den Herstellkosten sind die Materialeinzel- und Fertigungsgemeinkosten herausgerechnet worden, da diese Kosten bereits über die Beschaffungskosten bzw. Abschreibungen erfasst worden sind. Diese Vorgehensweise verfälscht das Ergebnis nicht, da für eine Optimierung der Produktionsplanung lediglich die Summe aller Kosten relevant ist.

Die Variablen des Planungsmodells müssen nun derart gewählt werden, dass die Summe der genannten Kosten abzüglich der Erlöse minimal ist. Hierzu werden in den nächsten Abschnitten die zugehörigen Geschäftsprozesse modelliert. Insbesondere sind die Tätigkeiten zu beschreiben, eine Organisationsstruktur aufzubauen und ein problemadäquates Objektmodell zu erstellen. OPA überführt dann das Geschäftsprozessmodell in ein Simulationsmodell, das noch weiter spezifiziert werden muss. Nach Abschluss dieser Aufgabe kann die simultane Planung durchgeführt werden. OPA macht für alle Entscheidungen Vorschläge, die in ein ERP-System übernommen werden können.

Strategische, taktische und operative Planungsentscheidungen werden anhand eines bekannten und konstanten Auftragsvolumens bewertet. Auswirkungen langfristiger Entscheidungen auf das Tagesgeschäft werden sofort erkannt und können zielgerichtet korrigiert werden. Der wesentlichste Unterschied zu einer sukzessiven bzw. hierarchischen Planung ist, dass das Zusammenspiel der Planungsparameter analysiert und verbessert wird.

9.4 Modellierung

9.4.1 Daten und Organisation

Abbildung 9.4 zeigt den groben Ablauf der Planung. Im ersten Teil werden strategische, taktische und operative Entscheidungen getroffen. Die Eignung dieser Parameter wird im Rahmen der Produktionssteuerung überprüft. Hierfür müssen zunächst alle Aufträge in die Produktion eingesteuert werden. Da das Unternehmen nach einer (s, q)-Politik fertigt, werden die Aufträge vom Lager bedient. Falls die Meldemengen unterschritten sind, wird entweder ein neues Los gefertigt oder beschafft. Alle Vorgänge der Produktionssteuerung werden von der Betriebsdatenerfassung (BDE) begleitet. Die BDE erfasst alle Mengen- sowie Zeitverbräuche und bewertet sie mit Kostensätzen. Letztendlich ermittelt sie den Wert der oben genannten Zielfunktion.

Im Folgenden muss der hier kurz geschilderte Ablauf in ein konkretes Geschäftsprozessmodell überführt werden, das von OPA verarbeitet werden kann. Zunächst werden Organisationseinheiten definiert, die die einzelnen Aufgaben übernehmen können. In einem zweiten Schritt wird überlegt, über welche Informationen die Organisationseinheiten verfügen müssen, um die Aufgaben erledigen zu können.

Die Entscheidungen werden von einer Abteilung zur Produktionsplanung getroffen. Für das Lager, die Produktion, den Einkauf und die BDE werden eigene Abteilungen definiert, die der Produktionsplanung zugeordnet sind. In der Werkstatt sind alle Arbeitsplätze gebündelt und im Lager alle Artikel. Für jeden Artikel und für jede Arbeitsplatzgruppe wird eine Verwaltung eingerichtet, die den entsprechenden Abteilungen untergeordnet ist. Die Verwaltungen der Artikel und der Arbeitsplätze erfolgt datenbankgestützt. Zwei gravierende Gründe erfordern diese Vorgehensweise. Erstens wäre es sehr aufwendig für jeden Artikel und Arbeitsplatz eine entsprechende Organisationseinheit zu schaffen. Zweitens ist noch gar nicht bekannt, welche Artikel gelagert und welche Arbeitsplätze vorhanden sind. Die endgültigen Entscheidungen werden erst im Planungslauf festgelegt.

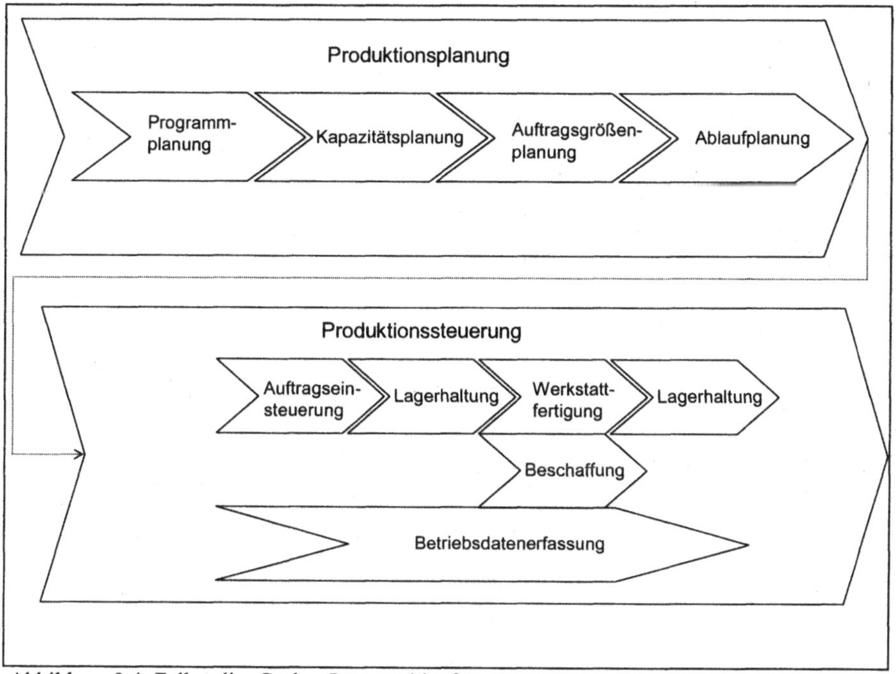

Abbildung 9.4: Fallstudie: Grober Prozessablauf

Abbildung 9.5 stellt die Organisationsstruktur im Überblick dar. Die Artikel- und Arbeitsplatzverwaltung übernehmen reine Bedieneraufgaben (provider). Sie verteilen keine weiteren Aufgaben. Alle anderen Organisationseinheiten erhalten und verteilen Aufgaben, wobei auch Aufgaben quer zur Hierarchie vergeben werden können. Es sei noch einmal darin erinnert, dass jede Organisationseinheit auch eine Ressource ist. In der Realität entsprechen die realen Artikel und die realen Arbeitsplätze diesen Ressourcen. Ein Artikel kann nur einmal verwendet und ein Arbeitsplatz kann nicht gleichzeitig von mehreren Aufträgen belegt werden. Die übrigen Organisationseinheiten haben kein entsprechendes physisches Gegenstück in der Fertigung. Organisationseinheiten sind aber mit Menschen besetzt, die die zugeordneten Aufgaben erledigen. Da das Bearbeiten der Aufgaben, wie die Erstellung eines Produktionsprogrammplanes oder die Bewertung der Lagerbestände, zeitverbrauchend ist, ist der gewählte Modellierungsansatz zwingend. In dem Tischlereibetrieb ist jede Organisationseinheit mit einer Person besetzt, d. h., mehrere Planungsaufgaben können nicht parallel ausgeführt werden.

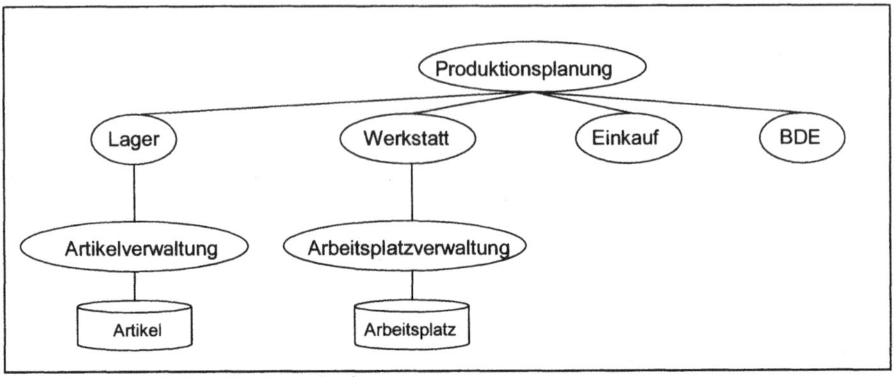

Abbildung 9.5: Fallstudie: Organisation

Nach Definition der Organisationsstruktur kann die Objektdatenbank aufgebaut werden. Die im Unternehmen bereits existierende relationale Datenbank ist für die Unterstützung der laufenden Produktion optimiert. In ihr sind viele Informationen vorhanden, die für das Planungsproblem nicht relevant sind. Darüber hinaus sind aber auch viele Freiheitsgrade eingeschränkt, so dass ein neues Datenbankmodell erstellt werden muss, das für das Planungsproblem geeignet ist.

Im betrieblichen Alltag der Tischlerei ist geregelt, welche Produkte verkauft, welche Artikel produziert und welche Artikel beschafft werden. Beim Aufbau einer Datenbank kann ein Artikel eindeutig der Gruppe der Eigen-, Fremd- oder Verkaufsartikel zugeordnet werden. Ein zugehöriges Objektmodell würde Eigen- und Fremdartikel als Unterklassen einer Klasse *Artikel* definieren. Eine Klasse *Produkt* wäre ihrerseits eine Unterklasse von *Eigenartikel.* Diese eindeutige Zuordnung kann in der vorliegenden Situation nicht getroffen werden, da die Zuordnung erst das Ergebnis der Planung ist. Die Modellierung muss diesem Umstand Rechnung tragen. Abbildung 9.6 enthält ein Objektmodell zur Abbildung der Artikel- und Auftragsbeziehungen. Abbildung 9.7 ergänzt das Modell um die Arbeitsplandaten. Die Informationen über die Artikel verteilen sich auf die Klassen *Artikel*, *Fremdartikel*, *Eigenartikel*, *Produkt* und *Lager*. Im Grunde genommen könnten diese Informationen auch in einer sehr umfangreichen Klasse *Artikel* verwaltet werden, da für jeden realen Artikel ein entsprechendes Objekt in allen fünf Klassen vorliegt. Die Aufteilung ist nur aus Strukturierungsgründen gewählt worden. Daten, die sich auf die Eigenherstellung beziehen, sind z. B. in der Klasse *Eigenartikel* gebündelt.

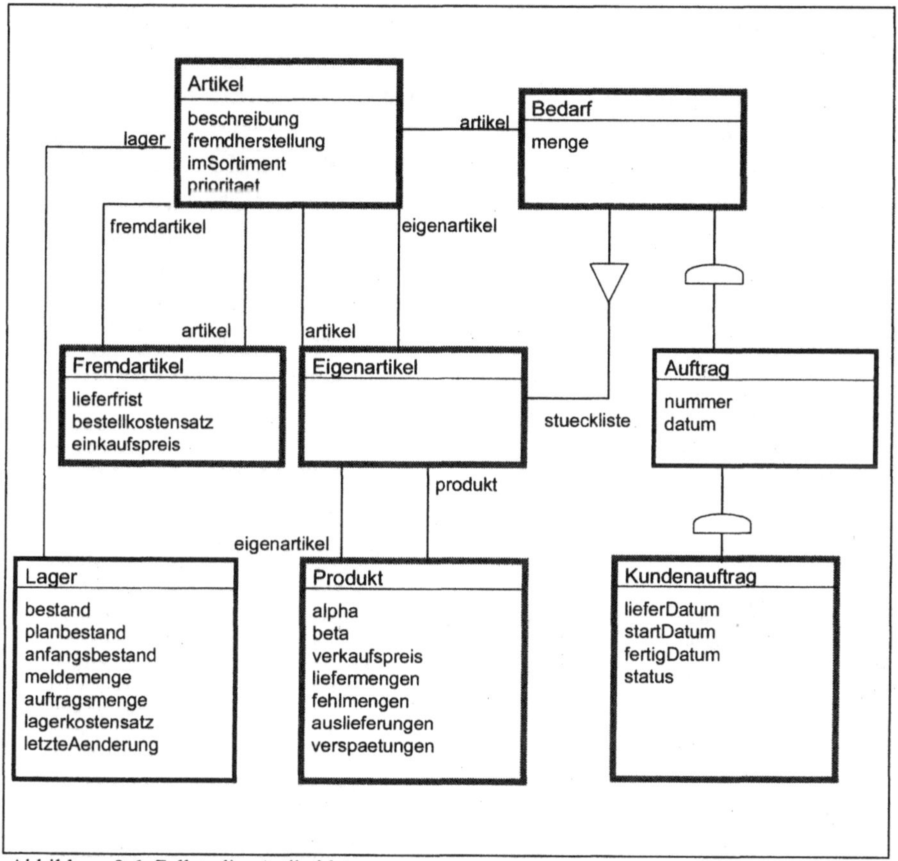

Abbildung 9.6: Fallstudie: Artikeldaten

Doppelte Referenzen stellen einen schnellen Zugriff auf die verteilten Daten sicher. Von jedem Artikel existieren Verweise auf Lager-, Eigenartikel- und Fremdartikelinformationen. Umgekehrt kann von einem Eigen- bzw. Fremdartikel auf den zugehörigen Artikel zugegriffen werden. Doppelte Referenzen werden nur für Objekte benötigt, für die eine eigene Datenbankmenge verwaltet wird. Denn nur auf Objekte dieser Mengen kann direkt zugegriffen werden. Im Objektmodell werden die Klassen *Artikel*, *Eigenartikel*, *Fremdartikel*, *Produkt*, *Arbeitsplatz* und *Kundenauftrag* als solche ausgewiesen. Auf Elemente der Klasse *Lager* kann nur über ein Artikelobjekt zugegriffen werden. Ein Verweis auf das Artikelobjekt wäre überflüssig, da ein Lagerobjekt auch als ein Teil des Artikelobjektes interpretiert werden kann.

Ein Artikel weist sich durch eine Beschreibung und den Parametern *fremdherstellung*, *imSortiment* und *prioritaet* aus. Letzte drei Attribute stellen Planungsparameter dar. Der Planungsalgorithmus kann bezüglich der Fremdherstellung und der Sortimentsfrage zwischen den Werten 0 (nein) und 1 (ja) wählen. Die Prioritätszahl schwankt zwischen 1 und 2. Die Objekte der Klasse *Lager* enthalten die Planungsparameter *meldemenge* und *auftragsmenge*. Meldemengen können zwischen 10 und 100 in 10-Schritten gewählt werden. Auftragsmengen liegen zwischen 100 und 1000 mit einer Schrittgröße 50. Das Attribut *anzahl* der Klasse *Arbeitsplatz* kann in einem Bereich von 1 bis 5 variiert werden. Die Kostensätze, die für die Berechnung der Zielfunktion benötigt werden, sind die Bestell-, Lager- und Rüstkostensätze sowie der Einkaufspreis, Verkaufspreis und der Abschreibungssatz[8]. In der Klasse *Produkt* legen die Attribute *alpha* und *beta* die angestrebten Servicegrade fest.

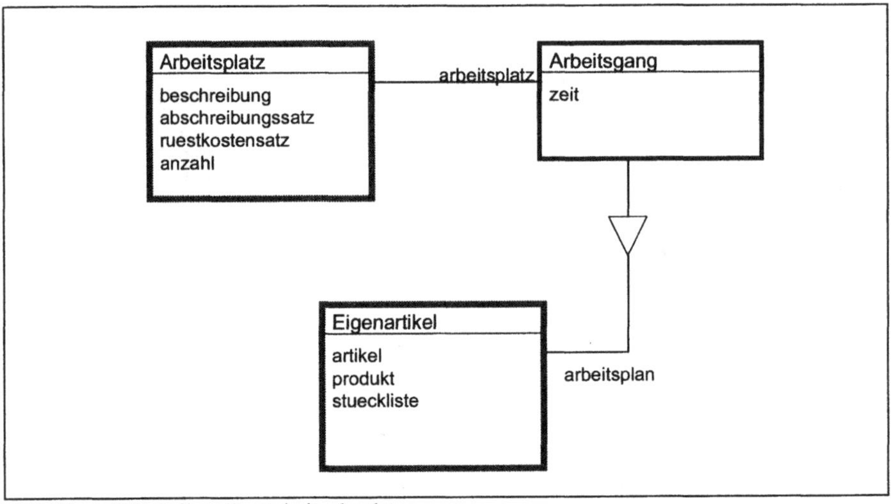

Abbildung 9.7: Fallstudie: Arbeitsplandaten

Während der Planung fallen Zwischenergebnisse an, die ebenfalls in der Objektdatenbank gespeichert werden. So müssen zur Berechnung der erreichten Servicegrade die ausgelieferten Mengen, die Fehlmengen, die Gesamtzahl der Auslieferungen und die Anzahl der verspäteten Auslieferungen nachgehalten werden. Im Bereich des Lagers erfordert die Disposition die Verwaltung eines

8 Vgl. zur Integration von Kostensätzen in Simulationsmodelle **Haarmann, C.**: Kosteninformationen durch Simulation, a. a. O.

Planbestandes. Der Anfangsbestand wird benötigt, um für alle Planungsläufe die gleichen Ausgangsbedingungen zu ermöglichen.

Die Objektdatenbank wird in OPA analog zu den Abbildungen 9.6 und 9.7 aufgebaut. Anschließend erfolgt die Dateneingabe[9]. Auf einen Datentransfer aus einer relationalen Datenbank wird verzichtet, da er keinen zusätzlichen Erkenntnisgewinn liefern würde.

9.4.2 Prozesse

9.4.2.1 Notation

Die zunächst sehr grob modellierten Prozesse müssen nun verfeinert werden. Den einzelnen Organisationseinheiten werden Aufgaben zugewiesen, die später in Methoden umgesetzt werden. Aus jeder Teilaufgabe bzw. jedem Prozessschritt wird eine Methode. Der Zusammenhang bzw. die Prozessfolge spiegelt sich später in der Nachrichtenstruktur des objektorientierten Simulationsmodells deckungsgleich wider. Darüber hinaus werden die Organisationseinheiten mit Daten zur Aufgabenbewältigung ausgestattet.

Für die Modellierung der Prozesse kann direkt auf die Aufgabenbeschreibung zurückgegriffen werden, die OPA zur Verfügung stellt[10]. Da für die Erläuterung der Modellierung aber eine grafische Methode besser als eine tabellenorientierte geeignet ist, wird hier ein grafisches Beschreibungsmodell verwendet, das der Tabellenorientierung von OPA entspricht. Auf bekannte Methoden, wie ereignisorientierte Programmketten oder Vorgangskettendiagramme, wird aus Kompatibilitätsgründen zu OPA verzichtet. Im Kern der Prozessmodellierung steht die zeitliche Koordinierung der Prozesse. Es müssen z. B. die Prozesse hervorgehoben werden, die zeitlich parallel zu anderen Prozessen ablaufen. EPKs haben nur zum Ziel, Prozesse zu beschreiben. Es wird hier aber eine Beschreibungsmethode benötigt, die Prozesse beschreibt und eine Überführung in eine Geschäftsprozesssimulation ermöglicht.

Um die Lesbarkeit der Prozessbilder zu erhöhen, wird vorweg die Notation er-

---

[9] Anhang A enthält alle Daten der Fallstudie.

[10] Vgl. Anschnitt 8.2.3.

läutert[11]. Die Grundelemente orientieren sich an den Beschreibungen des siebten Kapitels. Jeder Teilprozess bzw. jede Teilaufgabe wird durch einen Blockpfeil dargestellt und läuft im Verantwortungsbereich einer Organisationseinheit ab. Im Blockpfeil steht ein frei wählbarer Name als Bezeichner der Aufgabe. Daneben können noch weitere Informationen, wie z. B. der Zeitverbrauch, vermerkt werden[12]. Es existieren drei Standardaufgaben: *acquire*, *produce* und *release*, die sich auf die Nutzung der Provider beziehen.

Die Zuständigkeiten werden durch gepunktete Linien voneinander abgegrenzt. In Abbildung 9.8 ist die erste Organisationseinheit für die erste Aufgabe und die zweite Einheit für den folgenden Teilprozess zuständig. Für die Ausführung der Aufgaben stehen drei Informationsquellen bereit:

- Sicht auf die Objektdatenbank,
- private Datenbank und
- Auftragspapiere.

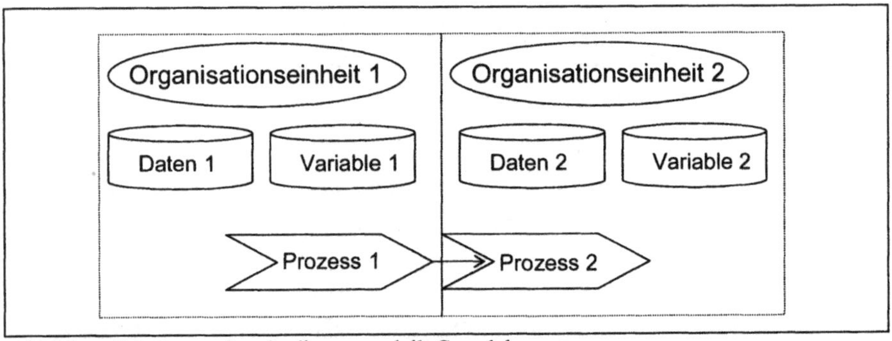

Abbildung 9.8: Prozessbeschreibungsmodell: Grundelemente

Die Auftragspapiere werden von Aufgabe zu Aufgabe weitergereicht, dabei können die Inhalte aber in jeder Aufgabe neu festgelegt werden. Auftragspapiere werden den Methoden als Parameter übergeben. Daneben hat jede Organisationseinheit eine bestimmte Sicht auf die Objektdatenbank. Das Datensymbol nennt die Datenbankmengen, auf die zugegriffen werden kann. Die dritte Möglichkeit besteht in der Definition einer privaten Datenbank. Hier können einfa-

[11] Die Beschreibungsmethode ist bewusst nicht im siebten bzw. achten Kapitel vorgestellt worden, da OPA keine grafische Modellierung unterstützt.

[12] Aus Gründen der Übersichtlichkeit wird nur der Name vermerkt. Im Anhang B sind alle Aufgaben der Fallstudie mit den zugehörigen Zeiten aufgeführt.

che Variablen, d. h. keine Strukturvariablen, angelegt werden. Diese Vorgehensweise ist immer sinnvoll, wenn der Aufwand der Datenhaltung in der Datenbank zu hoch wäre.

Abbildung 9.9 zeigt die unterschiedlichen Möglichkeiten der Prozessabfolgen. Gestrichelte Blockpfeile deuten darauf hin, dass der Prozess zeitlich parallel läuft, d. h., der aufrufende Prozess wartet nicht bis zur Abarbeitung des Teilprozesses. In einem Simulationsmodell müssen hierfür neue Systemprozesse gestartet werden. Zeitlich nachgelagerte Prozesse werden in einer Ebene dargestellt, wobei sich die Blockpfeile nicht zwingend berühren müssen. Ein Verbindungspfeil kann die Abfolge ebenfalls festlegen. Falls ein Prozess andere Prozesse aufruft, liegen so genannte Teilprozesse vor. Hierfür wird in den Schaubildern eine weitere Ebene verwendet. Pfeile geben hier auch die Zusammenhänge an. Bedingungen und Wahrscheinlichkeiten lassen einen bedingten Aufruf von Teilprozessen zu.

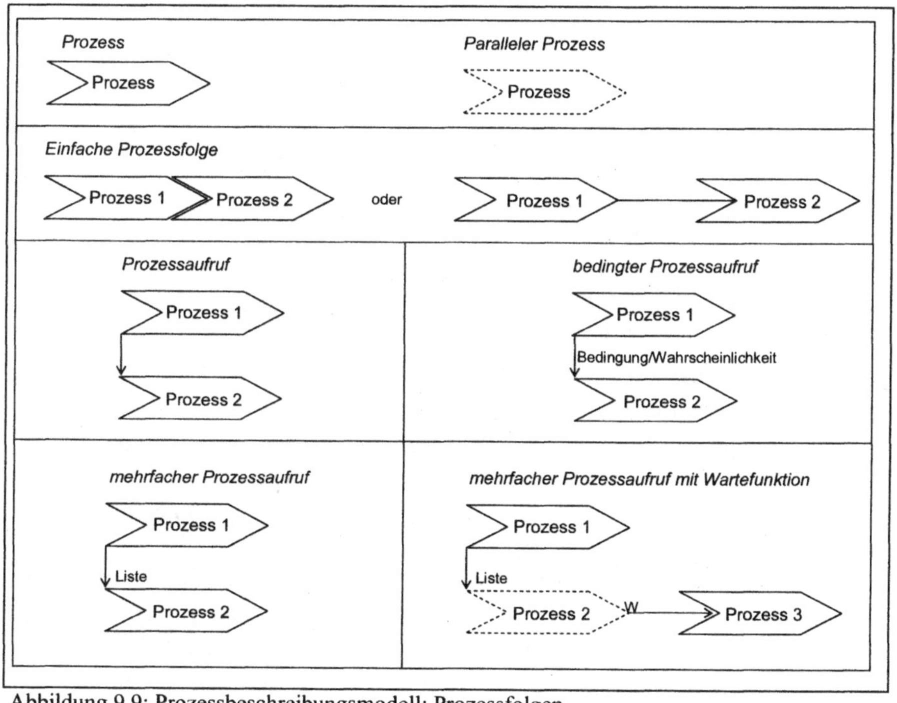

Abbildung 9.9: Prozessbeschreibungsmodell: Prozessfolgen

Der Aufruf eines Teilprozesses kann auch mit einer Objektliste versehen werden. In diesem Fall wird der Prozess für jedes Objekt der Liste aufgerufen. Das Symbol *W* am Ende des Blockpfeils gibt an, dass der Prozess bzw. die Prozesse beendet sein müssen, bevor der nächste Prozess der Abfolge aktiviert oder der aufrufende Prozess weiterbearbeitet werden kann.

Die Überführung der grafischen Prozessbeschreibung in die Tabellen von OPA ist sehr einfach. Für jeden Teilprozess erfolgt ein Eintrag in die Aufgabenliste. Der Parameter *subTasks*[13] enthält die aufgerufenen Prozesse, die mit Hilfe der Attribute *parallel*, *waiting*, *prob*, *condition* und *collection* konfiguriert werden. Die Prozessschaubilder ermöglichen lediglich einen Überblick. Daher müssen die genauen Tätigkeiten, die hinter einer Teilaufgabe stehen, noch explizit erläutert werden. Im Hinblick auf die Überführung des Geschäftsprozessmodells in ein Simulationsmodell geben die Erläuterungen Hinweise auf die Konkretisierung der Methoden.

9.4.2.2 Beschreibung

Die Modellierung beginnt mit der Produktionsplanung. Im Kern stehen hier die Sortimentsfrage, die Make-or-Buy-Entscheidung, die Auftragsgrößen- und die Ablaufplanung. Für beide Entscheidungen werden keine komplexen Planungsalgorithmen definiert, sondern die Vorschläge des Genetischen Algorithmus verwendet. D. h. OPA erstellt für die Parameter innerhalb der gesetzten Grenzen Vorschläge, die später anhand des Auftragsmusters bewertet werden. In zahlreichen Planungsläufen wird eine brauchbare Parameterkonstellation zielgerichtet gesucht. Die Aufgabe der Produktionsplanung besteht nur noch darin, die Konsequenzen der Parameterentscheidung umzusetzen und nicht zulässige Parameterkonstellationen zu korrigieren. Falls OPA vorschlägt, kein Produkt zu fertigen, werden z. B. trotzdem Hocker mit vier Beinen produziert. Die Fremdvergabe der Beinproduktion macht die Drehmaschinen und die Lagerhaltung der Kanthölzer überflüssig. Daher muss die Produktionsplanung die Kapazitäten und die Lagerhaltung planen, d. h. korrigieren, sowie die Werkstatt und das Lager über die benötigten Ressourcen informieren (vgl. Abbildung 9.10). Die beiden informierten Organisationseinheiten legen entsprechend des Bedarfs Objekte zur Arbeitsplatz- und Artikelverwaltung an. Die zugehörigen Ressourcen

[13] Vgl. Abbildungen 8.7 und 8.8.

werden mit der Arbeitsplatzzahl bzw. mit dem anfänglichen Lagerbestand informiert. Während die Produktionsplanung einen Zugriff auf die komplette Datenbank erhält, beschränkt sich der Zugriff der Werkstatt bzw. des Lagers auf die benötigten Ressourcen. Nach Abschluss der lang- und mittelfristigen Planung kann mit der Produktion der Aufträge begonnen werden. Hierzu werden alle Aufträge gemäß ihres Ankunftszeitpunkts in die Produktion eingesteuert (*starteAufträge*). Außerdem wird die BDE aufgefordert mit der Bewertung zu beginnen. Der Prozess *starteBewertung* ruft regelmäßig den Prozess *bewerteArbeitsplatz* auf, wobei der zeitliche Abstand in der Variable *bewertungszeitraum* hinterlegt ist. Die Produktion liefert Mengen- und Zeitverbräuche an die BDE. Neben der Erfassung dieser Größen nimmt die BDE auch eine Bewertung vor. Hierfür greift sie auf die in der Datenbank gespeicherten Kostensätze zurück. Daher erhält die BDE Zugriff auf die Datenbankmengen Artikel, Produkt und Arbeitsplatz. Zusätzlich muss in der privaten Datenbank eine Variable Strafkostensatz gespeichert werden. Die Strafkosten sind eine imaginäre Größe, die den Gesamtkosten zugeschlagen werden, falls die Servicegrade nicht eingehalten werden.

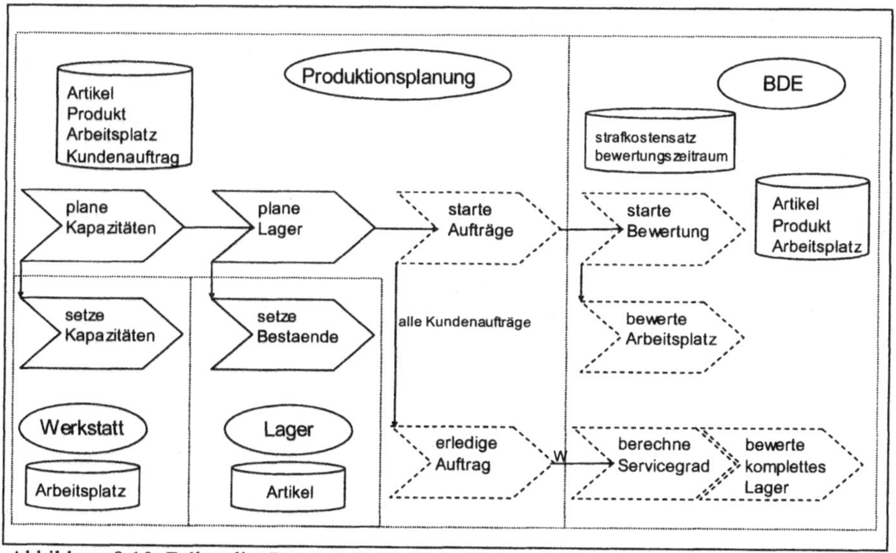

Abbildung 9.10: Fallstudie: Prozess: Produktionsplanung

Die zuletzt erwähnten Prozesse werden parallel abgearbeitet, weil sonst keine parallele Bearbeitung der Aufträge möglich wäre. Lagerbestandsbewegungen wären z. B. nicht parallel zu Maschinenvorgängen oder Bewertungen möglich.

Die parallele Ausführung bedeutet aber nicht, dass sich die Produktionsplanung gleichzeitig mit mehreren Aufträgen aktiv beschäftigt. Da die Produktionsplanung nur mit einer Person besetzt ist und die Aufgaben Zeit verbrauchen, wird nur der Auftrag bearbeitet, dem die Ressource Produktionsplanung zugewiesen wird. Die parallele Prozessbearbeitung bezieht sich vielmehr auf Wartevorgänge. Eine Organisationseinheit kann natürlich gleichzeitig auf die Ausführung mehrer Vorgänge warten. Außerdem stellen parallele Vorgänge sicher, dass alle Organisationseinheiten des Modells parallel arbeiten können.

Der Prozess *starteAufträge* ruft für jeden Kundenauftrag den Prozess *erledigeAuftrag* auf. Falls alle Aufträge abgearbeitet worden sind (Symbol *W*), kann die BDE angewiesen werden, die erreichten Servicegrade zu berechnen und eine Lagerbewertung zum Ende des Planungszeitraumes vorzunehmen. Darüber hinaus wird bei jeder Bestandsveränderung eine Lagerbewertung vorgenommen. Dabei berechnen sich die Kapitalbindungskosten aus der tatsächlich gelagerten Menge, dem täglichen Lagerkostensatz und der Anzahl der Tage, die zwischen dem aktuellen Datum und dem Tag der letzten Bestandsänderung liegen.

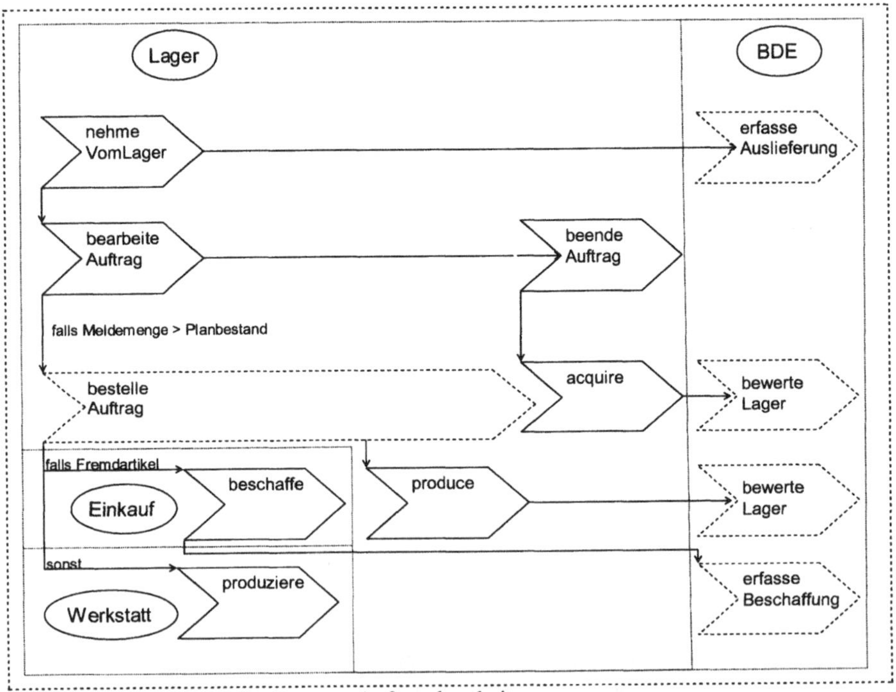

Abbildung 9.11: Fallstudie: Prozess: Auftragsbearbeitung

Zu Beginn eins Planungslaufes aktiviert OPA den Prozess *startLifeCycle* bei jeder Organisationseinheit. Demnach benötigen diese Prozesse keinen Anstoß anderer Prozesse, sondern werden vom System aktiviert. Daher muss der in Abbildung 9.10 beschriebene Prozess als *startLifeCycle*[14] bei der Produktionsplanung angelegt werden. Alle anderen Prozesse des Modells benötigen keinen externen Anstoß, da sie direkt oder indirekt von der Produktionsplanung aufgerufen werden.

Abbildung 9.11 definiert den Prozess *erledigeAuftrag* genauer. Das Lager wird angewiesen, die im Kundenauftrag aufgeführte Menge auszuliefern (*nehmeVomLager*). Ein Kundenauftrag bezieht sich immer nur auf einen Artikel. Neben der Auslieferung erfolgt noch eine Lagerbestandskontrolle (*bearbeiteAuftrag*). Wenn durch die Lagerentnahme der Planbestand die Meldemenge unterschreitet, wird eine Bestellung ausgelöst (*bestelleAuftrag*). In Abhängigkeit der Artikelart wird entweder die Werkstatt zur Produktion oder der Einkauf zur Beschaffung aufgefordert. Der Lagerdisponent kann mehrere Bestellvorgänge gleichzeitig überwachen. Die Lagerreduzierung geschieht durch den Prozess *acquire*. Falls der physische Lagerbestand zur Deckung des Auftragsvolumens nicht ausreicht, wartet der Prozess in einer Warteschlange. Nach erfolgreicher Produktion oder Beschaffung wird der physische Lagerbestand erhöht (*produce*). Ggf. setzt die Erhöhung wartende Aufträge frei. Der Prozess *bestelleAuftrag* kann erheblich durch den Prozess *produziere* verzögert werden, d. h. eine Lagerbestandserhöhung schließt sich zeitlich nicht unmittelbar an eine Produktionsauslösung an. Die Zeitdifferenz hängt von der Verfügbarkeit der Ressourcen und Materialkomponenten ab (vgl. Abbildung 9.12). Nach einer Lagerentnahme, einem Lagerzugang, einer Auslieferung und einer Beschaffung erfasst die BDE die Mengenänderungen.

Das Schaubild (vgl. Abbildung 9.12) beschreibt den Prozess *produziere*, der in der Verantwortung der Werkstatt abläuft. Ein Produktionsauftrag, der der Werkstatt übergeben wird, umfasst wiederum nur einen Artikel. Zunächst werden alle Komponenten vom Lager gleichzeitig angefordert, die zur Fertigung des Artikels notwendig sind. Erst wenn alle Komponenten verfügbar sind (Symbol *W*), kann der Prozess *produziere* fortgeführt werden. Es werden alle Arbeitsgänge nacheinander durchgeführt. Während der Durchführung eines Arbeitsganges

[14] Der Prozess *startLifeCycle* ruft die Prozesse *planeKapazitäten*, *planeLager*, *starteAufträge* und *starteBewertung* auf.

wird nach einer Erfassung des Rüstvorganges durch die BDE der zugehörige Arbeitsplatz angefordert und nach der Bearbeitung (*delay*-Prozess) wieder freigegeben. Wenn der Arbeitsplatz nicht über genügend freie Ressourcen verfügt, muss der Produktionsauftrag warten, d. h., der Prozess wird für unbestimmte Zeit unterbrochen. Die Aufgaben *acquire* und *release* werden von den Providern der Werkstatt, d. h. den Arbeitsplatzverwaltungen, übernommen.

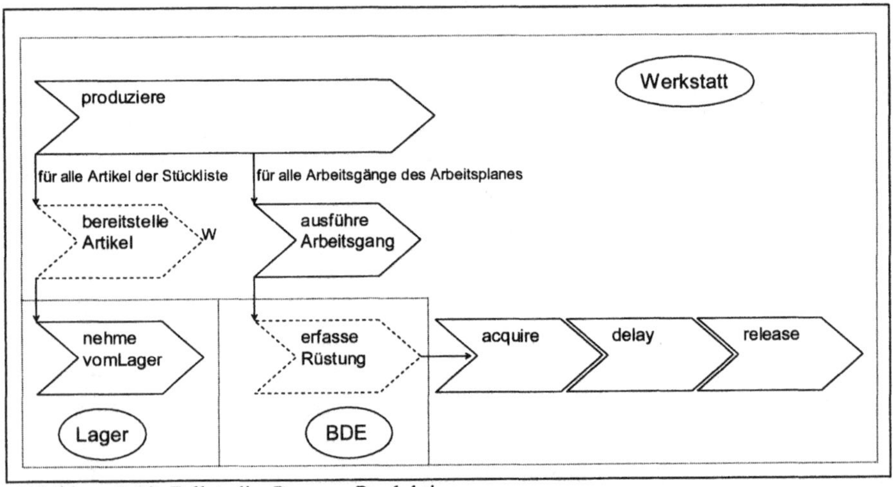

Abbildung 9.12: Fallstudie: Prozess: Produktion

Die hier beschriebenen Prozesse können nun in OPA angelegt werden. Das System erzeugt die zugehörigen Simulationsobjekte, die Methoden und die Nachrichtenstruktur. Um detaillierte Ergebnisse zu erhalten, muss das Modell ergänzt werden[15]. Anhang C enthält den genauen Programmcode, mit dem die folgenden Ergebnisse erstellt worden sind.

9.5 Planung

OPA kann nun für eine vorgegebene Parameterkonstellation eine Wirtschaftlichkeitsberechnung durchführen. Hierfür wird ein Planungslauf gestartet, die Mengen- und Zeitverbräuche erfasst und bewertet. Während eines Planungszeitraumes von drei Monaten werden die Kundenaufträge[16] eingesteuert.

[15] Vgl. Abschnitt 7.3.3.
[16] Vgl. Anhang A.

Der Tischlereibetrieb hat keine Vorstellungen darüber, wie eine günstige Parameterkombination aussehen könnte. Daher wird umgehend die OPA-Funktion zur Verbesserung aktiviert. Eine Auswertung des Prozessmodells ist erst für eine gute Parameterkonstellation sinnvoll. Für die Lösungssuche muss der Genetische Algorithmus konfiguriert werden. Der Aufbau der Individuen wird automatisch aus einem Simulationslauf konfiguriert. Alle Parameter werden binär dargestellt und zu einer Kette zusammengefasst, wobei sich die Anzahl der Binärstellen, die für einen Parameter reserviert sind, aus den Grenzen und Schrittweiten ergeben. Die Anzahl der Individuen wird auf 50 pro Generation festgelegt. Die Individuen der ersten Generation werden mit Hilfe eines Zufallsgenerators erzeugt. Nach 200 Generationen soll eine Lösung gefunden sein. Die Gesamtkosten, die aufgrund der gewählten Parameterwerte entstehen, entsprechen der Fitness eines Individuums. Jeder Planungs- bzw. Simulationslauf erzeugt einen Fitnesswert. Die Lösungssuche erstreckt sich also auf 10.000 Planungsläufe (50 Individuen × 200 Generationen)[17].

Abbildung 9.13 zeigt für alle 200 Generationen den besten Fitnesswert, d. h. die niedrigsten Gesamtkosten, die gefunden worden sind. In den ersten Generationen hat eine stetige und deutliche Verbesserung stattgefunden. Der Zufallsprozess hat in 50 Planungsläufen keine guten Lösungen erzeugt. Der beste Wert liegt bei 62.431 €. Minimale Veränderungen an den Bitketten bzw. an den Parametern führen in Hinblick auf die Gesamtlösungen zu deutlichen Veränderungen. Nach 50 Generationen treten nur noch marginale Verbesserungen auf, die zu einer Endlösung von 7.630 € führen. Die Analyse der Kostensätze zeigt, dass Gesamtkosten kleiner als 3.500 unmöglich sind, da die Materialkosten in Bezug zu den Verkaufspreisen sehr hoch sind. Für die vorliegende Datensituation ist kein Gewinn zu erwarten. Erst ein Anheben der Verkaufspreise würde das Unternehmen in die Gewinnzone bringen. Die gefundene Lösung scheint vor dem Hintergrund der geschilderten Kostensituation brauchbar zu sein.

[17] Auf einem gängigen Notebook hat die Lösungssuche 20 Minuten benötigt.

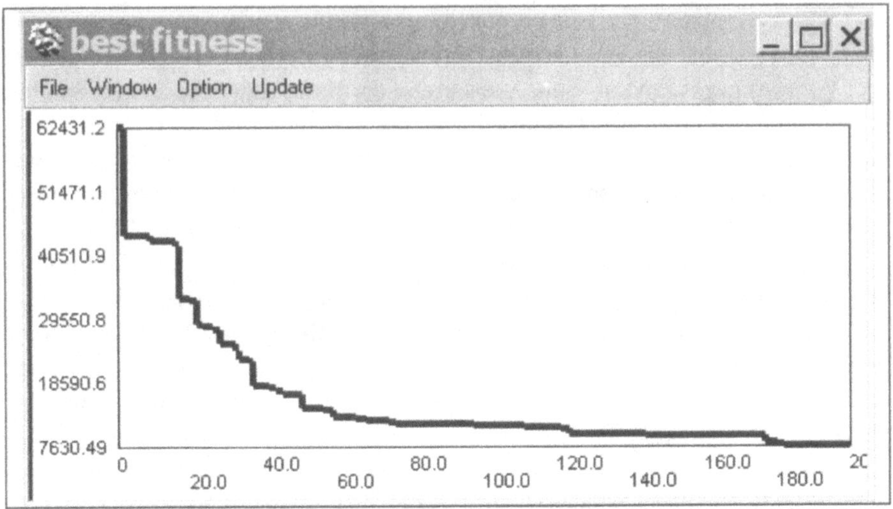

Abbildung 9.13: Fallstudie: Verbesserung (50 Individuen, 200 Generationen, 1 Lauf)

Bevor eine Auswertung der Parameterkonstellation die Analyse abrundet, muss der Einfluss des Zufalls bei der Lösungssuche analysiert werden. Ein Planungslauf beruht nur auf deterministischen Mengen und Zeiten. Falls an diesen Werten keine Änderung vorgenommen wird, kommt ein Planungslauf immer zum gleichen Ergebnis. Anderenfalls müsste jeder Planungslauf mehrmals durchgeführt werden, um eine einigermaßen abgesicherte Abschätzung über den Erwartungswert der Fitness zu erhalten. Wenn die Bearbeitungszeiten an den Arbeitsplätzen z. B. als normalverteilte Zufallsgrößen modelliert worden wären, würden zwei Planungsläufe zu unterschiedlichen Ergebnissen führen, obwohl alle Parametereinstellungen unverändert bleiben[18]. Während der Zufall bei der Simulation also zu vernachlässigen ist, spielt er aber bei der Lösungssuche eine wesentliche Rolle. Neue Parameterkonstellationen werden zielgerichtet und zufallsgesteuert gesucht. Die Mutationsrate gibt z. B. die Wahrscheinlichkeit an, dass sich ein Bit umdreht. Der oben gefundene Lösungswert, kann demnach nicht reproduziert werden. Es kann aber ein Erwartungswert für eine gefundene Lösung bestimmt werden. Hierfür muss die Lösungssuche mehrmals durchgeführt werden. Der Erwartungswert bestimmt sich dann aus dem arithmetischen Mittel der besten Lösungen aller Suchläufe. Auch für die Produktionsplanung ist eine

[18] Wenn im Simulationsmodell für die Normalverteilungen immer die gleichen Startwerte genommen würden, hätte man bei zwei Planungsläufen zwar identische Ergebnisse, aber keine realitätsnahe Modellierung.

mehrfache Lösungssuche zwingend erforderlich. Nur so ist der Gefahr aus dem Wege zu gehen, dass man rein zufällig eine schlechte Lösung erhält. Hier reichen aber wenige Suchläufe aus, da die Bestimmung eines Erwartungswertes nicht erforderlich ist.

Die Bestimmung des Erwartungswertes ist sehr rechenzeitaufwendig. Es sollen insgesamt 50 Suchläufe durchgeführt werden. Während die Anzahl der Individuen einer Generation bei 50 bleibt, wird gegenüber der einfachen Suche die Generationenzahl auf 100 reduziert. Abbildung 9.13 zeigt, dass nach 100 Generationen kaum noch eine Verbesserung eintritt.

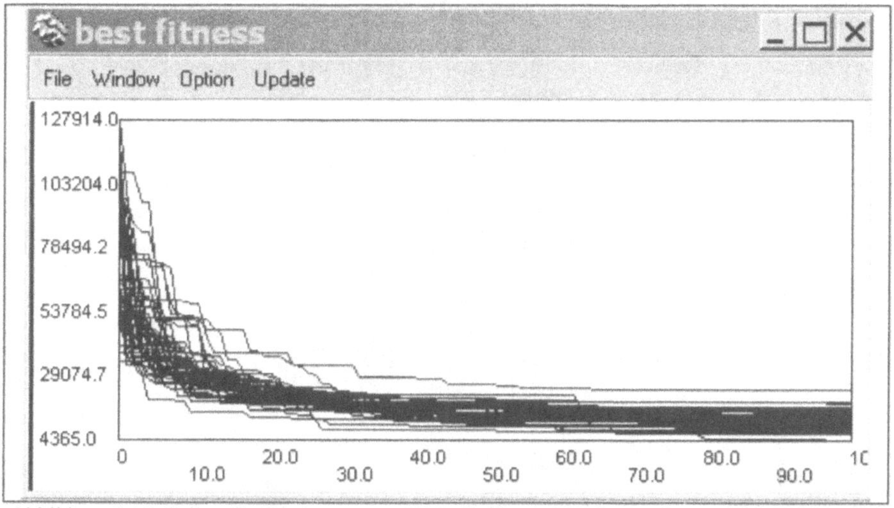

Abbildung 9.14: Fallstudie: Verbesserung (50 Individuen, 100 Generationen, 50 Läufe)

Abbildung 9.14 zeigt die Entwicklung der jeweils besten Lösung für 50 Suchläufe. Der grundsätzliche Verlauf ist zwar identisch, die Fitnesswerte schwanken aber erheblich. Die schlechteste Ausgangslösung liegt bei 127.914. Das Endergebnis liegt zwischen 4.365 und 23.671. Der Mittelwert ist 11.910 und die Standardabweichung 3.382. Das Ergebnis des ersten Suchlaufes hat demnach zu einem besseren Ergebnis geführt, als zu erwarten ist. Die beste Lösung ist aber um über 3.000 verfehlt worden.

Eine genauere Aufbereitung der Endergebnisse spiegelt Abbildung 9.15 wider. Alle 50 Lösungen sind in einem Histogramm eingetragen worden. Dabei beginnt die erste Klasse bei 4.000. Als Klassenbreite ist 2.000 gewählt worden. 70 % der

Lösungen liegen zwischen 8.000 und 14.000, d. h., die Wahrscheinlichkeit beträgt 70 %, dass ein Suchlauf ein Ergebnis in dieser Spanne liefert. In 80 % der Fälle wird eine Lösung besser als 14.000 erreicht. Bei drei Suchläufen liegt die Wahrscheinlichkeit hierfür bei 99 %[19]. Der Tischlereibetrieb sollte also 3 Suchläufe starten um ein befriedigendes Ergebnis zu erhalten. Das Gesamtbild erinnert an die Dichtefunktion einer Normalverteilung. Der zentrale Grenzwertsatz unterstützt diese Vermutung[20]. Die beste Lösung eines Suchlaufes ist eine Zufallszahl. Da die Suchläufe unabhängig voneinander sind, ist die Summe der Zufallszahlen nach dem zentralen Grenzwertsatz normalverteilt.

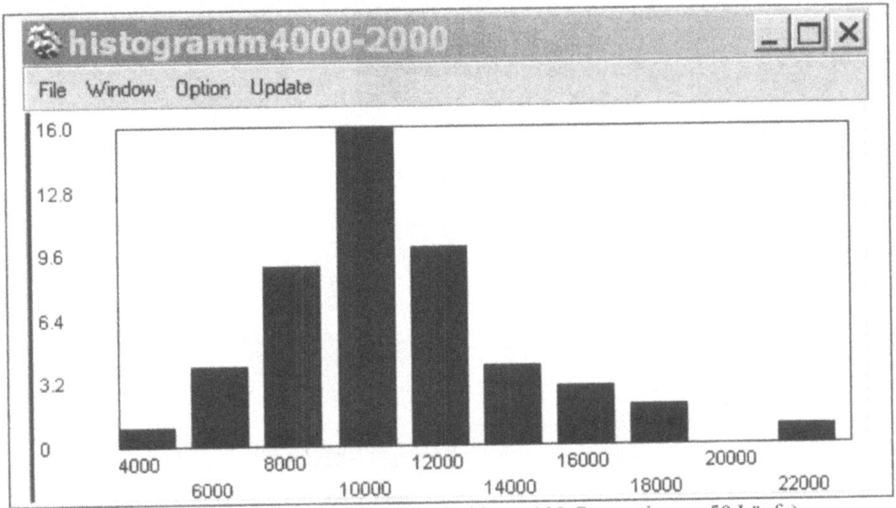

Abbildung 9.15: Fallstudie: Ergebnisse (50 Individuen, 100 Generationen, 50 Läufe)

Das Histogramm eignet sich auch, um die Güte des Genetischen Algorithmus gegenüber einer reinen Zufallssuche zu beurteilen. Der Genetische Algorithmus findet immer eine Lösung besser als 24.000. Die Wahrscheinlichkeit einer schlechtern Lösung ist sehr gering[21]. Dagegen hat eine Generierung von

[19] Die Wahrscheinlichkeit, dass bei drei Läufen kein Ergebnis besser als 14.000 erreicht wird, berechnet sich aus: (1-0,2)×(1-0,2)×(1-0,2)=0,992.

[20] Vgl. **Greene, W.-H.**: Econometric Analysis, a. a. O., S. 104 f.

[21] Aufgrund des zentralen Grenzwertsatzes kann die Wahrscheinlichkeit bestimmt werden. Der Suchprozess ist mit einem Erwartungswert von 11.910 und einer Standardabweichung von 3.382 normalverteilt. Die Wahrscheinlichkeit einer schlechteren Lösung als 24.000 beträgt damit: $1-\Phi\left(\frac{24.000-11.910}{3.382}\right)=0{,}0175\%$.

10.000[22] zufälligen Parameterkonstellationen zu einem besten Wert in Höhe von 30.315 geführt. OPA wird immer eine deutlich bessere Lösung erzeugen.

9.6 Auswertung

In diesem Abschnitt wird die beste gefundene Lösung analysiert. Abbildung 9.16 und Abbildung 9.17 enthalten die Parameter, die zu einer Lösung in Höhe von 4.320 € führen. Abbildung 9.18 schlüsselt das Zustandekommen der Kosten auf. Es werden vierbeinige Hocker ausschließlich in Eigenverantwortung produziert. Eine Produktion der dreibeinigen Hocker erscheint als nicht lohnend. Die Meldemengen befinden sich bis auf eine Ausnahme am unteren Ende der Bandbreite. Ebenso bewegen sich die Auftragsmengen eher im unteren Bereich der vorgegebenen Intervalle. Die Anzahl der Arbeitsplätze schwankt zwischen eins und fünf. In der Kostenaufstellung fallen die hohen Material- bzw. Beschaffungskosten auf, die die Verkaufserlöse sogar übersteigen. Dem Verkaufspreis in Höhe von 40 € stehen Materialkosten in Höhe von 40 €[23] gegenüber. Die Deckungsspanne ist also Null. Die verbleibende Differenz zwischen Einkauf und Verkauf erklärt sich durch die Lagerbestände an Fremdartikeln und Teilen. Da der dreibeinige Hocker eine negative Deckungsspanne[24] hätte, ist er aus dem Sortiment genommen worden. Die hohen Einkaufspreise erklären auch, warum die Tischlerei alles selber fertigt.

Artikel	im Sortiment	Herstell.	Meldemenge	Auftragsmenge	Priorität
Hocker-4	ja	eigen	10	100	2
Hocker-3	nein				
Sitz-4	ja	eigen	100	100	1
Sitz-3	nein				
Sitz	ja	eigen	10	200	1
Bein	ja	eigen	10	400	1
Platte	ja	fremd	10	150	2
Kantholz	ja	fremd	10	200	2

Abbildung 9.16: Fallstudie: Ergebnisse: Artikel

[22] 10.000 Zufallslösungen entsprechen in Bezug auf den Rechenaufwand einem Genetischen Algorithmus mit 50 Individuen und 200 Generationen.

[23] 2 Kanthölzer á 15 € und 0,25 Tischlerplatte á 40 €.

[24] Die Deckungsspanne berechnet sich aus einem Verkaufspreis von 30 € und den Materialkosten in Höhe von 32,5 € (1,5 Kanthölzer á 15 € und 0,25 Tischlerplatte á 40 €).

Auf Grund der hohen Materialkosten hat OPA kleine Melde- und Auftragsmengen gewählt. Schlechte Lösungen kommen dadurch zustande, dass Material gelagert wird, das für die 3-Monatsproduktion nicht benötigt wird. Am Ende des Planungszeitraumes liegen von jedem Artikel genau die Meldemengen auf Lager. Niedrigere Bestände sind nicht möglich, da sie umgehend zu einer Auftragsauslösung führen würden. Kleine Auftragsmengen ermöglichen es, flexibel auf Kundenaufträge zu reagieren. Die anderen Kostenarten fallen gegenüber den Materialkosten kaum ins Gewicht. Kleine Veränderungen an der Lösung beruhen auf einer Verringerung der Rüst-, Bestell-, Kapitalbindungs- oder Abschreibungskosten. Da kleinere Beschaffungsmengen den größten Einspareffekt erzielen, sucht der Genetische Algorithmus nach derartigen Lösungen.

Arbeitsplatz	Anzahl	Anzahl (nachgearbeitet)
Montage	1	1
Bohrmaschine	5	1
Drehmaschine	4	2
Hobel	1	1
Säge	3	2

Abbildung 9.17: Fallstudie: Ergebnisse: Arbeitsplätze

Da die Resultate sich fast alle plausibel erläutern lassen, stellt sich die Frage, ob die gewählte Vorgehensweise zur Verbesserung der Produktionsplanung überhaupt gerechtfertigt ist. Hätten nicht auch Plausibilitätsüberlegungen ausgereicht. Den Kritikern muss hier entgegnet werden, dass letztendlich eine Validierung des Ansatzes durchgeführt worden ist. Obwohl der Genetische Algorithmus diese Plausibilitätsüberlegungen nicht anstellen kann, kommt er zum gleichen Ergebnis. OPA verfügt damit über ein Verfahren, das universell einsetzbar ist und keine Informationen über die Struktur des Lösungsraumes benötigt.

Kostenart	Betrag [€]	Betrag [€] (nachgearbeitet)
Abschreibungen	1.400	700
Beschaffungskosten	69.000	69.000
Bestellkosten	200	200
Lagerbestandskosten	850	894
Rüstkosten	870	870
Strafkosten	0	0
Erlöse	68.000	68.000
Summe	4.320	3.664

Abbildung 9.18: Fallstudie: Ergebnisse: Kosten

Im letzten Schritt soll versucht werden, mit den eben angestellten Überlegungen die Lösung zu verbessern. Die Arbeitsplätze werden schrittweise reduziert, bis eine Verschlechterung eintritt. Die Abbildungen 9.17 und 9.18 enthalten auch die Konsequenzen dieser manuellen Nachbearbeitung. Die Abschreibungen konnten um 700 € reduziert werden. Die Lagerbestandskosten steigen etwas an, da das Material aufgrund der geringen Arbeitsplätze nicht so schnell verarbeitet wird. Ähnliche Versuche wurden bezüglich der Meldemengen und Auftragsmengen unternommen, die sich nicht an der unteren Grenze bewegen. Teilweise traten gravierende Verschlechterungen in Bezug auf die Gesamtkosten auf. Eine Verbesserung konnte in keinem Fall erreicht werden. Eine Erklärung dieser Effekte ist nicht möglich, da der Gesamtzusammenhang zwischen allen beteiligten Objekten zu komplex ist, als dass es bis ins letzte Detail erfasst werden kann. Die Interdependenzen zwischen den einzelnen Variablen können nicht beschrieben werden. Mathematische Modelle helfen hier eben nicht weiter. Nur die Simulation ist geeignet die Konsequenzen des Zusammenspiels der einzelnen Komponenten aufzuzeigen.

10. Ausblick

10.1 Kritische Würdigung des Planungsansatzes

Die vorliegende Fallstudie hat gezeigt, dass die Teilbereiche der Produktionsplanung in einem einzigen Gesamtmodell beschrieben und simultan gelöst werden können. Das Geschäftsprozessmodell kann als Grundlage für eine ganzheitliche Planung eines Produktionsunternehmens dienen, da die verwendete (s, q)-Politik für die Auftragsposition nicht einschränkend ist. Eigenartikel, die identische Arbeitsplätze nutzen, sollten nach WITTE[1] nach einer (t, S)-Politik geplant werden, um eine zeitliche Koordinierung der Aufträge an dem Arbeitsplatz zu ermöglichen. Sonst bestände die Gefahr, dass zu einem Zeitpunkt mehrere Meldemengen unterschritten werden und damit mehrere Aufträge gleichzeitig bearbeitet werden müssten. Das vorliegende Modell garantiert dagegen mittels der Ressourcenplanung eine zeitliche Koordinierung.

Außerdem existiert in den meisten Betrieben neben der verbrauchsgesteuerten noch eine der MRP II-Logik folgende bzw. programmgesteuerte Disposition für hochwertige Artikel. Das diskutierte Modell kommt ohne eine derartige Planung aus, da für alle Artikel eine simultane Materialbedarfs- und Kapazitätsplanung durchgeführt wird. Die Protokollierung der Ressourcenbelegung stellt den Maschinenbelegungsplan dar. Der Auslöser für die Produktionsprozesse sind die Kundenaufträge und die daraus resultierenden Materialbedarfe. Nur die starren Losgrößen könnten dem Modell vorgeworfen werden. Zurzeit hat jeder Artikel eine feste Losgröße, die im ganzen Planungszeitraum gilt. Dynamische Losgrößen könnten realisiert werden, in dem das System für jede Woche eine separate Losgröße bestimmt. Die Modellierung wäre kaum aufwendiger. Allerdings wird der Suchraum durch die große Anzahl von Parametern größer, so dass der Genetische Algorithmus länger für die Lösungssuche benötigt.

Das Prozessmodell kommt ohne starre Vorlauffristen und der Arbeitsplatzdurchlaufzeiten aus. In klassischen PPS-Systemen sind die ablaufbedingten Wartezeiten ein großer Unsicherheitsfaktor. Durch die Simulationskomponente von OPA steht ein adäquates Instrument zur fundierten Schätzung der Wartezeiten und damit der Durchlaufzeiten dem Planer zur Verfügung.

Die Modellerstellung gliedert sich in die Stufen:

---

[1] Vgl. **Witte, Th.**: Die Lernfabrik II, a. a. O.

- Erstellung eines Geschäftsprozessmodels und
- Erstellung eines Simulationsmodells.

Beide Stufen erfolgen datenbankgestützt. Die Geschäftsprozesse können auf Grund ihres Abstraktionsniveaus transparent modelliert werden. Auf Basis der Prozessbeschreibung können die Abläufe kommuniziert und aufeinander abgestimmt werden. Zur Ausformulierung des Simulationsmodells sind Spezialkenntnisse notwendig, wobei aber auf eine Methodenbank zurückgegriffen werden kann.

10.2 Forschungsbedarf

Das OPA-Konzept weist einen Weg auf, wie das Komplexitätsproblem eines simultanen Planungsansatzes in den Griff zu bekommen ist. Damit ist aber noch nicht das Informationsproblem gelöst. Zwischen den physischen Objekten und den IT-Systemen besteht ein Medienbruch, der dazu führt, dass die Realität nicht zwangsläufig in den Datenbanken korrekt abgebildet ist. Die Ursachen können in einer falschen Dateneingabe oder in einer fehlenden Datenerfassung liegen. Durch die Einführung des Barcodes sind Eingabefehler seltener geworden, da z. B. Artikelbewegungen von Scannern richtig erkannt werden können. Doch Diebstahl, die Qualität von Waren oder der Ausfall von Maschinen können durch diese Technik nicht erfasst werden. Je schneller die Produktionsplanung von diesen Störungen erfährt, desto schneller und effizienter kann sie reagieren.

In den letzten Jahren zeichnet sich eine Entwicklung ab, mit der das Informationsproblem ebenfalls gelöst werden kann. Unter der Bezeichnung ubiquitous computing[2] sind Ideen umgesetzt worden, mit denen die IT mit der physischen Welt zusammenwächst. Der Preisverfall, der Leistungsanstieg und die Verkleinerung von Computerbausteinen ermöglichen es, physische Dinge, wie Artikel und Maschinen, mit Computerchips und Funksendern auszustatten. Diese Objekte können als Teil des Gesamtsystems betrachtet werden. Eine Artikelbewegung oder Maschinenausfall müssen nicht mehr erfasst werden, sondern werden beim Auftreten umgehend registriert und über Funk der Produktionsplanung

---

[2] Vgl. **Fleisch, E., Dierkes, M.**: Ubiquitous Computing aus betriebswirtschaftlicher Sicht, in: Wirtschaftsinformatik, 45. Jg., H. 6, 2003, S. 611 - 620.

mitgeteilt. Die Bezeichnung *automatische Planung* erhält so eine neue Bedeutung.

Die mit „Intelligenz" ausgestatteten Objekte können leicht in das OPA-Konzept integriert werden. Auf der untersten Hierarchieebene der Organisationsmodelle sind die Provider angeordnet worden. Die Provider stellen die Abbildung der Artikel und Maschinen im IT-Modell dar. Bei Verwirklichung des ubiquitous computing können diese Beschreibungen durch die realen Objekte ersetzt werden. Außerdem könnten die Objekte dezentrale Aufgaben im Rahmen der Produktionssteuerung übernehmen. Artikel können z. B. eigenständig Transportmittel anfordern. Darüber hinaus können Artikel ihren eigenen Arbeitsplan abarbeiten. Bei der Auftragsbearbeitung muss nicht das IT-System nach dem nächsten Arbeitsplatz gefragt werden. Der Artikel sucht sich selber seinen Weg durch das System.

Durch die Verknüpfung der realen Welt mit der IT ist das Schaffen von Testumgebungen komplizierter geworden. Die Entwicklung von Modellen reicht nicht aus. Das Gesamtsystem ist nur in Kombination mit den physischen Dingen möglich. Die Entwicklungen stehen noch ziemlich am Anfang. Inwieweit das ubiquitous computing zu einer neuen Generation von IT-Systemen führt, kann aus heutiger Sicht noch nicht abgeschätzt werden. Das Entwicklungspotential und damit der Forschungsbedarf ist jedenfalls sehr hoch.

Anhang A: Daten

Dieser Anhang enthält alle Daten der Fallstudie aus Kapitel 9.

Artikel

beschreibung	(meldemenge, auftragsmenge)	prioritaet
Hocker-3	(?,?)	?
Hocker-4	(?,?)	?
Sitz	(?,?)	?
Sitz-3	(?,?)	?
Sitz-4	(?,?)	?
Bein	(?,?)	?
Tischlerplatte	(?,?)	?
Kantholz	(?,?)	?

Fremdartikel

artikel	lieferfrist	bestellkostensatz	einkaufspreis
Sitz-4	7	20	60
Sitz-3	7	20	60
Sitz	7	20	50
Tischlerplatte	2	10	40
Bein	7	20	10
Kantholz	2	10	15

Eigenartikel

artikel	stueckliste(menge:artikel)	arbeitsplan(arbeitsplatz:zeit)
Hocker-3	(1:Sitz-3,3:Bein)	(Montage:180)
Hocker-4	(1:Sitz-4,4:Bein	(Montage:240)
Sitz	(0.25:Tischlerplatte)	(Saege:240,Hobel:240)
Sitz-3	(1:Sitz)	(Bohrer:180)
Sitz-4	(1:Sitz)	(Bohrer:240)
Bein	(0.5:Kantholz)	(Saege:150,Drehmaschine:270)

Produkt

eigenartikel	alpha	beta	verkaufspreis
Hocker-4	95	98	40
Hocker-3	95	98	30

Arbeitsplatz

beschreibung	anzahl	ruestkostensatz	abschreibungssatz
Montage	?	10	50
Saege	?	10	50
Bohrer	?	10	50
Hobel	?	10	50
Drehmaschine	?	10	50

Kundenaufträge

nr	artikel	menge	datum
1	Hocker-4	40	03.01.2004
2	Hocker-4	50	04.01.2004
3	Hocker-4	10	05.01.2004
4	Hocker-4	90	06.01.2004
5	Hocker-4	10	07.01.2004
6	Hocker-3	90	08.01.2004
7	Hocker-3	80	09.01.2004
8	Hocker-3	30	10.01.2004
9	Hocker-3	60	11.01.2004
10	Hocker-4	90	12.01.2004
11	Hocker-4	50	13.01.2004
12	Hocker-4	80	14.01.2004
13	Hocker-4	10	15.01.2004
14	Hocker-4	30	16.01.2004
15	Hocker-4	40	17.01.2004
16	Hocker-4	80	18.01.2004
17	Hocker-4	80	19.01.2004
18	Hocker-3	90	20.01.2004
19	Hocker-4	70	21.01.2004
20	Hocker-4	40	22.01.2004
21	Hocker-4	70	23.01.2004
22	Hocker-3	40	24.01.2004
23	Hocker-3	20	25.01.2004
24	Hocker-4	10	26.01.2004
25	Hocker-3	70	27.01.2004
26	Hocker-4	70	28.01.2004
27	Hocker-4	50	29.01.2004
28	Hocker-4	90	30.01.2004
29	Hocker-4	70	31.01.2004
30	Hocker-3	50	01.02.2004
31	Hocker-4	90	02.02.2004
32	Hocker-4	90	03.02.2004
33	Hocker-4	40	04.02.2004
34	Hocker-4	20	05.02.2004
35	Hocker-3	60	06.02.2004
36	Hocker-3	90	07.02.2004
37	Hocker-4	90	08.02.2004
38	Hocker-3	60	09.02.2004
39	Hocker-3	80	10.02.2004
40	Hocker-4	70	11.02.2004
41	Hocker-4	60	12.02.2004
42	Hocker-3	90	13.02.2004
43	Hocker-4	20	14.02.2004
44	Hocker-4	20	15.02.2004
45	Hocker-3	40	16.02.2004
46	Hocker-4	20	17.02.2004
47	Hocker-3	50	18.02.2004
48	Hocker-3	80	19.02.2004
49	Hocker-3	10	20.02.2004
50	Hocker-4	50	21.02.2004

Anhang B: Aufgaben

Anhang B enthält die Aufgabenbeschreibungen der Fallstudie aus Kapitel 9. Für jede Aufgabe sind der Name, die zugehörige Organisationseinheit, der Zeitbedarf und die Teilaufgaben angegeben. Da die Teilaufgaben verschachtelt aufgerufen werden, enthält die Aufzählung zusätzlich die Schachtlungsebene.

```
produziere   Werkstattdisponent   00:01:0
1:      bereitstelleArtikel   Werkstattdisponent   00:10:0
2:            nehmeVomLager   Lagerdisponent   00:01:0
               ......
1:      ausfuehreArbeitsplan   Werkstattdisponent   00:20:0
2:            acquire
2:            release
2:            erfasseRuestung   BDE   00:01:0


nehmeVomLager   Lagerdisponent   00:01:0
1:      bearbeiteAuftrag   Lagerdisponent   00:01:0
2:            bestelleAuftrag   Lagerdisponent   00:10:0
3:                  produziere   Werkstattdisponent   00:01:0
                              ......
3:                  beschaffe   Einkaufsdisponent   00:11:0
4:                        erfasseBeschaffung   BDE   00:01:0
3:                  produce
3:                  bewerteLager   BDE   00:10:0
1:      beendeAuftrag   Lagerdisponent   00:01:0
2:            acquire
2:            bewerteLager   BDE   00:10:0


startLifeCycle   Produktionsplanung   00:01:0
1:      planeProgramm   Produktionsplanung   12:00:0
1:      planeKapazitaeten   Produktionsplanung   12:00:0
2:            setzeKapazitaeten   Werkstattdisponent   00:01:0
1:      planeLager   Produktionsplanung   24:00:0
2:            setzeBestaende   Lagerdisponent   00:01:0
1:      starteAuftraege   Produktionsplanung   01:00:0
2:            erledigeAuftrag   Produktionsplanung   00:03:0
3:                  nehmeVomLager   Lagerdisponent   00:01:0
                  .......
3:                  erfasseAuslieferung   BDE   00:01:0
2:            berechneServicegrad   BDE   00:01:0
2:            bewerteKomplettesLager   BDE   01:00:0
1:      starteBewertung   BDE   00:01:0
2:            bewerteArbeitsplatz   BDE   00:01:0
```

Anhang C: Methoden

Anhang C enthält die Methoden der Fallstudie aus Kapitel 9.

Produktionplanung

```
startLifeCycle: order
     self executeTask: 'planeProgramm' with: order.
     self executeTask: 'planeKapazitaeten' with: order.
     self executeTask: 'planeLager' with: order.
     self executeParallelTask: 'starteAuftraege' with: order.
     (self object: BDE)
          executeParallelTask: 'starteBewertung' with: order

planeProgramm: order
     | aSet |
     aSet := Set new.
     (database at: #Produkt)
          do: [:produkt |
               produkt eigenartikel artikel imSortiment = 1
                    ifTrue: [aSet add: produkt]
                    ifFalse: [nil]].
     aSet isEmpty ifTrue: [(database at: #Produkt) first
                    eigenartikel artikel nehmeInsSortiment].


planeLager: order
     | aSet |
     aSet := Set new.
     (database at: #Produkt)
          do: [:produkt |
               produkt eigenartikel artikel imSortiment = 1
                    ifTrue: [aSet add:
                         produkt eigenartikel artikel.
                         produkt eigenartikel artikel
                              erstelleMaterialliste: aSet]].
     (database at: #Artikel)
          do: [:a | (aSet includes: a)
                    ifTrue: [a nehmeInsSortiment]
                    ifFalse: [a nehmeAusSortiment]]
     (self object: Lagerdisponent)
          executeTask: 'setzeBestaende' with: order.
```

```
planeKapazitaeten: order
     | aSet |
     aSet := Set new.
     (database at: #Produkt)
          do: [:produkt |
                produkt eigenartikel artikel imSortiment = 1
                    ifTrue: [produkt eigenartikel artikel
                              erstelleKapazitaetsliste: aSet]
                    ifFalse: [nil]].
     (database at: #Arbeitsplatz)
          do: [:ap | (aSet includes: ap)
                    ifTrue: [ap schaffeArbeitsplatz]
                    ifFalse: [ap streicheArbeitsplatz]].
     (database at: #Produkt)
          do: [:produkt |
               produkt eigenartikel artikel imSortiment = 1
                    ifTrue: [produkt eigenartikel artikel
                              erstelleKapazitaetsliste: aSet]].
     (database at: #Arbeitsplatz)
          do: [:ap | (aSet includes: ap)
                    ifFalse: [ap streicheArbeitsplatz]
                    ifTrue: [ap schaffeArbeitsplatz]].
     (self object: Werkstattdisponent)
          executeTask: 'setzeKapazitaeten' with: order.

starteAuftraege: order
     self collection: (database at: #Kundenauftrag)
          executeParallelTaskWithWait: 'erledigeAuftrag'.
     (self object: BDE)
      executeParallelTask: 'berechneServicegrad' with: order.
     (self object: BDE)
      executeParallelTask: 'bewerteKomplettesLager' with: order

erledigeAuftrag: order
  order value startDatum: Date new.
  order value status: '---'.
  order value artikel imSortiment = 1 ifTrue:
    [self delay:
         (self dateAsInteger: order datum) - self time.
    order value startDatum: self currentTimeAsDate.
    order value status: 'eingeplant'.
    (self object: Lagerdisponent)
      executeTask: 'nehmeVomLager' with: order.
    order value fertigDatum: self currentTimeAsDate.
    order value status: 'fertig'.
    (self object: BDE)
      executeParallelTask: 'erfasseAuslieferung'
              with: order value]
```

Lager

```
nehmeVomLager: order
     self executeTask: 'bearbeiteAuftrag' with: order.
     self executeTask: 'beendeAuftrag' with: order

bearbeiteAuftrag: order
  | neuAuftrag artikel |
  artikel := order artikel.
  artikel lager planbestand:
                  artikel lager planbestand - order menge.
  [artikel lager planbestand < artikel lager meldemenge]
     whileTrue:
       [| bestellmenge |
       artikel lager auftragsmenge = 0
        ifTrue: [auftragsmenge := order menge]
        ifFalse: [auftragsmenge := artikel lager bestellmenge].
       artikel lager planbestand:
          artikel lager planbestand + auftragsmenge.
       neuAuftrag := (Auftrag new)
               nummer: order nummer; datum: order datum;
               artikel: order artikel; menge: bestellmenge.
       self executeParallelTask: 'bestelleAuftrag'
               with: neuAuftrag]

bestelleAuftrag: order
     order artikel fremdherstellung = 0
          ifTrue: [(self object: Werkstattdisponent)
                    executeTask: 'produziere' with: order]
          ifFalse: [(self object: Einkaufsdisponent)
                    executeTask: 'beschaffe' with: order].
     (self object: order artikel) produce: order menge.
     (self object: BDE)
          executeParallelTask: 'bewerteLager' with: order.
     order artikel lager bestand:
          order menge + order artikel lager bestand

beendeAuftrag: order
     (self object: order artikel)
       acquire: order menge priority: order artikel prioritaet.
     (self object: BDE)
       executeParallelTask: 'bewerteLager' with: order.
     order artikel lager bestand:
       order artikel lager bestand - order menge
```

Werkstatt

```
setzeKapazitaeten: order
     (database at: #Arbeitsplatz)
          do: [:ap | (self object: ap) amount: ap anzahl].

produziere: order
  self collection: order artikel eigenartikel stueckliste
    executeParallelTaskWithWait: 'bereitstelleArtikel'
    with: order.
  self collection: order artikel eigenartikel arbeitsplan
    executeTask: 'ausfuehreArbeitsgang' with: order.

bereitstelleArtikel: order
  (self object: Lagerdisponent) executeTask: 'nehmeVomLager'
    with: ((Auftrag new) nummer: order key nummer;
                 datum: order key datum;
                 artikel: order value artikel;
                 menge: order value menge * order key menge)

ausfuehreArbeitsgang: order
| arbeitsplatzverwaltung |
  (self object: BDE) executeParallelTask: 'erfasseRuestung'
     with: order value arbeitsplatz.
  arbeitsplatzverwaltung := self object:
                              order value arbeitsplatz.
  arbeitsplatzverwaltung acquire: 1
                    priority: order key artikel prioritaet.
  self delay: order value zeit * order key menge.
  arbeitsplatzverwaltung release
```

Einkauf

```
beschaffe: order
     | lz |
     lz := self addDayCount:
             order artikel fremdartikel lieferfrist.
     self delay: lz.
     (self object: BDE)
          executeParallelTask: 'erfasseBeschaffung' with: order
```

BDE

```
starteBewertung: order
 (database at: #Artikel)
   do: [:artikel |
        artikel lager letzteAenderung: self currentTimeAsDate].
       (database at: #Produkt) do: [:produkt |
                produkt verspaetungen: 0.
                produkt auslieferungen: 0.
                produkt fehlmengen: 0.
                produkt liefermengen: 0].
 self increaseFitness: (database at: #sonstigeFixkosten).
[true] whileTrue:
   [self delay:
        (self addDayCount: (database at: #bewertungszeitraum)).
        self executeTask: 'bewerteArbeitsplatz' with: order]
```

```
berechneServicegrad: order
 (database at: #Produkt) do: [:prod |
 prod alpha >
   (100 - (prod verspaetungen / prod auslieferungen * 100))
    ifTrue: [
         self increaseFitness: database at: #strafkostensatz].
 prod beta >
   (100 - (prod fehlmengen / prod liefermengen * 100))
    ifTrue: [
         self increaseFitness: database at: #strafkostesatz]]
```

```
bewerteArbeitsplatz: order
     (database at: #Arbeitsplatz)
          do: [:ap | self increaseFitness:
                     (ap anzahl * ap abschreibungssatz)].
```

```
bewerteKomplettesLager: order
 (database at: #Artikel) do: [:artikel |
   artikel imSortiment = 1 ifTrue: [
          self increaseFitness: (self dayCountFromDate: artikel
          lager letzteAenderung toDate: self currentTimeAsDate)
          * (artikel lager bestand * artikel lager lagerkosten-
          satz)]].
```

```
bewerteLager: order
  self increaseFitness:(self dayCountFromDate:
    order artikel lager letzteAenderung
    toDate: self currentTimeAsDate) *
    (order artikel lager bestand *
     order artikel lager lagerkostensatz).
  order artikel lager letzteAenderung: self currentTimeAsDate.
```

```
erfasseAuslieferung: order
     | prod |
     prod := order artikel eigenartikel produkt.
     self increaseFitness: -1 * prod.
     prod auslieferungen: prod auslieferungen + 1.
     prod liefermengen: prod liefermengen + order menge.
     order fertigDatum > order lieferDatum
          ifTrue:
               [prod fehlmengen: prod fehlmengen + order menge.
               prod verspaetungen: prod verspaetungen + 1]

erfasseBeschaffung: order
  self increaseFitness:
     order artikel fremdartikel bestellkostensatz.
  self increaseFitness:
     order artikel fremdartikel einkaufspreis * order menge.

erfasseRuestung: order
  self increaseFitness: order ruestkostensatz
```

Literaturverzeichnis

Adam, D.: Simultane Ablauf- und Programmplanung bei Sortenfertigung mit ganzzahliger linearer Programmierung, in: Zeitschrift für Betriebswirtschaft, 33. Jg., 1964, S. 233 - 245.

Adam, D.: Produktionsmanagement, 9. Aufl., Wiesbaden 1998.

Balzert, H.: UML kompakt - mit Checklisten, Spektrum, Heidelberg et al. 2001.

Bartsch, H., Bickenbach, P.: Supply Chain Management mit SAP APO, 2. Aufl., Bonn 2002.

Bechtel, C., Jayaram, S.: Supply Chain Management. A Strategic Perspective, in: International Journal of Logistics Management, Vol. 8, No. 1, 1997, S. 15 - 34.

Berens, W.: Neuere Entwicklungen im industriellen Rechnungswesen: Produktionsprogrammplanung im Spannungsfeld zwischen Theorie und Praxis, in: Betriebswirtschaftliches Controlling, hrsg. v. Rieper, W., Witte, Th., Berens, W., Wiesbaden 1996, S. 1 - 29.

Biethahn, J., Mucksch, H., Ruf, W.: Ganzheitliches Informationsmanagement, Bd. 1: Grundlagen, 5. Aufl., München et al. 2000.

Biethahn, J., Mucksch, H., Ruf, W.: Ganzheitliches Informationsmanagement, Bd. 2: Entwicklungsmanagement, 3. Aufl., München et al. 2000.

Biethahn J., Lackner, A., Range, M.: Optimierung und Simulation, München et al. 2004.

Birtwistle, G. M.: A System for discrete Event Modeling on SIMULA, London 1979.

Boddy, D.: Success and Failure in Implementing supply Chain Partnering. An Empirical Study, in: European Journal of Purchasing & Supply Management, Vol. 4, No. 2, 1998, S. 143 - 151.

Bowersox, D.-J.: Integrated Supply Chain Management: A Strategic Imperative, in: Annual conference proceedings, Council of Logistics Management fall meeting, Chicago 1997, S. 181 - 189.

Brockhage, J.: Produktionsplanung und –steuerung in einer Großreparaturwerkstatt mit objektorientierter datengetriebener Simulation, Frankfurt a. M. 1993.

Busch, A., Dangelmaier, Pape, U. et al.: Marktspiegel Supply Chain Management Systeme, Wiesbaden 2003.

Chen, P. P. (Hrsg.): Entity-Relationship Model: Towards a Unified View of Data, in: ACM Transactions on Database-Systems, Vol. 1, 1976.

Claus, T.: Genetische Simulation, in: Fortschritte in der Simulationstechnik: Simulation als betriebliche Entscheidungshilfe, Bd. 8, hrsg. v. Biethahn et. al., Braunschweig et al. 1994, S. 140 - 152.

Claus, T.: Objektorientierte Simulation und evolutionäre Parameteroptimierung, in: Proceedings zum 5. Symposium: Simulation als betriebliche Entscheidungshilfe: Neuere Werkzeuge und Anwendungen aus der Praxis, hrsg. v. Biethahn, J., Göttingen 1995, S. 87 - 96.

Claus, T.: The Simulation of the Organizing Process, in: Proceedings 7th European Simulation Symposium 95, hrsg. v. Cin, M.-D., Herzog, U., Bolch, G. et al., Istanbul 1995, S. 753 - 756.

Claus, T.: Objektorientierte Simulation und Genetische Algorithmen zur Produktionsplanung und -steuerung, Frankfurt a. M. 1996.

Claus, T.: Geschäftsprozeß-Simulation - Die Modellierung von zeitverbrauchenden Aufgaben, in: Simulation als betriebliche Entscheidungshilfe, hrsg. v. Biethahn, J., Hummeltenberg, W., Schmidt, B. et al., Heidelberg 1999, S. 126 - 148.

Claus, T.: Modellierung von Geschäftsprozessen mit OooSim, in: Proceedings zum 7. Symposium: Simulation als betriebliche Entscheidungshilfe: Neuere Werkzeuge und Anwendungen aus der Praxis, hrsg. v. Biethahn, J., Göttingen 2000, S. 3 - 14.

Claus, T., Kramer, M., Křivánek, T.: Umweltorientierte Beschaffung und Logistik, in: Internationales Umweltmanagement, Bd. III, hrsg. v. Kramer, M., Strebel, H., Kayser, G., Wiesbaden 2003, S. 31 - 70.

Coard, P., Yourdon, E.: Object-Oriented Analysis, 2. Aufl., Englewood Cliffs, New Jersey, 1991.

Cooper, M.-C., Lambert, D.-M., Pagh, J.-D.: Supply Chain Management: More Than a New Name for Logistics, in: The International Journal of Logistics Management, Vol. 8, No. 1, 1997, S. 1 - 14.

Corsten, H.: Produktionswirtschaft, 9. Aufl., München et al. 2000.

Corsten, H., Gössinger, R.: Einführung in das Supply Chain Management, München 2001.

Dantzig, G. B.: Lineare Programmierung und Erweiterungen, Berlin et al. 1966.

Darwin, C.: On the origin of species by Means of Natural Selection, London 1859.

Davis, L.: A Genetic Algorithms Tutorial, in: Handbook of genetic Algorithms, hrsg. v. Davis, L., New York 1991, S. 1 - 101.

Davis, L.: Genetic Algorithms and Simulated Annealing, London 1987.

Dinges, M.: Supply Chain Management - Logistikrevolution oder alter Wein in neuen Schläuchen?, in: Information Management & Consulting, 13. Jg., H. 3, 1998, S. 22 - 27.

Dittrich, J., Mertens, P., Hau, M., et al.: Dispositionsparameter von SAP R/3-PP® - Einstellhinweise, Wirkungen, Nebenwirkungen, 3. Aufl., Wiesbaden 2003.

Dixon, P.-S., Silver, E.: A Heuristic Solution Procedure for the Multi-item, Single-Level, Limited Capacity, Lot-Sizing Problem, in: Journal of Operations Management, Vol. 2, 1981, S. 23 - 39.

Domschke, W., Scholl, A., Voß, S.: Produktionsplanung. Ablauforganisatorische Aspekte, Berlin 1993.

Drexel, A., Hasse, K.: A New Type of Model for Multi-Item Capacitated Dynamic Lotsizing and Scheduling, Arbeitspapier des Instituts für Betriebswirtschaftslehre der Christian-Albrechts-Universität zu Kiel, Nr. 286, Kiel 1992.

Drexl, A., Fleischmann, A., Günther, H.-O., Stadtler, H., Tempelmeier, H.: Konzeptionelle Grundlagen kapazitätsorientierter PPS-Systeme, in: Zeitschrift für betriebswirtschaftliche Forschung, 46. Jg., 1994, S. 1022 - 1045.

Drexel, A., Hasse, K., Kimms, A.: Losgrößen- und Ablaufplanung in PPS-Systemen auf der Basis der randomisierten Opportunitätskosten, in: Zeitschrift für Betriebswirtschaft, 65. Jg., H. 3, 1995, S. 267 - 285.

Egger, E., Wedel, T.: Sanierung oder Neueinsatz von PPS, in: Vernetzung von Produktionssteuerung und Logistik, hrsg. v. VDI, 1992, S. 75 - 84.

Ellram, L.-M.: Supply Chain Management. The Industrial Organisation Perspective, in: International Journal of Physical Distribution & Logistics Management, Vol. 21, No. 1, 1991, S. 13 - 22.

Endres, E., Wehner, T.: Störungen zwischenbetrieblicher Kooperation – Eine Fallstudie zum Grenzstellenmanagement in der Automobilindustrie, in: Managementforschung 5. Empirische Studien, hrsg. v. Schreyögg, G., Sydow, J., Berlin et al. 1995, S. 1 - 45.

Feigenbaum, A.-V.: Total Quality Control, 3. Aufl., New York et al. 1991.

Feil, P.: Die wissensbasierte Lagerhaltungssimulation zur Unterstützung einer verbrauchsgesteuerten Disposition, Frankfurt a. M. 1992.

Fleisch, E., Dierkes, M.: Ubiquitous Computing aus betriebswirtschaftlicher Sicht, in: Wirtschaftsinformatik, 45. Jg., H. 6, 2003, S. 611 - 620.

Forbig, P.: Objektorientierte Softwareentwicklung mit UML, 2. Aufl., München et al. 2002.

Forrester, J.-W.: Industrial Dynamics. a major breakthrough for decision makers, in: Harvard Business Review, Vol. 36, No. 4, 1958, S. 37 - 66.

Francois, P.: Flexible Losgrößenplanung in Produktion und Beschaffung, Heidelberg 2000.

Franta, W.-R.: The process View of Simulation, New York 1977.

Gabriel, R., Röhrs, H.-P.: Gestaltung und Einsatz von Datenbanksystemen, Berlin et al. 2003.

Garen, J.: SGMGA: Self-guided Multi-Objective Genetic Algorithm, in: Proceedings: The Fifth metaheuristics International Conference, Kyoto 2003.

Glaser, H., Petersen, L.: PPS - Produktionsplanung und -steuerung. Grundlagen - Konzepte - Anwendungen, 2. Aufl., Wiesbaden 1992.

Goldberg, A.: SMALLTALK-80, The Interactive programming Environment, Reading, Massachusetts, 1984.

Goldberg, A., Robson, D.: SMALLTALK-80, The Language, Reading, Massachusetts, 1989.

Goldberg, D. E.: Genetic algorithms in search, optimization and machine learning, Reading, Massachusetts, 1989.

Gornau, N.: Einsatz moderner I+K-Technologien zur Unterstützung des E-Business, in: PPS Management, 6. Jg., H. 1, 2001, S. 30 - 34.

Greene, W.-H.: Econometric Analysis, 2. Aufl., Englewood Cliffs 1993.

Günther, H.-O., Tempelmeier, H.: Produktionsmanagement, 2. Aufl., Berlin et al. 1995.

Günther, H.-O., Tempelmeier, H.: Produktion und Logistik, 5. Aufl., Berlin et al. 2002.

Gutenberg, E.: Grundlagen der Betriebswirtschaftslehre, Bd. 1, Die Produktion, 23. Aufl., Berlin et al. 1979.

Hahn, D., Laßmann, G.: Produktionswirtschaft, Bd. 1, Heidelberg 1990.

Hafner, S. (Hrsg.): Industrielle Anwendungen Evolutionärer Algorithmen, München et al. 1998.

Haarmann, C.: Kosteninformationen durch Simulation, Frankfurt a. M. 1994.

Hammer, M., Champy, J.: Business Reegineering. 3. Aufl., Frankfurt a. M. 1994.

Heinrich, H., Jacobs, H., Wunschick, J.: Vergleich von ERP-Systemen unter den Aspekten Benutzerfreundlichkeit, Aachen 2000.

Helber, S.: Kapazitätsorientierte Losgrößenplanung in PPS-Systemen, Stuttgart 1994.

Heuer, A., Saake, G.: Datenbanken, Konzepte und Sprachen, 2. Aufl., Landsberg 2000.

Heuer, A., Saake, G., Sattler, K.-U.: Datenbanken kompakt, Landsberg 2001.

Hohmann, P.: Geschäftsprozesse und integrierte Anwendungssysteme, Köln 1999.

Holland, J. H.: Adaption in natural and artificial systems, Ann Arbor 1975.

Hoitsch, H.-J.: Produktionsplanung, in: Handwörterbuch der Betriebswirtschaft, hrsg. von Kern, W., Bd. 2, 5. Aufl., Stuttgart 1993, Sp. 3450 - 3467.

Hoitsch, H.-J.: Auftragsplanung, in: Lexikon der Betriebswirtschaftslehre, hrsg. v. Corsten, H., 2. Aufl., München 1993, S. 79 - 85.

Houlette, F.: SQL IT-Tutorial, Bonn 2002.

Kahle, E.: Produktion, 4. Aufl., München et al. 1996.

Kähler, W.-M.: SQL mit ORACLE, eine aktuelle Einführung, 2. Aufl., Wiesbaden 2001.

Kansky, D., Weingarten, U.: Supply Chain: Fertigen, was der Kunde verlangt, in: Havard Business Manager, 21. Jg., H.4., 1999, S. 87 - 95.

Kazakow, W., Schmidt, A., Tomczyk, P.: Datenbanken und XML, Konzepte, Anwendungen, Systeme, Berlin et al. 2002.

Kemper, A., Eickler, A.: Datenbanksysteme, 4. Aufl., München et al. 2001.

Kiener, S., Maier-Scheubeck, N., Weiß, M.: Produktions-Management, 7. Aufl., München et al. 2002.

Kilger, C., Schneeweiss, L.: Demand Fulfilment and ATP, in: Supply Chain Management and Advanced Planning, ed. Stadtler, H., Kilger, C., Berlin et al. 2000, S. 135 - 148.

Kistner, K.-P., Steven, M.: Produktionsplanung, 2. Aufl., Heidelberg 1993.

Klein, R.: Genetic Algorithms, in: Supply Chain Management and Advanced Planning. Concepts, Models, Software and Case Studies, hrsg. v. Stadtler, H. und Kilger, C., Berlin 2000, S. 345 - 352.

Knolmayer, G., Mertens, P., Zeier, A.: Supply Chain Management Based on SAP System, Berlin et al. 2002.

Koza, J.-R.: Genetic Programming, Cambridge 1992.

Krallmann, H., Frank, H., Gronau, N.: Systemanalyse im Unternehmen, 4. Aufl., München et al. 2002.

Krüger, R., Steven, M.: Funktionalitäten von Advanced Planning Systems, in: WiSt, H. 10., 2002, 591 - 595.

Kurbel, K.: Produktionsplanung und -steuerung, 4. Aufl., München et al. 1999.

Lambert, D.-M., Emmelhainz, M.-A., Gardner, J.-T.: Developing and Implementing supply Chain Partnerships, in: The International Journal of Logistics Management, Vol. 7, No. 2, 1996, S. 1 - 17.

Law, A. M., Kelton, W. D.: Simulation Modeling and Analysis, New York et al. 1982.

Leontief, W.: Studies in the Structure of the American Economy, New York 1976.

Lindner, K.-U.: Datengetriebene Simulation in der Fertigung, Frankfurt a. M. 1994.

Loeser, H.: Web-Datenbanken, Berlin et al. 2001.

Lusti, M.: Dateien und Datenbanken, 4. Aufl., Berlin et al. 2003.

Martin, R., Mauterer, H., Gemünden, H.-G.: Systematisierung des Nutzens von ERP-Systemen in der Fertigungsindustrie, in: Wirtschaftsinformatik, 44. Jg., H. 2, 2002, S. 109 - 116.

Melzinger-Ridinger, R.: PPS. Systemgestützte Produktionsplanung: Konzeption und Anwendung, München 1995.

Mertens, P., Bodendorf, F., König, W. et al.: Grundzüge der Wirtschaftsinformatik, 7. Aufl., Berlin 2001.

Metz, P.-J.: Demystifying Supply Chain Management: Accomplishments and Challenges, in: Annual Conference proceedings, Council of Logistics Management fall meeting, Chicago 1997, S. 237 - 355.

Meyr, H., Rohde, J., Stadtler, H. et al.: Supply Chain Analysis, in: Supply Chain Management and Advanced Planning, ed. Stadtler, H., Kilger, C., Berlin et al. 2000, S. 29 - 56.

Nebl, T.: Produktionswirtschaft, 5. Aufl., München et al. 2004.

Neumann, H. A.: Analyse und Entwurf von Softwaresystemen mit der UML, 2. Aufl., München et al. 2002.

Nissen, V.: Evolutionäre Algorithmen, Wiesbaden 1994.

Nissen, V.: Einführung in Evolutionäre Algorithmen: Optimierung nach dem Vorbild der Evolution, Braunschweig et al. 1997.

Nissen, V.: Simulationsmöglichkeiten in SAPs Supply Chain Management. Werkzeug Advanced Planner & Optimizer, in: Proceedings zum 7. Symposium: Simulation als betriebliche Entscheidungshilfe: Neuere Werkzeuge und Anwendungen aus der Praxis, hrsg. v. Biethahn, J., Göttingen 2000, S. 93 - 108.

N. N.: Supply-Chain Operations-Reference-model. Overview of SCOR Version 4.0, Pittsburgh 2000.

N. N.: VisualWorks - Object reference, Cincom Systems 2001.

Nordsiek, F.: Betriebsorganisation, Lehre und Technik, 1934, Neue Aufl., Stuttgart 1972.

Oliver, R.-K., Webber, M.-D.: Supply-chain management, logistics catches up with strategy, in: Logistics, The strategic issues, ed. Christopher, Martin, London et al. 1992, S. 63 - 75.

Otte, H.: Grundlagen einer objektorientierten Animation mit OooSim, in: Proceedings zum 7. Symposium: Simulation als betriebliche Entscheidungshilfe: Neuere Werkzeuge und Anwendungen aus der Praxis, hrsg. v. Biethahn, J., Göttingen 2000, S. 15 - 24.

Otto, A., Kotzab, H.: Der Beitrag des Supply Chain Management zum Management von Supply Chains - Überlegungen zu einer unpopulären Frage, in: Zeitschrift für betriebwirtschaftliche Forschung, H. 3, 2001, S. 157 - 176.

Overfeld, J.: Produktionsplanung bei mehrstufiger Kampagnenfertiguung, Frankfurt a. M. 1990.

Patig, S.: SAP® R/3® am Beispiel erklärt, Frankfurt a. M. 2003.

Pernul, G., Unland R.: Datenbanken im Unternehmen, 2. Aufl., München et al. 2003.

Pfohl, H.-Chr.: Logistiksysteme – Betriebswirtschaftliche Grundlagen, 7. Aufl., Berlin et al. 2004.

Plümer, T.: Logistik und Produktion, München et al. 2003.

Porter, M.: Wettbewerbsvorteile, 4. Aufl., Frankfurt a. M. 1996.

Pritsker, A. A. B.: Introduction to Simulation and SLAM II, 3. Aufl., 1986.

Reinhart, G., Ansorge, D., Selke, C.: Supply Chain Management, in: Virtuelle Fabrik: Wandlungsfähigkeit durch dynamische Unternehmenskooperationen, hrsg. v. Reinhart, G., München 2000, S. 69 - 78.

Rieper, B., Witte, Th.: Grundwissen Produktion, 4. Aufl., Frankfurt a. M. 2001.

Rosenkranz, F.: Geschäftsprozesse - Modell- und computergestützte Planung, Berlin et al. 2002.

Scheer, A.-W.: Koordinierte Planungsinseln: Ein neuer Lösungsansatz für die Produktionsplanung, in: Praxis und Theorie der Unternehmung. Produktion - Information - Planung, hrsg. v. Hansmann, K.-W. und Scheer, A.-W., Wiesbaden 1992.

Scheer, A.-W.: ARIS - Modellierungsmethoden, Metamodelle, Anwendungen, 3. Aufl., Berlin et al. 1998.

Scheer, A.-W.: Informationsmanagement im Betrieb, in: Betrieb von Produktionssystemen, hrsg. v. Eversheim, W., Schuh, G., Berlin et al. 1999, S. 17-1 - 17-77.

Scheer, A.-W.: ARIS Business Process Modeling, 3. Aufl., Berlin 2000.

Schlageter, G., Stucky, W.: Datenbanksysteme: Konzepte und Modelle, 2. Aufl., Stuttgart 1983.

Schulte G.: Material- und Logistikmanagement, 2. Aufl., München et al. 2001.

Silver, E., Meal, H.: A Heuristic for Selecting Lot-Size Quantities for the Case of a Deterministic Time-Varying Demand and Discrete Opportunities for Replenishment, in: Production and Inventory Management, Vol. 12, No. 2, 1973, S. 64 - 74.

Stadtler, H.: Supply Chain Management – An Overview, in: Supply Chain Management and Advanced Planning, ed. Stadtler, H., Kilger, C., Berlin et al. 2000, S. 7 - 28.

Stahlknecht, P., Hasenkamp, U.: Einführung in die Wirtschaftsinformatik, 10. Aufl., Berlin et al. 2002.

Staud, J.: Geschäftsprozessanalyse, 2. Aufl., Berlin et al. 2001.

Stölzle, W.: Industrial Relationships, München et al. 2002.

Strahringer, A., Kaufmann, A.-H.: Objektorientiertes Programmieren mit Smalltalk, Aachen 1998.

Tan, K.-C., Kannan, V.-R., Handfeld, R.-B.: Supply Chain Management: Supplier Performance and Firm Performance, in: International Journal of Purchasing & Materials Management, Vol. 34, No. 3, 1998, S. 2 - 9.

Tempelmeier, H., Helber, S.: A Heuristic for Dynamic Multi-Item Multi-Level Capacitated Lotsizing for General Product Structures, in: European Journal of Operational Research, Vol. 75, 1994, S. 296 - 311.

Tempelmeier, H.: Material-Logistik, Modelle und Algorithmen für die Produktionsplanung, 4. Aufl., Berlin et al. 1999.

Thaler, K.: Supply Chain Management - Prozessoptimierung in der logistischen Kette, 3. Aufl., Köln 2001.

Töpfer, A.: Geschäftsprozesse: analysiert & optimiert, Berlin 1996.

Vahrenkamp, R.: Produktionsmanagement, 4. Aufl., München et al. 2000.

Vahrenkamp, R.: Quantitative Logistik für das Supply Chain Management, München et al. 2003.

Vossen, G.: Datenmodelle, Datenbanksprachen und Datenbankmanagementsysteme, 4. Aufl., München et al. 2000.

Wächter, H., Vedder, G.: Qualitätsmanagement in Organisationen. DIN ISO 9000 und TQM auf dem Prüfstand, Wiesbaden 2001.

Wedekind, H.: Kaufmännische Datenbanken, Mannheim et al. 1993.

Weber, J.: Logistik- und Produktionscontrolling, hrsg. v. Eversheim, W., Schuh, G., Berlin et al. 1999, S. 18-1 - 18-88.

Werner, H.: Supply Chain Management - Grundlagen, Strategien, Instrumente, 2. Aufl., Wiesbaden 2002.

Wiendahl, H.-P.: Belastungsorientierte Fertigungssteuerung, München et al. 1987.

Wiendahl, H.-P.: Produktionsplanung und -steuerung, in: Betrieb von Produktionssystemen, hrsg. v. Eversheim, W., Schuh, G., Berlin et al. 1999, S. 14-1 - 14-130.

Wight, O. W.: Manufacturing Resource Planning: MRP II - Unlocking America's Productivity Potential, Revised Edition, New York et al. 1984.

Wildemann, H.: Produktionssteuerung nach KANBAN-Prinzipien, in: Fertigungssteuerung II, hrsg. v. Adam, D., Bd. 39, Wiesbaden 1988, S. 33 - 50.

Wirtz, B.: Electronic Business, 2. Aufl., Wiesbaden 2001.

Witte, Th.: Simulationstheorie und ihre Anwendung auf betriebliche Systeme, Wiesbaden 1973.

Witte, Th.: Heuristisches Planen, Wiesbaden 1979.

Witte, Th.: Produktionsfunktionen und ihre betriebswirtschaftliche Bedeutung, in: WISU, H. 8 und 9, 1988.

Witte, Th.: Object Oriented Simulation and relational Databases, in: Modeling and Simulation, hrsg. v. Schmidt, B., Ghent 1990, S. 70 - 74.

Witte, Th.: Simulation und Simulationsverfahren, in: Handwörterbuch der Betriebswirtschaft, hrsg. v. Wittmann, W. et al., 5. Aufl, Stuttgart 1993, Sp. 3837 – 3849.

Witte, Th., Claus, T., Helling, K.: Simulation von Produktionssystemen mit SLAM, Bonn 1994.

Witte, Th.: Die Lernfabrik I, Diskussionsbeiträge des Fachbereichs Wirtschaftswissenschaften der Universität Osnabrück, Nr. 9515, Osnabrück 1995.

Witte, Th.: Die Lernfabrik II, Diskussionsbeiträge des Fachbereichs Wirtschaftswissenschaften der Universität Osnabrück, Nr. 9516, Osnabrück 1995.

Witte, Th., Claus, T.: Object-oriented Simulation, in: Proceedings 7th European Simulation Symposium 95, hrsg. v. Cin, M.-D., Herzog, U., Bolch, G. et al., Istanbul 1995, S. 748 - 752.

Witte, Th.: Datenbankgetriebene objektorientierte Simulation - Grundkonzepte und betriebliche Anwendungen, in: Beiträge des Fachbereichs Wirtschaftswissenschaften der Universität Osnabrück, Beitrag Nr. 9615, 1996.

Witte, Th.: Materialbedarfsplanung, in: Handwörterbuch der Produktionswirtschaft, hrsg. von Kern, W., 2. Aufl., Stuttgart 1996, Sp. 1168-1183.

Witte, Th.: Geschäftsprozeß-Simulation – Simulationsobjekte und Organisationseinheiten, in: Biethahn, J. (Hrsg.): Proceedings zum 6. Symposium: Simulation als betriebliche Entscheidungshilfe, Göttingen 1997, S. 3 - 14.

Witte, Th., Claus, T.: GESCHÄFTSPROZESS-SIMULATION, in: Beiträge des Fachbereichs Wirtschaftswissenschaften der Universität Osnabrück, Beitrag Nr. 9702, Osnabrück 1997.

Witte, Th., Claus, T.: Advanced Production Planning, in: Electronic Business, hrsg. v. Gabriel, R., Hoppe, U., Heidelberg 2002, S. 67 - 80.

Womack, P., Jones, D.-T., Roos, D.: Die zweite Revolution in der Autoindustrie, Frankfurt a. M. 1991.

Zäpfel, G.: Grundzüge des Produktions- und Logistikmanagement, Berlin 1996.

Zäpfel, G.: PPS, in: Handwörterbuch der Produktionswirtschaft, hrsg. v. Kern, W., 2. Aufl., Stuttgart 1996, Sp. 1391 - 1405.

Zäpfel, G.: Taktisches Produktions-Management, 2. Aufl., München et al. 2000.

Zhen, Yu-Sheng, Federgruen, A.: Finding optimal (s,S)-Policies is about as simple as Evaluating a single Policy, Operations Research 4. 1991, S. 654 - 665.

Zschocke, M.: Modellbau, Wiesbaden 1995.

SCHRIFTEN ZUR PRODUKTION

Herausgegeben von Thomas Witte und Bernd Rieper

Band 1 Norbert Heimann: Betriebliche Systeme der Arbeitssicherheit. Grundlagen und Gestaltung. 1985.

Band 2 Klaus Neumann: Betriebliche Umweltschutzplanung mit Hilfe der Simulation. Ein integrierter Planungsansatz mit Anwendung auf einen landwirtschaftlichen Betrieb. 1985.

Band 3 Jürgen Overfeld: Produktionsplanung bei mehrstufiger Kampagnenfertigung. Untersuchung zur Losgrößen- und Ablaufplanung bei divergierenden Fertigungsprozessen. 1990.

Band 4 Peter Feil: Die wissensbasierte Lagerhaltungssimulation zur Unterstützung einer verbrauchsgesteuerten Disposition. 1992.

Band 5 Bernd Rieper / Thomas Witte: Grundwissen Produktion. Produktions- und Kostentheorie. 1992. 5., korrigierte Auflage. 2005.

Band 6 Jutta Brockhage: Produktionsplanung und -steuerung in einer Großreparaturwerkstatt mit objektorientierter datengetriebener Simulation. 1994.

Band 7 Kai-Uwe Lindner: Datengetriebene Simulation in der Fertigung. 1994.

Band 8 Bernhard Behrens: Computergestütztes Ausgaben-Controlling bei der Beschaffung komplexer Produktionssysteme am Beispiel des Rohkarosseriebereichs im Automobilbau. 1994.

Band 9 Claudia Haarmann: Kosteninformationen durch Simulation. 1994.

Band 10 Matthias Clemens: Entscheidungsorientierte Beschaffungskostenrechnung. 1995.

Band 11 Klaus Helling: HANDUM - Ein Informationssystem für die Umweltberatung. Entwicklung eines Umweltinformationssystems für die Umweltberatung durch Handwerkskammern. 1996.

Band 12 Thorsten Claus: Objektorientierte Simulation und Genetische Algorithmen zur Produktionsplanung und -steuerung. 1996.

Band 13 Andreas Knaden: Benutzerorientiertes Prototyping. Ganzheitliche Applikationsentwicklung am Beispiel des computergestützten Ausgaben-Controlling bei der Beschaffung von Produktionsanlagen im Automobilbau. 1997.

Band 14 Monika Altmeyer: Gestaltung von Produktionskooperationen. Ein Verfahren zur Generierung, Bewertung und Auswahl von Strategien für horizontale zwischenbetriebliche Produktionskooperationen. 1997.

Band 15 Rolf Bergmann: Lohndifferenzierung bei betrieblicher Gruppenarbeit am Beispiel der deutschen Automobilindustrie. 1998.

Band 16 Dirk Maroni: Produktionsplanung und -steuerung bei Variantenfertigung. Eine komplexitätsbasierte Betrachtung. 2001.

Band 17 Astrid Röhrs: Produktionsmanagement in Produktionsnetzwerken. 2003.

Band 18 Joost Garen: Mehrzieloptimierung betriebswirtschaftlicher Probleme durch evolutionäre Algorithmen. 2005.

Band 19 Thorsten Claus: Simultane Produktionsplanung und Geschäftsprozessmodellierung. 2006.

Kolibri 360 GmbH
Ferdinand-Jühlke-Straße 7
99095 Erfurt, Deutschland
produktsicherheit@kolibri360.de

Druck:
CPI Druckdienstleistungen GmbH
im Auftrag der
Kolibri 360 GmbH
Ferdinand-Jühlke-Str. 7
99095 Erfurt